U0153549

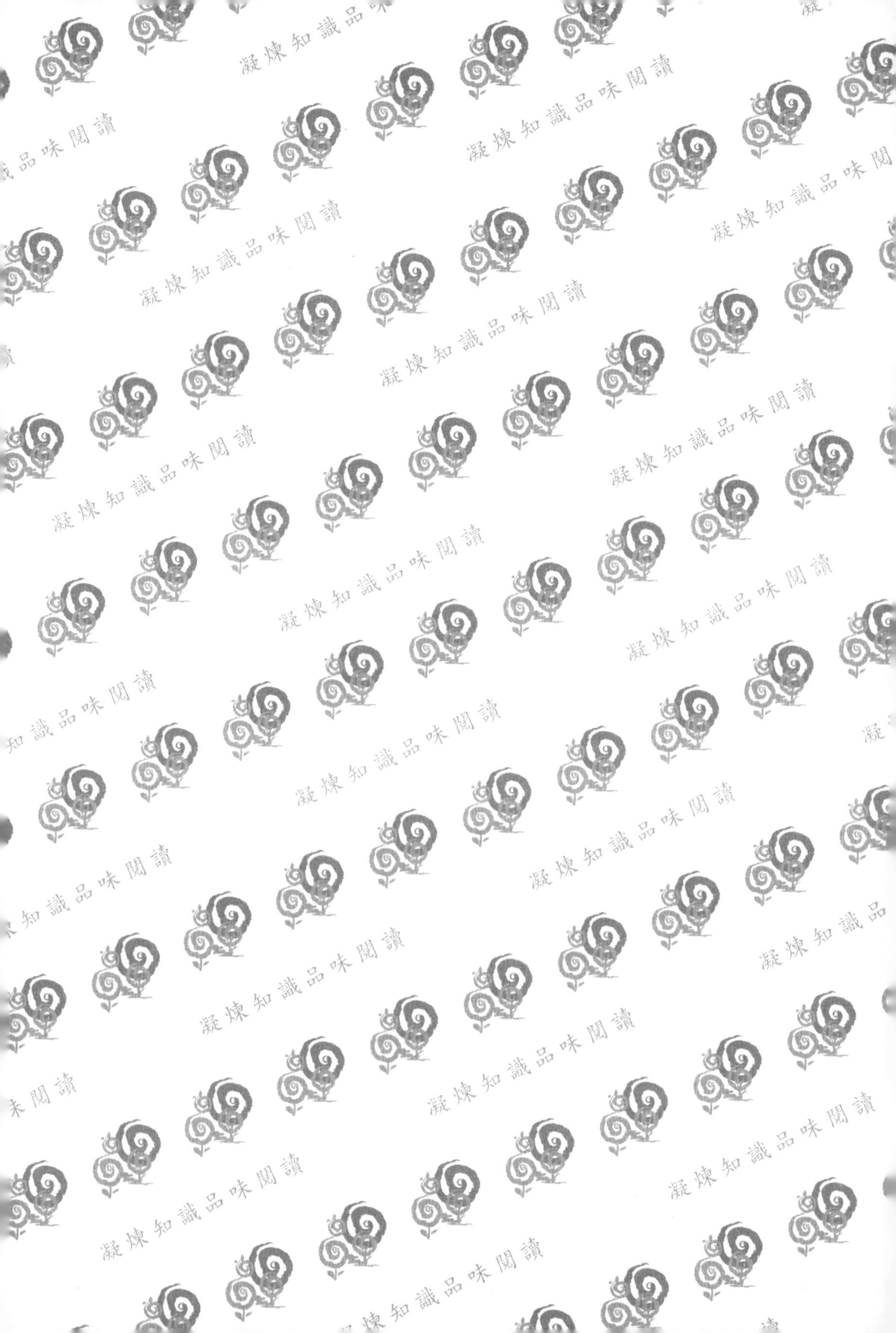

圖解系列

圖解

五南圖書出版公司 印行

哲學思辨與邏輯應用

吳作樂、吳秉翰／著

特別感謝

義美食品高志明總經理，除了全力資助本書的出版，

也長期支持波提思的數學書寫作及出版。

前言

哲學思辨的重要性

哲學思辨是一門在西方很重要的課程，如：法國、德國、奧地利等，而台灣並不存在此課程，或許是認爲可由其他課程「間接」培養。哲學思辨是西方歷史演變的重要內容，使人「**勇於質疑**」、「**正確使用邏輯工具**」，**進而打造理性民主的社會**。

傳統的教育目標是降低文盲比率，時至今日，識字率近乎普及全民。作者認爲下一步的教育目標應是培養人（學生）有理性、會自主思考、不盲從，打造一個理性的社會。但多年教育至今，社會上不管文科、理科，人仍用主觀與修辭學溝通，造成許多紛爭及錯誤決定，導致社會的邏輯性、理性、民主素養依舊低落，並產生諸多錯誤政策。

台灣哲學思辨的問題

教育哪裡出問題？爲什麼難以讓人有效學習到邏輯性？作者在寫完一系列的數學、統計、邏輯、教育的相關書籍後，赫然發現僅靠少數科目就想提升理性與邏輯涵養、乃至民主素養，相當困難。其困難主因來自**考試制度與教育部**、**文化**。**台灣因教育部設計的考試制度使人不想學（或理解、練習）數學，並且使人忘記（或不知道）數學的中心思想是使人建立邏輯性、孕育主動思考的能力、質疑事物的正確性等**。**台灣的教育將數學工具化，而不懂數學還能培養其他重要素質**。

目前數學內容設計有致命性問題，將統計與邏輯放在數學課之中，讓人一概而論的放棄統計與邏輯，並且對數學的態度及教學方法有問題，導致培養邏輯的觀念太狹隘，認爲邏輯性僅能由理科培養，甚至有人更是縮小範圍，僅認爲利用數學就能培養邏輯，這些都是錯誤的想法。

學生的時間有限，不應該學習過多不必要的科目，要知道科目越多，學生壓力越大及越難專注在重要的科目，此部分可以參考芬蘭的基礎教育「注重語言與數學」，打好基礎，而非駁雜不精。

多數數學老師認為多練習數學題目，學更多的數學，就會更邏輯、主動思考等。實際上台灣受中國文化的影響，如：勤能補拙、有備無患、念書百遍後其義自現的概念，這些都是落伍的想法。台灣的教育已有 60 年以上，目前大多數人依舊**不邏輯，不敢發問**，已證明這些方法相當失敗。所以**我們應該參考西方的方法，直接用哲學思辨的課程，培養質疑與邏輯性**。

西方哲學思辨的起源

作者再次觀察西方文化、歷史，發現西方的理性思維不僅僅是從數學、科學中學習，還有著諸多面向，如：宗教、哲學、哲學思辨、家庭環境、教育、社會、**統計**、**機率**等。最終引導西方成為理性民主的國家。

西方如何培養邏輯性？從歷史上來看，西方的理性思維源自於哲學家，哲學家使用數學、邏輯描述抽象的自然世界，而後哲學家繼續分化為數學家、物理學家等，也影響著社會制度，同時宗教也扮演著理性文化的推手，而後到文藝復興及啓蒙時期，西方理性文化更是推動著民主概念。

西方文化及宗教因哲學思辨被重新審視是否有矛盾、錯誤，再去蕪存菁。建議台灣的文化也應該重新審視，否則會因既有的矛盾點而產生爭執，如：「敬鬼神遠之」與「有拜有保佑」、「民主」與「君臣、父子、夫婦的階級制」、「萬般皆下品唯有讀書高」與「行行出狀元」，不幸的是台灣文化存在太多矛盾的情況。

中式哲學的問題

哲學與哲學思辨不盡相同，但也高度相似。作者並認為每個人都應該要重新認識「哲學」一詞，哲學在西方的隱涵意義是禁得起邏輯推論、客觀驗證。「中國式哲學」已將哲學當成是一種混沌模糊型態、不可解釋的理論，是令人難以捉摸的事物，如：中國的經典哲學書籍 —— 道德經，開篇提到「道可道，非常道。名可名，非常名」，以及四書五經多以文言文書寫，此類書籍令一般人感覺到語意不明。並讓大多數人認為，師父領進門修行在個人，又再次需要念書百遍後其義自現（土法煉鋼），期待可能出現的「頓悟」，把學習知識的方法狹隘成只有這樣一條的路徑，這是錯誤的教育方式。不管是在哲學上還是在學習上，期待頓悟都是浪費時間之事。**教育部要使用正確的方法——「哲學思辨」，而不是陷入既定文化的窠臼，要跳脫模糊不明的文化素質，才能真正的學會理性、邏輯、科學等西方文化的優點，要知道「中學為體，西學為用」是不可行的方法。**

西方早期的哲學家是要讓人知道世界眞實的樣貌，**他們都具備質疑的精神，並能善用數學與邏輯等工具**。我們或許不是哲學家，但應該與哲學家有著一樣的思考模式：**「對每一個事物有質疑的想法，直到用邏輯等工具證實無誤」**，而此內容就是**哲學思辨**。台灣缺乏哲學思辨的課程，我們應該思考每一個的內容，是否有邏輯問題、不夠客觀的問題等，使其在各個面向可以有一致性、正確性，而不是讓人有矛盾感，最終進而排斥，以及造就出大多靠直覺、情感作事的社會，這將會阻礙社會進步。

我們都一定聽過笛卡兒（René Descartes）的「我思故我在」，這句話被大多數人解讀爲：「我有思考代表我活著」，但僅僅如此嗎？是否可以延伸爲鼓勵大家多「質疑後進行邏輯思考」，才能進而稱爲是文明人。歐洲許多國家非常重視哲學思辨，並設有課程，學生要具備哲學思辨的能力，並加以考核才能畢業，**建議台灣也應該設置哲學思辨一門科目，以認識邏輯的內容，並討論台灣每一件事物，是否存在著問題**。

建議

教育部應該好好正視考試制度的影響，以及台灣邏輯教育不足的問題，不應該用數學「間接」培養邏輯，而是要用哲學思辨課程「直接」學習邏輯，並培養出「勇於質疑」的素質。以及學生應該利用有限的時間學習，而非駁雜不精的學習太多科目，應該好好學習重要的哲學思辨，以培養出邏輯、理性、勇於質疑的人，最終打造出民主的社會。

本書爲**《台灣人一定要懂的邏輯（邏輯不好不是你的錯）》**的延伸作，希望讓人拋開過往邏輯難以學習、應用的窠臼，了解到我們只需要學會基礎邏輯，並能應用在任何地方，最後了解哲學思辨的重要性。

前言

第 1 章　認識哲學思辨

第 2 章　自我探索篇

第 3 章　家庭與社會篇

第 4 章 教育篇

第 5 章 道德與宗教篇

第 6 章　歷史、經濟與政治篇

第 7 章　哲學思辨使西方文化由獨裁走向民主

第 8 章　附錄與哲學思辨課題

書讀得越多而不加思索，你就會覺得你知道得很多；而當你讀書而思考得越多的時候，你就會越清楚地看到你知道的還很少。

—— 伏爾泰（Voltaire, 1694～1778）

第一章
認識哲學思辨

1-1　什麼是哲學思辨？與科學、歷史有何關係？
1-2　哲學思辨與民主的關係
1-3　台灣學習哲學思辨常見的問題
1-4　如何培養哲學思辨？
1-5　邏輯的分類
1-6　禮貌是理性嗎？詭辯是哲學思辨嗎？
1-7　各行各業應該具備的數學與邏輯能力
1-8　生活上如何應用邏輯、哲學思辨來討論問題？

1-1 什麼是哲學思辨？與科學、歷史有何關係？

什麼是哲學思辨？

哲學思辨並非不可理解，也不像是玄學類的內容太過抽象。事實上，西方哲學與中國哲學是完全不同的概念。西方哲學是要了解渾沌，並將其剖析，中國哲學則是對其保持渾沌與神祕感，講求頓悟，兩者有著根本上的差異。有無哲學思辨的文化將會使諸多事物有著不同的樣貌，例如：民主、數學、宗教、理性思維、邏輯、科學、家庭、社會、科學等。

西方哲學的根本是哲學思辨，就是勇於質疑，並利用邏輯工具來加以認識原理，而當中的**質疑與邏輯便是哲學思辨的核心與工具，是一體兩面的內容，當你學會邏輯時，就會對於不合理的事物勇於質疑**。

質疑不是容易培養的人格素質，在台灣，受儒教與考試制度、教育制度的影響，難以培養質疑，習慣「不思考地被動吸收學習」，不習慣「思考與嘗試錯誤」。

中國沒有哲學思辨的文化，故無法產生科學

1. 中國沒有產生邏輯化的、系統的科學體系，只有零散的科學知識，偏重技術，缺乏理論研究。愛因斯坦（Albert Einstein）明確表示，「由於中國既沒有產生形式邏輯，也沒有產生實驗方法，中國不可能產生科學。」（取自 WIKI ，https://zh.wikipedia.org/wiki/%E6%9D%8E%E7%BA%A6%E7%91%9F）
2. 中國早期的科技領先歐洲一大截。如：指南針、火藥、造紙和印刷，以及天文、地理。雖然中國古代即有技術研究，也精於記錄、實驗，但卻是缺乏邏輯、系統的科學理論。到了現代，獲得諾貝爾獎的中國人可知少之又少，甚至可以說是沒有，即使有，也不是在中國環境中長大的。為什麼會有這樣的情形？答案是因為沒有哲學思辨以及缺乏邏輯的文化影響。

   在中國，獲得諾貝爾獎者佔全國人口之比例非常小，而理論上各國基因並不存在差異性，故可推測是受到後天環境或是教育因素所導致。例如：為了謀生而忙碌，使人沒有時間去作科學研究，導致了受教權的不平均，文化限制了人的思想、壓抑了創意。

   諾貝爾獎得主錢永健（華人血統）曾提到，他是美國公民，而非中國人，很少吃中國菜，且不會說華語。他認為血統出身不能決定一個人的身分，但一個成功的科學家必定出於一個開放的社會，多元包容的價值是致要關鍵。

   數學家魏爾斯特拉斯（Weierstrass, 1815～1897）也提到：不帶點詩人味的數學家絕不是完美的數學家。故有創意的數學家需要好的文化環境，所以文化對於科學進步與否有莫大的影響，而科學進步最重要的是需要哲學思辨與邏輯思考的能力。

3. 英國學者李約瑟（Joseph Needham）在 1930 年代研究中國科技史時，則提出李約瑟難題（Needham's Grand Question）：「為什麼科學與工業革命沒有在近代的中國發生？」、「為何科學發生在西方社會？」其中多位學者的討論點出了中國文化為什麼沒有科學的可能答案：
   (1) 封建官僚制度、科舉制度：封建官僚帶來階級制，難以啓發思考與質疑，反倒是推動馬屁文化的盛行，進而不誠實，然而誠實是科學的重要一環；科舉制度的內容無助於、甚至有害於哲學思辨與邏輯性的提升。
   (2) 整體文化重視技術的實用性而非科學論證：國家統一後，人口眾多，相當有利於早期技術的發展，數據多了，偶發性的情況也就容易出現，最後造就中國發明多以技術性、觀察性、紀錄性、個別性呈現，其可稱作是**「經驗性的科學」**。例如：星象、中醫。也因為中國發明是以量取勝的方式，長久下來，便不容易衍伸出抽象的、邏輯的、分析的**「演繹性科學」。也因此造就不實用（無法立刻有用）的研究沒人研究，進而只重視技術，而非科學。**
   (3) 地形：上述內容也因地形關係，再次惡性循環。地形、文化可帶來統一的便利性，同時卻也帶來怠惰性。因為是同一國的人，只要在某地區發明，遲早可以推廣到其他地區，而不像歐洲國家因地形的阻隔，國與國之間彼此競爭，使其不斷的發展。

   最終，中國出現「中學為體、西學為用」（中體西用）、「只要船堅砲利的技術、卻不想知道原理」的言論。所以缺乏哲學思辨，不會有科學，有的僅只是科技。
4. 作者認為中國的許多思想、文化不利於哲學思辨
   儒教的階級制、道家的渾沌想法、老莊的無為、識字率的普及低下、文言文的影響。

結論

台灣受到中國文化的影響，也缺乏哲學思辨，於是乎應該討論文化的各個層面，培養學生質疑的精神，而非只是盲從。換言之，要打破「原版武功最好、不可質疑前人或經驗」的習慣，求新求變才是進步的泉源。台灣受中國文化的影響極深，而中國對於科學核心涵養不懂，認為科技有用、科學不一定有用，因此造成了台灣對於科學不重視，也就是對哲學思辨（含邏輯、數學）不重視，事實上我們應該找出問題，好好地培養哲學思辨。

西方文化的進步，哲學思辨一直扮演著推動科學、民主化的角色。換句話說，沒有哲學思辨、不邏輯、不理性的國家便不會有民主、也不會有科學的存在。

1-2 哲學思辨與民主的關係

哲學思辨必然與邏輯有相關，邏輯不是數學中的專有名詞，生活中的對話也是邏輯的一種，只是數學卻是學習邏輯最快的道路。希臘人**柏拉圖**（Plato）曾說過：「**學習數學是唯一通往民主的方法**」。因為希臘人知道數學的邏輯性可以訓練民主，數學的思考與辯論方式是孕育民主思想的基石。

民主是以民為主，而如何讓**統治者以民為主，就是永遠不信任他**，或說是監督他、避免他出錯，讓統治者認眞、小心地作事，所以必須一切攤開給全體民衆看。如果有黑箱祕密會議不可被詢問，就是破壞民主。或是把民主誤會成僅有多數決，基本上很大可能會變成多數決暴力，以及選出代表來多數決，因此如果不能監督代表，或是代表只服務自己跟所屬陣營，請問這是民主嗎？這不是民主。

學習數學與民主的情況一樣，學生發問後，老師一定要講清楚，讓學生明白且相信，不可有我是老師、我是權威，我說的就是對的情形發生。**數學是唯一可以被質疑與理解**的科目，不像是歷史，只能背，或是文法，只能背。數學的本質隱含學生與教師是**平等**的概念。因為在數學的推論過程與結論都必須是客觀的，教師不能以權威方式要求學生接受不合邏輯的推論，學生和教師都必須遵從相同的推論過程，以得到客觀的結論。這一套邏輯推論的知識，並非由權勢者獨占，任何人都可學得。

希臘哲學家明確指出：正確的邏輯推論能力是民主社會的遊戲規則。在其他學科，例如：歷史學，教師的權威見解不容挑戰，因為歷史學並不像數學具有一套客觀的邏輯推論程序。良好的數學教育可以訓練學生學會仔細地傾聽，正確且有效地推論的素養，而這些長期建立起來的數學素養，正是民主社會公民的必備能力。

英國教育學家柯林納福（Colin Hannaford）曾寫過：很少的歷史學者知道，希臘時期數學教育的主要目的，是為了促使公民經由邏輯推論的訓練，增強對民主制度的信念和實踐，使公民只接受經由正確邏輯推理得出的論點，**而不致被政客及權勢者的花言巧語牽著鼻子走**。早在西元前 500 年，希臘文明就已深刻瞭解到邏輯推理是實踐民主的必要條件，因而鼓勵人們學習正確的邏輯推論，以對抗權位者及其律師們的修辭學（Rhetoric）詭辨。當時所謂的修辭學詭辨和現代政客及媒體的語言相同，也就是以臆測、戲劇化手法、煽情的語言達到曲解事實、扭曲結論的效果。因此，當社會用**修辭學**取代**邏輯推論**時，民主精神就被摧毀了。

不幸地，人類不易從歷史得到教訓，**數學教育**與**民主制度**的相依關係被完全忽視了。當今學校的數學教育只著重數學的實用部分，也就是計算，卻完全忽略了數學素養對民主社會的重要性。常聽到有人說我的數學不好，但我的工作只要會加減乘除就夠用了。沒錯，除了從事理、工、商、醫之外，文、法、歷史及政治學門的數學技巧或許僅只需要加減乘除而已。然而，數學不僅僅是數學技巧（實用的部分）而已，**數學素養（正確推理的能力）應是民主社會每個公民的基本能力**。

學習數學可以培養以下的人文氣質：老師與學生是**平等**位置，並可從「**幾何無王**

者之道（There is no royal road to geometry!）」認識到平等。師生可以**自由**發言與**提出異議**，但發言必然需要秩序，也就能延伸到**法治**，而法治則需要邏輯來制定。邏輯可以讓我們言之有物，說話有條有理，不會自我矛盾，避免誤會而起爭執，增加社會秩序。

雖然大部分數學最後會因不常用而忘掉，但至少要學會邏輯，因爲法規也建立在邏輯上，不然不合理的法規無法使人信服。當每個人的邏輯都在進步時，對於社會的穩定性便有著提升的作用，會自我檢驗做事以及說話的邏輯正確性，可以降低口語紛爭，更甚至降低犯罪的行爲，所以邏輯間接來說，可以提升整個社會風氣，例如：民主（反獨裁）、平等（反威權）、自由、法治，以及正常的溝通，甚至可以檢視媒體的內容，所以學習**邏輯是必要的**。也難怪柏拉圖在學院門口上寫著：**不懂幾何學者，不得入此門**（參見圖 1）。

圖 1　文藝復興時期大畫家拉斐爾（Raffaello）的溼壁畫

人與人之間的交流，就是要對方接受自己的言論。一直以來可分爲兩大類：

1. 講道理方式：合乎邏輯的說服對方。

2. 不講道理方式：暴力、威脅、利誘、色誘、動情等等。

難怪哲學家與邏輯學家羅素（Bertrand Russell）說：「只有少數人是講道理的，而且還是在很少的時候。」這段話要說的是講道理的人少，而講道理的人與不講道理的人是很難溝通的。只有講道理，才能互相好好的溝通，所以我們需要學會邏輯。而邏輯能力（不理盲）和識字率（不文盲）一樣重要。

大家都想活在一個理想的社會、理性的世界，而不想要非理性、衝動的社會。數學正是理性的基礎。芬蘭最注重的就是數學與母語，它會壓縮其他科目的時間來上這兩個科目，因爲他們知道，數學才是最重要的。數學不只是學習科學最重要的基礎，也是理性社會的第一步，而語言是爲能更好好地學習數學。想要有理性的社會，每個人必須先有理性的基礎，而理性的基礎即是來自於數學與邏輯。

1-3 台灣學習哲學思辨常見的問題

台灣人不善於思考、質疑，邏輯性不佳，也就是哲學思辨的能力不足，這不是我們的錯，而是教育環境出了問題，沒有足夠的邏輯課程可以讓我們學習。將從下述問題來探討：

1. 台灣人的邏輯課為什麼要放在高中數學才教呢？

作者認爲：高中才教邏輯，萬一念高中之前就對數學反感，一概而論的都不念，那要如何培養邏輯思考呢？

2. 絕大多數人都認為國中數學的幾何證明可以培養邏輯

作者認爲：幾何證明的確可以培養邏輯的演繹邏輯部分，但據作者的觀察，大部分的學生都害怕幾何證明，那要如何培養邏輯呢？況且幾何證明僅能代表學會了演繹邏輯的部分，並不代表學會了語言邏輯以及統計邏輯。

3. 絕大多數人都認為數學好，則邏輯就會好

作者認爲：數學好邏輯就好，這是錯誤的連結。台灣大多數人所認定的數學好，其實指的是成績好，但成績好卻可能是用死背硬套的方式，這和邏輯好或不好沒有直接的關係。所以「數學好則邏輯就會好」，這是錯誤的推論。邏輯好的人也未必全然都數學好，所以不一定非得要用數學來學邏輯。

4. 為什麼不直接學邏輯，而是要依靠數學？

作者認爲：台灣人對於邏輯的概念都太狹隘了，第二點「利用幾何證明」、第三點「利用數學」的方法，對於極少部分的人學習邏輯是有幫助的，但是絕大多數人是沒有用的。爲什麼不參考國外教學模式，直接學習邏輯呢？如圖 1 所示。

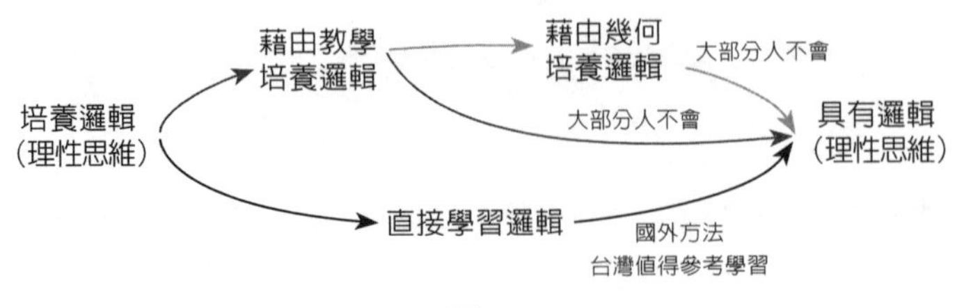

圖 1

5. 絕大多數人對邏輯的分類不懂

作者認爲：不懂邏輯分類是因爲不重視及沒有授課的緣故。

由以上幾點的討論可以發現，台灣對於培養邏輯思考並不重視，就算是有計畫培養，也都太晚、內容太少了，所以有必要進一步探討和改進。

認識邏輯，它不是數學，是理性思維、理則學、形上學

邏輯對於台灣大多數人而言，已變成數學的一門單元，而且還有內容越來越少的現象，但又希望可以從數學的練習中培養邏輯，這是相當弔詭的。因爲在數學教不好、

學不好的情況下，冀望能從中學到邏輯（理性思維），這不是相當矛盾嗎？

事實上，邏輯根本不該在數學課裡，除了因爲大家對於數學的排斥與恐懼，會連帶不願意、逃避學習邏輯之外，其實邏輯是各個學科的基礎。換言之，它是一門形上學，是先於所有科目的學問，一種理性規則的學問，也就是理則學。

邏輯是一門不需要藉助其他內容就可以學習的學問，只是用數學符號表示可以更有效描述邏輯的內容，練習數學的確相對於其他科目可以更快地學會邏輯，但你也可無需多此一舉，直接的學習邏輯概念。

外國人如何培養邏輯、哲學思辨

1. 希臘人七藝教育

早在希臘時期就有培養邏輯的教育，你可參考希臘的七藝：一、文法（包括拉丁文和文學）；二、修辭（包括散文與詩的寫作，以及歷史）；三、辯證（形式邏輯）；四、算術；五、幾何（包括地理）；六、天文；七、音樂。七藝教育在歐洲中世紀初期是學校中的七門課程，其中第三項辯證是學習邏輯、學習獨立思辨的學科，而第四項與第五項則是對應現在的數學。

2. 啓蒙時期許多哲學家學微積分

啓蒙時期的哲學家大多都是數學家，並且部分人爲了讓討論的東西更有邏輯性而去學習微積分。**但「台灣至今仍把哲學系歸類在文組，這是極大的錯誤。」**

3. 法國人從小學習哲學

法國一直都是民主的先驅，從歷史上的法國大革命、啓蒙運動可明顯看出，法國人對抗獨裁不遺餘力。一直到今天，仍可見法國人不斷的在維護得來不易的民主。爲了維護得來不易的自由民主政權，唯有**培養每個人的獨立思辨能力**，希望每個人不要落入不思考、盲從、不邏輯的地步。因此在法國，每個人在高中時期便要學習申論哲學議題，並且要通過哲學考試才能畢業，這也是法國的一項傳統。

這項傳統起始於 1809 年的啓蒙時期，由拿破崙（Napoleon）及多位哲學家共同推動，目的在建立一門認識理性的嚴格科學，其重點是形成邏輯判斷的能力，爾後的重點則放在文章的問題意識與論證過程，並重視言論的責任、民主、自由精神，以及多面向的思考，並培養提問的能力。如今，**哲學思辨的訓練亦成為法國教育體系中相當重要的一部分，其主旨就是建立正確的邏輯觀念**。

註 1：數學的幾何證明可以有效地學習邏輯的一部分內容 — 演繹邏輯。

註 2：台灣人擔心沒出路的學科，**法國人則是放在高中會考的第一關：擁有思考能力才配為人**。https://www.storm.mg/lifestyle/152913?utm_source = FB&utm_medium = crossing&utm_campaign = 201810

註 3：「我不願取金蛋殺掉我的老母雞」— 拿破崙（Napoleon），1814 年俄、奧、普聯軍兵臨巴黎，理工學生要求參戰，拿破崙提到此句。之後此名言刻於巴黎學院天花板正中心，以激勵該校師生。

1-4 如何培養哲學思辨？

台灣與國外的教育對比

已知國外有培養邏輯（哲學思辨）的單獨課程，可發現外國對於邏輯（理性思維）的培養是無所不用其極，而台灣呢？從台灣的五育（德、智、體、群、美）來看，可以發現沒有培養邏輯的單獨課程。再從台灣文化的影響者來看，中國早期儒家文化提倡的六藝（禮、樂、射、御、書、數），當中也無培養邏輯的單獨課程。故教育一直不重視邏輯，要如何能俱備邏輯思考。反觀**法國重視哲學思辨的教育，可以看到他們鼓勵學生邏輯性的思考，並勇於表達自己的意見**，而台灣的教育卻是安靜地聽老師授課來學習，換言之，服從意味居多。如此一來，又降低了邏輯性與獨立思考、表達自我的訓練，久而久之，台灣的哲學思辨就越來越弱。

如何培養邏輯

不一定需要由數學來學習邏輯，我們可以利用語言與實例來學習邏輯，即便是需要些許符號，也不會造成太多問題。最重要的是自主思考能力要越早教學越好，作者認爲小學時期，學生就必須學習邏輯與主動思考，否則當習慣盲從、不邏輯後，便難以學習邏輯，也太晚接觸邏輯了。邏輯教學應該儘量避開過多的符號練習與考試，儘可能地與生活接軌，方能讓學生理解。除了直接學習邏輯外，也可參考法國的哲學思辨，因爲獨立思考也能培養邏輯性。

哲學家有關邏輯與哲學思辨的名言

歐洲的課程會介紹哲學家的名言與思想，以利認識歷史與民主素質。同樣的，台灣也有介紹孔孟思想，但以結果來看，似乎無助於邏輯與民主的養成。**故台灣學生應該認識西方哲學家的格言，以利培養我們所欠缺的邏輯與民主。**

1. 法國思想之父伏爾泰（Voltaire）：「愚昧是產生專制的唯一土壤」、「衡量一個人，得**看他問什麼問題**，而不是看他給什麼答案。」
2. 法國笛卡兒（Descartes）：「**我思故我在**。」
3. 法國孟德斯鳩（Montesquieu）：「一切擁有權力的人都有濫用權力爲自己謀求私利的傾向，**任何專制的國家的教育目的都是在極力降低國民的心智**」、「教育應當是提高人的心智，而專制國家的教育則是降低人的心智。甚至對那些處在指揮地位的人，奴隸性教育也是有好處的，因爲在那裡沒有當暴君而同時不當奴隸的。絕對的服從，意味著服從者是愚蠢的，甚至連發命令的人也是愚蠢的，因爲他無須思想、懷疑或推理，只要表示一下自己服從的意願就行。」
4. 德國哲學家康德（Immanuel Kant）：「Sapere aude（拉丁語）」，意思爲**敢於求知**（Dare to know）。其精神是闡述人類的理性責任，與基督教神學權威不同。
5. 法國盧梭（Rousseau）：「**寧可讓兒童一個字也不識，也不要使他為了學到這一**

些學問而把其他有用的東西都犧牲了」、「向他的頭腦中灌輸眞理，只是爲了保證他不在心中裝塡謬誤」、「最盲目的服從乃是奴隸們所僅存的唯一美德。」

由上述可知，爲什麼每個人都必須要有獨立思考且有邏輯能力的原因。擁有獨立思考的能力才配稱爲人，也才能組織一個理想的社會，否則只是被人圈養的牛羊，渾渾噩噩的活著，等著讓人肆意宰割。換言之，一個不重視邏輯與哲學思辨教育的國家，難以建立民主的社會。

結論

台灣的教育總是要求安靜學習，少發問、講光抄、背多分，**台灣的邏輯與哲學思辨、表達自我**的能力何時才能提升？更可怕的是，邏輯不合宜的放在數學之中，它需要單獨成爲一門課程與教學，而不是草草地帶過，或是希望學會數學就學會邏輯，這無異於緣木求魚。至於獨立思考與表達自己，就更不用提這有多麼重要了。而由先進國家的經驗可看出，台灣這部分的教育是需要改變的。

我們再次思考啓蒙運動時期的哲學家的格言，可以發現邏輯性思考、哲學思辨與民主有的莫大的關係。不夠邏輯其實也是反映民主程度仍有待加強，換句話說，與其直接追求形式上的民主，不如培養每個人的邏輯。當整體人民邏輯程度上升，自然而然的民主程度便會提高。我們應該要知道「**邏輯是反獨裁專制的起點，也就是邏輯是民主的基石**」。而台灣的各項問題，乃至民主問題，都需要從核心 —— 邏輯去加強。

作者再次重申，邏輯非數學，是形上學。即便是邏輯與數學很像，但邏輯仍可以單獨學習。任何民主國家的人民，都應該學習邏輯與哲學思辨，以及表達自我。建議哲學思辨必須單獨成爲一門課，而當中應該有邏輯的培養、時事的評論，以及認識與反思哲學家的格言。意即是對每一件事情辯論，培養勇於質疑與正確使用邏輯的能力。

「建議將哲學思辨課程、認識西方名人格言納入高中課程，甚至是國中、國小。」

—— 波提思

1-5 邏輯的分類

引用劉福增教授**《邏輯思考》書**上所寫的分法，可以把邏輯分成三大類：語言邏輯、科學邏輯、演繹邏輯。而這三者差別在哪？

1. 語言邏輯（非形式邏輯）

由語言與生活對話經驗來學習邏輯。因為這跟語系有關，不同的語系則有不一樣的使用習慣，會造成不同的困擾。中文常見的問題如下：

(1) 省略前提或一句多義的問題。

牛排不好吃。不知道是「使用刀叉，牛排不方便吃」，還是「牛排不美味」。

(2) 省略受詞會錯意。

例如：甲對乙說：我覺得你胖，乙回答：我不在乎。則不知道乙是「在乎自己胖，但不在乎甲的言論」，還是「不在乎自己胖」。**語言邏輯可以參考本書 8-1**。

2. 演繹邏輯（形式邏輯）

演繹邏輯是因果關係，考慮原因與結果，數學用語為前提與結論。例如：（前提）動物會死，而人是動物，（結論）所以人會死。例如：（前提）在數學上定義大家都能接受的數學原理 $a(b + c) = ab + ac$，利用此式組合出新數學式：$(x + y)^2 = x^2 + 2xy + y^2$，（結論）也都會是正確的。這種因果關係又稱演繹，也就是大家所認識的若 P 則 Q 的數學邏輯。**演繹邏輯就是判斷前提到結論，這個推論有沒有問題。演繹邏輯可判斷因果關係的真偽**，判斷推論正不正確。故要兩個句子（完整的敘述）。

例題 1：天氣好。一個敘述，沒有前後文。

例題 2：下雨，帶傘不會淋濕。兩個敘述，有前後文可推論正確性。

例題 3：下雨，所以 $2\times2 = 4$。兩個敘述，但這兩句話沒有關聯性。

例題 4：蓋核能就有電，不蓋就沒電。兩個敘述，這兩句話的推論是「不蓋不一定沒電」，例題 4 的說法錯誤。

演繹邏輯的重點是「若 P 則 Q 成立（$P \rightarrow Q$）」，必然成立「若～Q 則～P（$\sim Q \rightarrow \sim P$）」，而不成立「若～P 則～Q（$\sim P \rightarrow \sim Q$）」，不可將「→」與「=」畫上等號。並要知道「倒果為因沒意義」、「以否定前提為前提來討論沒意義」，**更多的演繹邏輯內容將在本書 8-2～8-4 介紹。不要因為真值表的影響而放棄學習邏輯，事實上「生活上不用學那麼多真值表內容，但我們需要學會基礎的邏輯。」**

使用演繹邏輯時，要認知集合的概念，要注意「且」與「或」的差異，不可亂用。「且」是每一個條件都要滿足，「或」是滿足其中一個條件，見圖 1。在平時且與或的誤用頂多是令人困惑，但重要事情會出大問題，所以需了解且跟或的關係，才不會被別人的濫用而產生損失。如：2009 年的禽流感。防檢局近兩年來都是要 3 個要件全具備才判定為高病原，與外界所稱 OIE 的認定要件：自 2009 年起，只要實驗室所做實驗死亡率高於 75%、IVPI 大於 1.2，或出現 4 個 HAO 切割位鹼性胺基酸，其一符合即判定高病原不同。（參考連結：http://www.my-formosa.com/DOC_23247.htm%88/）

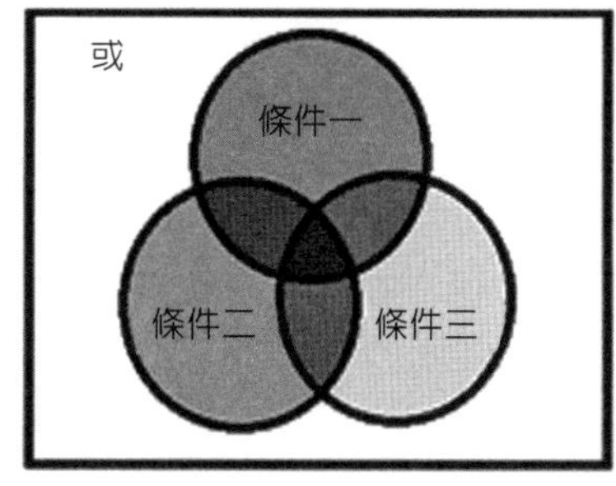

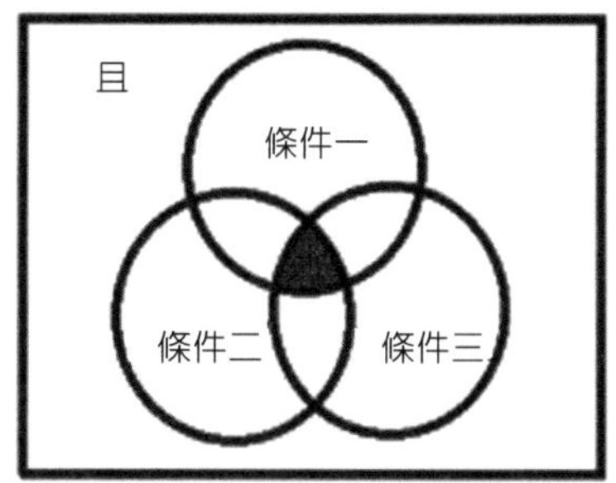

圖 1

3. 科學方法論（科學結構的邏輯，歸納法）

科學發展是使用嘗試錯誤（trial and error）的方式，發現錯誤再修改，如：(1) 四大元素的地水火風，到如今的元素周期表。(2)「太陽繞地球」到「地球繞太陽」。因此，科學很大程度上是靠統計歸納。歸納論證不同於演繹論證，有可能會出現不同的結果。例如：外星人降落到草原，發現馬都是條紋狀的，所以說這星球的馬全都是條紋狀的，這顯然有可能是不對的。

統計的本質上是應用數學語言表達的科學，其本質是在討論歸納的結果，故算是科學邏輯，只有部分的內容：機率是用數學嚴謹的演繹邏輯，但大致上而言，統計是利用科學邏輯。統計邏輯常犯的錯誤：

(1) 定性定量的問題（馬牙齒的討論）。

(2) 統計量使用錯誤的問題，**將在 6-22 說明**。

(3) 抽樣與母體的問題，**將在 6-13～6-14 說明**。

定性定量的問題，意指可以定量討論卻用定性討論，內容是花太多時間討論該事情的性質、做主觀的認知判斷，而不去確定眞實情況、不做客觀的數據分析。此種討論違反科學精神，因爲不夠客觀，也不夠有效。作者將其稱爲「**馬牙齒的討論**」，見以下故事。據說英國科學家弗蘭西斯 · 培根（Francis Bacon）講過的一個故事：「約在 1432 年，一群有知識的貴族在爭論馬到底有多少根牙齒，這場爭論持續了 13 天，這些貴族們參考了許多書籍，但仍爭論不修。到了第 14 天，一位年輕修士受不了這些長篇大論，就跑到院子將馬的嘴巴張開，計算牙齒的數目後回報貴族們。有趣的是貴族們知道之後，竟然惱羞成怒，將年輕修士痛打一頓後再趕走。」這就是荒謬，明明可以直接得到答案，偏偏提出一堆理論來爭辯。

統計邏輯要避免：(1) 馬牙齒（定性定量）的討論，(2) 抽樣還是母體的錯誤，(3) 統計量的誤用。才不致於浪費時間做無用的討論，進而浪費社會成本。

有關更多邏輯、統計的介紹，可以參考作者所著**《台灣人一定要懂的邏輯（邏輯不好不是你的錯）》、《圖解統計與大數據》**。

1-6 禮貌是理性嗎？詭辯是哲學思辨嗎？

作者把詭辯定義爲不邏輯言論，其中值得探討的部分是「禮性（禮貌）與理性（邏輯）」、「主觀感覺拿來討論客觀事物」。

禮性（禮貌）與理性（邏輯）

邏輯是一種理性，但理性不是禮貌。古中國是皇帝制度，皇帝可憑喜好殺人，所以才有「君要臣死，臣不得不死」的荒謬言論，使得科研人員伴君如伴虎，這樣的國家科學發展會進步嗎？除此之外，中國受儒教文化，不容易形成一套邏輯性的思維。儒教重禮，凡事先講禮，再講理。上下層級非常嚴格，下完全不可以對上無禮，否則就無法討論。

例 1：「下位者對上位者講：爲什麼這件事情，可以允許財團亂搞（大聲）。上位者對下位者講：你爲什麼這麼沒禮貌，我不接受你的質詢。」所以產生問題，到底是禮貌重要，還是解決問題重要。

例 2：學生被問 2×3 等於多少，而學生用吼的說 2×3 = 6，老師不接受答案，一昧的說學生爲什麼沒禮貌，轉移了本該注意的重點。

我們知道，不管有沒有禮貌，都可以就事論事，即便心裡不舒服，都可以有邏輯性的溝通（在此不說理性溝通，因爲台灣理性溝通強調的是溫和的說話，是禮貌溝通的意思，我們之所以理性與禮貌混淆，也就是源自於此）。所以，用邏輯來討論禮貌與可以討論事情兩者的關聯。

1. 有禮貌（p），討論事情（q）。假設若 p 則 q，可延伸其他三句。
2. 有禮貌（p），不討論事情（～q）。錯誤。
3. 沒禮貌（～p），討論事情（q）。可能對。
4. 沒禮貌（～p），不討論事情（～q）。可能對。

已知討論 q 爲前提時，不管 p 或～p 都有可能成立，所以也就是說「討論事情」，不管有沒有禮貌都可以討論。

故處理任何事情時，第一要務應該注意的是合理性與正確性，而不是禮貌。然而台灣因儒教的影響，凡事先講禮貌，之後才講對錯。因此，台灣對於重要事情的演進是相當緩慢的，以下是相關例子。

台灣常有抗議不合理的事情，而抗議民衆有時會以占據馬路來訴求不滿，但這對住在附近的人是一種交通堵塞，也就是對當地民衆，或是對用路人是一種沒禮貌的行爲。其實去抗議的人的訴求，往往不是只有爲了自己，而是連帶其他人的權益也一同爭取。只不過總是有人只想到自己用路的權益，卻沒想到它們爭取的正當性與合理性。這種思維也是一種禮貌、理性不分的案例。

同樣的事情在歐美則會有不一樣的態度，在 2016 年 5 月 8 日德國幼稚園老師發動罷工，令人驚訝的是，孩童們的家長也去幫忙抗議政府，因爲他們知道要到源頭抗議才是合理的。如果在台灣，大概只會去譴責幼稚園老師，爲什麼家長交了錢小孩卻沒有地方去；這也是邏輯不清的問題。另外，法國農夫傾倒馬鈴薯抗議蔬菜價跌，這在台灣都是不可能看到的抗議。歐洲國家對罷工接受程度高，那是因爲歐洲人知道要重視勞工權益，以免革命再起。

有鑑於這種理性、禮貌不分的事情層出不窮，台灣大學蔡丁貴教授提過：**「芒果樹我們來搖就好了，要撿芒果的就來撿吧！只要最後的果實是甜美的，誰撿的都沒有關係！」**這其實是一種無奈，變相的只有少數人是理智的在爲社會進步努力，而其他人都是在看戲或者是扯後腿。基於社會發展，必須更合乎邏輯來做事，以及看待其他人的努力，而不是去要求非必要性的禮貌。

主觀感覺拿來討論客觀事物

我們或多或少會遇到敏感的人，但有時避不開時又會引起爭執。如：兩人討論非洲，一人提及「非洲人膚色比較深」，另一人認爲他在歧視黑人，但實際並沒有提到歧視。兩人討論日本，一人提及「早期日本身高普遍在 150 到 160 公分左右」，另一人認爲他在嘲笑別人矮，但實際並沒有嘲笑。這類討論，雙方已有一方不是在討論實際內容，此時已經變成一種詭辯，並會引起爭執。然而此類敏感性言論，難免會遇到，遇到時總是難以繼續交流。建議放棄爭辯，以免衍生出更多的問題。

結論

在台灣不講理，只講禮，拿主觀討論客觀的狀況層出不窮，難怪人家邏輯難以進步，沒機會好好練習，推理、邏輯結構被禮（禮貌）整個打亂。所以我們想要社會的理性（非禮性）進步，還是要從邏輯開始做起，而學會邏輯的第一步是了解哪些地方需要邏輯，並且不要將**邏輯**、**理性思維**與**溫良恭儉**、**禮貌**畫上等號，理性與禮性是完全不同的。講道理時不管是大聲、小聲，態度好、態度不好，對就是對、錯就是錯，難道輕聲細語的說太陽是從西邊出來就會變成是對的嗎？**所以必須講理 = 邏輯，而不是講禮 = 禮貌**，並且事情要抽絲剝繭，每一處都要完整說明，而不是混沌討論、一概而論。

希望台灣可以成爲下述 1 或 2 的國家，而不是成爲 3 或 4 的國家。

1. 有理性（邏輯性）、又有禮貌 — 溫文儒雅且條理分明。
2. 有理性（邏輯性）、但沒禮貌 — 得理不饒人。
3. 沒理性（邏輯性）、卻有禮貌 — 溫文儒雅的胡言亂語。
4. 沒理性（邏輯性）、也沒禮貌 — 輕挑傲慢的胡言亂語。

不幸的是，台灣目前大量充斥著 3 或 4 的人。

參考連結

德國幼稚園老師發動罷工 http://www.setn.com/ColumnNews.aspx?NewsID = 77093
法國農夫傾倒馬鈴薯 http://news.ltn.com.tw/news/world/breakingnews/1150007

1-7 各行各業應該具備的數學與邏輯能力

已知哲學思辨的重要性，並要有勇於質疑、正確使用邏輯的能力。邏輯能力與數學能力具備一定的相關性，而各行各業需要的能力不一定相同。**《幹嘛學數學》**一書有提到各類的職業所需的能力等級，可參見下述各級數學內容及表 1。

第一級：一般的加減乘除運算、生活單位的換算，如重量與長度、面積與體積。以生活應用居多，對應在小學層面。

第二級：了解分數與小數、負數的運算，會換算百分比、比例，製作長條圖。生活應用居多，並且在商業行為上有更清晰的概念，對應在國一層面。

第三級：在商用數學上有較多的認識，明白利率、折扣、加成、漲價、佣金等等。代數部分如公式、平方根的應用。幾何部分有更多的平面與立體圖形。抽象概念的加入，對應在國中層面。

第四級：代數部分如處理基本函數（線性與一元二次方程式）、不等式、指數。幾何部分如證明與邏輯、平面座標的空間座標。統計機率則認識概念。數字抽象更高一層，對應在國中與高中階段。

第五級：代數部分為更深入的函數觀念，處理指對數、三角函數、微積分。幾何部分如平面圖形與立體圖形的研究性質、更多的邏輯。統計、機率部分如排列組合、常態曲線、數據的分析、圖表的製作。數字則更抽象，並且與程式語言有較大的結合，對應在高中階段到大學。

第六級：高等微積分、經濟學、統計推論等等。對應在大學階段。

表 1

工作種類	所需能力
工程師、精算師、系統分析、統計師、自然科學家	第六級
建築師、測量員、生命科學家、社會科學家、健康診斷人員、心理輔導人員、律師、法官、檢察官	第五級
決策者、管理者、主管、經理、會計、成本分析、銀行人員	第四級到第五級
教師	第三級到第六級，隨學生而變。
行銷業務、收銀、售貨、主管	第三級
文書、櫃台、秘書、行政助理	第二級到第三級
勞工、保母、美容、消防、警衛、保全	第一級到第四級
作家、運動員、藝人	第一級到第二級

資料來源：《幹嘛學數學》，原書名《Strength in Numbers-Discovering the Joy and Power of Mathematics in Everyday Life》，作者依台灣狀況微調。

可發現每種行業都有其各自對應的能力，然而大多數人眞正會用到的部分，大概在二到三級就已經足夠使用，僅有少部分人會用到四級以上。所以，職位位置越高的人越需要學好數學、邏輯，否則只是用修辭學，尤其是學法律的人、制定法律的人、執法的人、政府官員，更需要好一點的邏輯能力。不幸的是我們法律系畢業或從事法律相關工作的人，其理性、邏輯的基礎訓練皆不足，因而才會出現這麼多不合乎邏輯的社會亂象。

要改善這個不合理的社會，就應該建立在邏輯的基礎上，讓一切事物合乎邏輯。一般人需要合乎邏輯地做事，才可以避免不合理的事情發生，而文組、法律系、政府官員、老師更需要學好邏輯。

作者認爲台灣的文化受中國影響，而中國與西方是完全不一樣的邏輯發展。西方的演繹先於歸納，而中國一直都不存在演繹邏輯，一直使用的是歸納或是土法煉鋼。作者將邏輯分爲三大區塊來加以比較，分別爲語言邏輯（文字）、演繹邏輯、科學邏輯。

西方：語言邏輯先天好（文字），演繹邏輯後天良（文化），但科學邏輯在問題搞不清重點時，也是一樣會搞錯（定性定量）。

1. 文字上的瑕疵少，具有語言邏輯。
2. 因文化及科學盛行，具有若 p 則 q 的概念，也就是具有演繹邏輯。
3. 在討論事情時，要用定性還是定量，仍是有出錯的情況。

中國：語言邏輯先天失調（文字），演繹邏輯後天不良（文化），科學邏輯在問題搞不清重點時，也是一樣會搞錯（定性定量）。

1. 文字上的瑕疵多，省略主詞、文字雙關、沒有時態、文字有時可拆可不拆（連綿詞：台三線），語言邏輯差。
2. 因習慣用嘗試錯誤及土法煉鋼，也就是歸納法，意味演繹邏輯差。
3. 在討論事情時，要用定性還是定量，仍是有出錯的情況。

可以發現西方邏輯能力相對比台灣好，**台灣因恐龍法官居多，應該要規定法律系的學生必考邏輯，才能減少不合理、不邏輯的判決**。因台灣人沒有邏輯的課程，但也應該要學習與考邏輯，才能增加社會的邏輯能力，也就是減少社會不邏輯現象的一再發生。換句話說，**台灣需要建立一個必考的邏輯檢定的國家級考試**，類似托福檢定。同理，每一個學生的大考（升國中、高中、大學）也應該設立邏輯考試，才不會說話沒邏輯，台灣的邏輯應該從小做起。

作者建議立法委員、公務員及法官一定要通過邏輯考試，否則不得任用。而現階段法務人員的篩選，是用考試機制篩選出法務人員。

建議台灣眞的有必要設定一個哲學思辨或邏輯的課程與檢定考試，才能讓社會亂象、司法問題大幅減少。

1-8 生活上如何應用邏輯、哲學思辨來討論問題？

生活上如何應用邏輯、哲學思辨來討論問題

生活上做事情常常因爲溝通不良，導致做事的效率低下，而溝通不良的原因就出在講話的邏輯性不夠。作者建議討論問題時，依照這樣的方式作爲思考，以免進行沒有效率的討論。首先要先釐清問題是屬於哪種問題：1. 邏輯問題；2. 主觀問題；3. 客觀問題，參見圖 1。

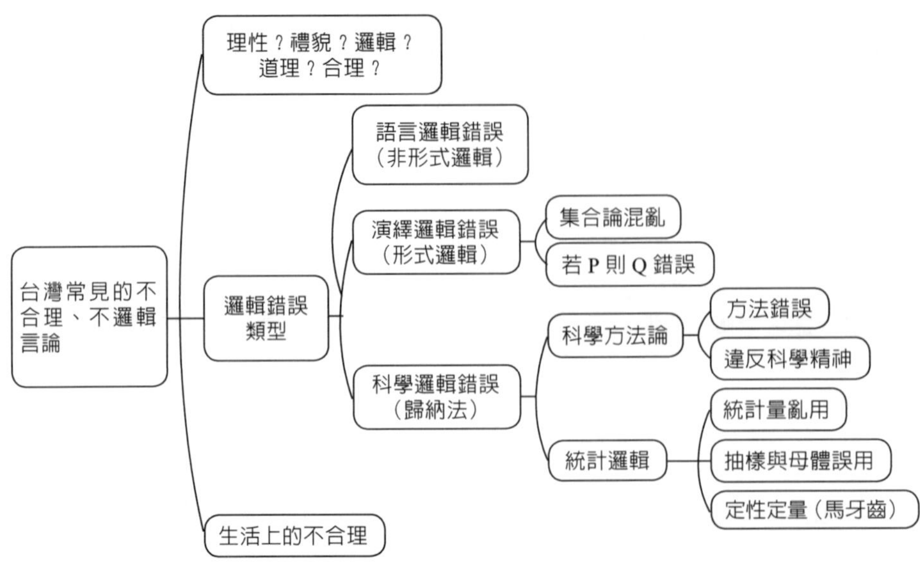

圖 1

1. 邏輯問題的案例：「蓋核能有電，不蓋就沒電。」用若 P 則 Q 的規則檢驗。
2. 主觀問題的案例：「這碗麵你覺得好吃嗎？」針對個人問題是主觀問題，不用討論。
3. 客觀問題的案例：「這碗麵你覺得大家會覺得好吃嗎？」這是統計問題，應該收集數據來加以討論大多數人的喜好。換言之，客觀問題必須**定性定量討論，也就是找出方法，並討論數據**，不該做馬牙齒的定性討論。但我們仍然要認知到有些事情會是不得不定性討論，如：討論事情用一個全新方法時、暫無數據時，必須先用定性討論研究方法來收集數據，再用定量分析。或是永遠難以有數據，如發傳單讓到店客人變多，理論上有相關，但數據可能難以取得，或永遠不知道。

目前討論事情的方式，參見圖 2。

1. 邏輯討論（正確的語句，很少）。

2. 主觀討論（以自我認知為主的討論，多）。
3. 可以完整討論卻不完整的客觀討論（定性討論、馬牙齒的討論，很多）。
4. 不得已的半客觀討論（難以定量討論，只能定性討論，少）。
5. 完整的客觀討論（定性＋定量，少）。

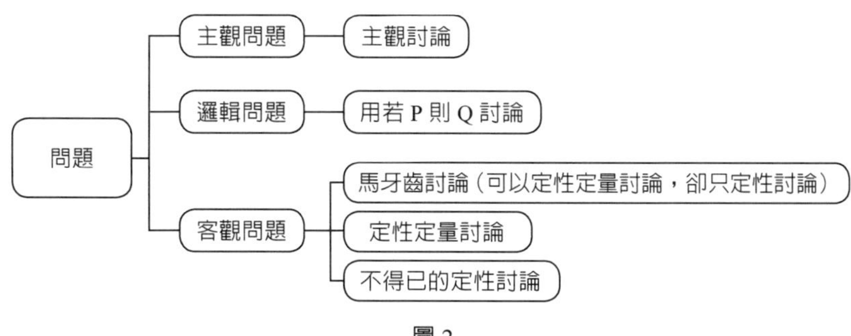

圖 2

可以發現生活周圍充斥著許多的主觀討論，文化導致甚至理禮不分。「**理性**」一詞應該予以放棄，這不是一個好單字，大多數人將理性包含了邏輯及禮貌，以致於造就一堆不邏輯的語句，如：語言邏輯、演繹邏輯、或且不分、若 p 則 q 的錯誤、三段式論證邏輯錯誤、科學邏輯錯誤、統計邏輯上的定性定量討論（馬牙齒討論）、抽樣母體錯誤、使用錯誤統計量。

我們少有用正確的邏輯、完整的客觀，或不得已的半客觀討論。本書的核心價值就是要讓大家以客觀事實、正確的邏輯性，並避開有語病的描述，來加以討論。當我們熟悉這些後，增進溝通、執行的效率，就可以降低社會、人力、金錢資源的浪費。

本書手法

本章已經介紹哲學思辨的涵養是質疑、利用邏輯工具，後面章節將會以個人、家庭、社會、教育、經濟、歷史、社會、民主分門別類的進行哲學思辨。根據客觀事實、統計數據，做台灣文化與西方文化的比較。打破太多依靠直覺、過往經驗，而不依靠眞實客觀邏輯的討論。

每一篇將會簡介標題、提出問題、正反論述，以做出開放式答案供人思考，或是提出過往不同的思考方向，反思台灣過去的方法是否需要改善，來達到啓發思考（質疑）的目的，並培養如何使用邏輯工具的方法。使人了解哲學思辨就是一篇論說文，或是一場基於客觀事實的辯論。

最終期許每一個人都可以擁有一定的哲學思辨能力，希望課程可以有更多的哲學思辨內容來提升理性程度，如：以史實電影、時事哲學思辨來學習歷史、地理，以西方哲學家的格言哲學思辨來學習民主涵養。

衡量一個人的眞正品格，是看他在知道沒有人會發覺的時候做什麼。

——孟德斯鳩

相對論的最初構想是以直覺的方式向我展現，而音樂是啓動這個直覺的原動力，因此可以說，我的發現是音樂洞察力的結果。

——愛因斯坦（Albert Einstein）（1879-1955），物理學家

數學和音樂及語言一樣，都是人類心智自由創造能力的展現。此外，它更是人類溝通抽象概念的共同語言。因此，數學應被視爲人類知識及能力的重要組成，必須被教導且傳承至下一代。

——赫爾曼 · 外爾（Hermann Weyl），德國數學家

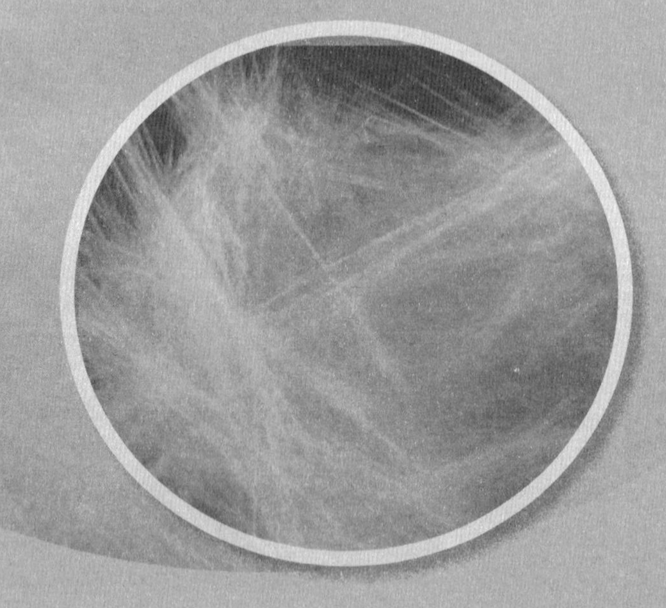

第二章
自我探索篇

2-1 人與動物的差別在哪？為了什麼活著？

人是什麼，與動物的差別在哪？

人是什麼？西方哲學有人提到：人是會走路的動物。人是會哈哈大笑的動物。亞里斯多德（Aristotle）說：人是天生的政治動物。柏拉圖說：人是沒有羽毛的兩腳動物。但人猿就能兩腳直立且沒有羽毛。所以人到底是什麼？

當一個動物會思考自己是什麼的時候，我們就可以稱爲是人，一般動物，不會去思考自己是什麼，而是依循動物本能活著。但人的涵義還包括更廣泛的內容，相對於動物，人類會思考、學習，還會使用工具，但部分動物也會做到上述行爲，所以人應該更加進化與複雜。我們與動物最大的差異是我們會說話，有著各種語言、文字、藝術，可以進行社交，還具有理性邏輯與想像力、創造力，進而延伸出文明制度與科技，這些都是脫離原始動物本能的特殊性，因此我們不同於一般動物。或許應該稱呼爲智慧生命物種，其他的動物則是一般生命物種。

「人不過是一根蘆葦，是自然界最柔弱的東西。但他是一根能思維的蘆葦。」

——巴斯卡（Pascal）

人該為了什麼活著？

人應該爲了怎樣的目標活著？大多數人在不同階段，各自有著不同的任務，求學時期多是爲了學習，出了社會之後，爲了家庭、工作、傳宗接代，或是完成理想（名、利、權、情等），老了退休之後期許可以安養天年、含飴弄孫。

台灣大多數人爲了快樂、傳宗接代而活著，並受限於許多文化、經濟面的窘境、社會壓力「不孝有三無後爲大」，更加想要追求快樂（小確幸），但這樣就夠了嗎？這樣的人生，似乎變成了文化與肉體的奴隸，我們眞的有主宰自己嗎？是否成爲另一種型態的動物——「會操作科技的動物」。

認識科隆大教堂（Hohe Domkirche St. Peter und Maria），參見圖 1、2、3，從 1225 年到 1880 年才完工，經歷過許多時代，甚至在黑死病期間，都有人努力不懈的在添磚砌瓦，相當令人奇怪，難道他們不怕死嗎？還是不渴望傳宗接代？其中的想法或許難以得知，但可猜測絕大部分不是爲了快樂而活著，而是爲了一個目標。

反觀台灣許多人對人生茫然，念書時被父母操控去哪一所學校，出社會後，受限於文化，多數爲了家庭、父母、子女、他人活著，努力工作，過往的夢想、理想都深埋在心中直到遺忘，運氣好一點的人可以提早退休，卻發現時間、體力已經不允許他去完成自己的理想與夢想。運氣不好的繼續工作，直到父母離去，小孩長大遠去，生活失去重心，更有甚者退休後連工作這個重心也失去，對人生產生迷茫與懷疑。思考自己的一生，做了什麼，留下了什麼，又對自己負責了嗎，所以每個人都該思考，應不應該完全爲了自己以外的事情活著？

人活著除了快樂與傳宗接代、工作外，還要有其他目標，不應過度流於動物本能。雖然我們要從「被需要來證明自己的價值」，但還是要有一個限度，不要百分之百爲他人活著，適當的對家庭（或是索取者）「自私」，能避免被過度的親情勒索以及濫用自己的給予。

圖 1

資料來源：WIKI，公共領域

圖 2

資料來源：WIKI ，CC3.0，作者 Judith Strücker

圖 3

資料來源：WIKI ，CC3.0，作者 Thomas Robbin

2-2 快樂是什麼？探索知識是被動學習，還是主動思考？

什麼是快樂？

一般來說，快樂是一種滿足、舒適感，有肉體上的部分，也有精神上的部分。參考伊比鳩魯學派（Epicureanism）的快樂意義，可以對快樂有進一步的認識。伊比鳩魯學派又稱享樂學派，古希臘哲學家伊比鳩魯（Epicurus）爲該學派的創始人。他成功地發展阿瑞斯提普斯（Aristippus）的享樂主義，其學說主要宗旨是要達到不受干擾的寧靜狀態。據說他的庭院告示牌寫著：「陌生人，你將在此過著舒適的生活。在這裡享樂乃是至善之事。」並強調要遠離責任和社會活動。

他認爲最大的善來自快樂，沒有快樂就沒有善。並強調一個活動是否有趣，必須考量其不良影響。也認爲肉體的快樂與精神的快樂有所不同，前者是外力附加的，而後者可以自我控制。因此肉體的慾望要節制，平緩的心態可以對抗痛苦、滿足慾望，最後可以進入「毫無紛擾」（Ataraxia）的最高境界。

他否定宗教，伊比鳩魯悖論（Epicurean Paradox）爲著名遺產之一，又稱罪惡問題。他也認爲：「死亡和我們沒有關係，因爲只要我們存在一天，死亡就不會來臨，而死亡來臨時，我們也不再存在了。」他認爲對死亡的恐懼是非理性的，因爲自身對死亡的認識是對死亡本身的無知，此段論述可以用樹狀圖更清楚的了解，參見圖 1。

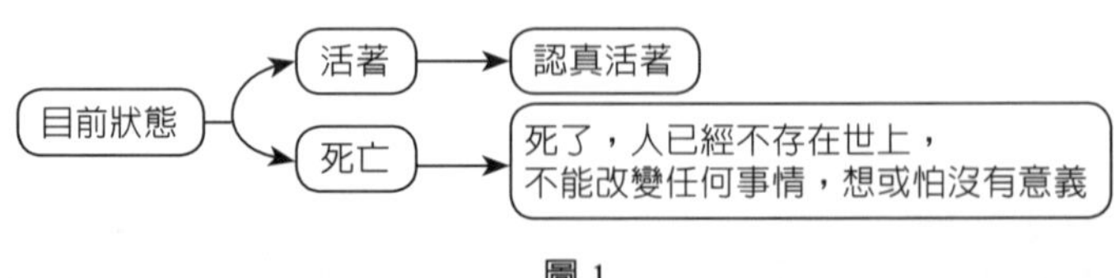

圖 1

伊比鳩魯的學說對自由思維的態度與反對迷信，使我們可以知道他的快樂是與理性有一定的關連性。可惜的是「Epicurean」一詞，至今已經被扭曲爲純享樂，具有貶義。

我們可以認識快樂的種類，以及快樂與理性有一定的關連，也應該思考自己對於享樂應有的程度爲何。

探索知識是被動學習，還是主動思考

在討論探索知識是主動思考，還是被動吸收之前，先認識經驗主義與理性主義。

1. 經驗主義（Empiricism）的知識論（Epistemology）

主張知識源於經驗，而非理性。經驗可理解爲感覺（sensation），或是反省（或稱內感官 internal sense）。以下爲經驗主義的相關內容：

(1) 古希臘的哲人學派（Sophists）主張懷疑主義（Skepticism），以普羅哥拉斯

（Protaagoras）爲代表。主張每個人都是自己眞理的標準，除其自身的感覺和印象外，沒有客觀眞理。之後蘇格拉底（Socrates）和哲人學派的論辯，引發知識論是先天理念還是感覺經驗的爭執，也導致 17、18 世紀理性主義與經驗主義的對峙。

(2) 希臘哲學家伊壁鳩魯在知識論上提倡感覺主義（Sensationalism），認爲所有知識都來自與外界原子的接觸，而心靈也是由外界原子構成。

(3) 洛克（John Locke）宣稱人出生是張白紙，一切知識皆來自感覺與反省。知識的產生流程爲：經驗→單純觀念（simpe ideas）→複合觀念（complex ideas）→知識。

(4) 休謨（David Hume）認爲所有觀念皆來自感官所得的印象或內在感覺，並指出了解的範圍極爲有限，懷疑才是對知識的健全態度。休謨是實證主義，也是懷疑主義與不可知論的發言人。他將一切感知的經驗分爲兩類：印象（感官的知覺）與觀念（想像或記憶的知覺）。

2. 理性主義（Rationalism）的知識論

理性主義主張人具有「萬物皆備於我」的心靈，也就是人類具備邏輯思維與哲學思辨的能力。

(1) 希臘哲學家柏拉圖指出，眞實的存在、眞理必定是普遍的、不變的、圓滿的，而且是統一的素質，它必然是屬於觀念或形式的世界，超越於感覺世界之外。

(2) 亞里斯多德認爲，了解事物的運作並非獨立於感覺世界之外，而是存在於感覺事物之內，並且可以構成一個形式、規則。

(3) 笛卡兒主張知識的基礎在於先天自明的觀念，提出最基本的前提「我思故我在」，據此命題，笛卡兒建設其知識學，並肯定上帝的存在。

(4) 史賓諾沙（Benedict Spinoza）提倡單元論（Monism），心理認知與物理現象是一體兩面。一切事物皆來自上帝的本質，所有眞理可構成一個大整體，知識的目標就是認識世界的單一性與完整性。並指出知識可分爲三個層次：最高者爲直覺，其次爲推理，最下爲感覺經驗。觀念也可分爲：直覺觀念、充分觀念及混雜觀念。

(5) 萊布尼茲（Gottfried Wilhelm Leibuiz）的知識論，將眞理分爲兩種：一爲必然的、永恆的、普遍的眞理（理性眞理）；另一爲偶然眞理（事實眞理），是經驗的、個別的。

我們可以發現，過去的哲學家雖然對於探索知識有著不同的見解，但學習的方式最後總是會進入主動思考，並且有著許多討論，與台灣有著本質上的不同。所以台灣的教育要求講光抄、背多分的被動學習，有很大需要改進的地方。

2-3 理性與感性矛盾嗎？數學與藝術有關係嗎？

理性與感性矛盾嗎？可從數學與藝術的關係來討論。數學應該被當成一門藝術，而非一般我們常誤以爲它是自然科學的一支。事實上，數學固然是所有科學的語言，但是數學的本質和內涵比較接近藝術（尤其是音樂），反而與自然科學的本質相去較遠。**數學像藝術一樣，是人類文化中深具想像力及美感的一部分**。

不難發現生活周遭的建築、繪畫等藝術，充分利用了幾何學，而大多數人所不知道的音樂，其實也是利用了許多數學。1739 年數學家歐拉（Euler）就曾寫下**《音樂新理論的嘗試（Tentamen novae theoriae musicae）》**，書中試圖把數學和音樂結合起來。此書被評爲：「這是一部爲精通數學的音樂家和精通音樂的數學家而寫」的著作。由於數學和音樂都必須使用一套精確的符號系統，以正確地表達抽象的概念，因此，數學符號和樂譜有極爲相似的圖像，參見圖 1。並且你要知道音階是畢達哥拉斯所創，參見圖 2。從音樂結構層面而言，音樂與數學關係之密切遠超過我們的想像。20 世紀作曲家史特拉汶斯基（Stravinsky）曾說「**音樂的曲式很像數學，也許與數學的內容不相同，但絕對很接近數學的推理方式**。」

圖 1　樂譜，Vitali 的 Chaconne

圖 2　中世紀木刻，描述畢氏及學生用各種樂器研究音調高低與弦長的比率關係。

很多人都曾聽過一句話，理科的人太過理性而不具感性，也就是沒有創意與浪漫等負面的描述。但是作者要坦白說這些描述都是錯誤的，要知道「**數學家如果沒有創意，難以成為一位好的數學家**」。我們都聽過伽利略（Galileo Galilei）的故事—在比薩斜塔丟羽毛與丟鐵鎚，他是想像空氣中若沒有阻力的自由落體現象；你也應該聽過牛頓（Isaac Newton）的慣性定律—動者恆動，他是想像太空中沒有任何阻力。所以，眞正超一流的數學家是富有創意、想像力與生命力的人，一般人所認知的情況大多是錯誤的。數學是如此需要想像力的，用死背公式與硬套公式的方法，當然是錯誤的學習。千萬別再誤認為數學是死板板的套公式了。

要知道，數學本質與藝術非常相似，故要從數學藝術面來引發興趣後，再來學習數學。數學與藝術有關的，如：幾何、投影幾何、黃金比例、費氏數列……等。許多人認為理性的對立面是感性，其實這也是錯誤的認知。眞正的情況是有四種：(1) 可以理性與感性兼具；(2) 可理性卻不感性；(3) 不理性卻感性；(4)不理性也不感性。

註：如果你對數學與藝術有更多興趣的話，可以參考《你沒看過的數學》一書。

「如果我們形容音樂是感官的數學，那麼數學就可說是推理的音樂。」
——詹姆斯，約瑟夫 · 西爾維斯特（James Joseph Sylvester）（1814-1867），英國數學家

「所有的藝術都嚮往音樂的境界，所有的科學都嚮往數學的境界。」
——喬治 · 桑塔亞那（George Santayana）（1863-1952），美國哲學家

2-4 你認識自己嗎？知道自己想要什麼嗎？

從出生開始，每個人都有一定的時間與自己相處，但你眞的認識自己嗎？以下將利用心理學家的論述，協助你認識自己。

本我、自我、超我

一九二三年，佛洛伊德（Freud）提出心理動力學（Psychodynamics），他指出精神由本我、自我與超我組成，用來說明意識與潛意識的形成與關係。

1. 本我：指的是完全潛意識，不受意識的控制，代表慾望，並與意識對抗。
2. 自我：受自己控制的部分，大部分爲意識，負責處理現實世界的事情。
3. 超我：部分爲有意識，是良知或內在的道德判斷。

本我爲與生俱來的生物本能，亦爲人格結構的基礎；而自我及超我會以本我爲基礎作發展。我們應了解到「本我」是自身主要的慾望，要透過社會化加以限制，以免產生問題。而在學習社會化的過程，會形塑出因人而異的獨立「自我」，也應避免過度以自我爲中心。最後因行爲規範和道德期待，形成「超我」，構成獨一無二的人格。而我們應該取得正確的平衡點，以免產生問題。

馬斯洛的需求理論（Maslow's hierarchy of needs）

一九四三年，馬斯洛（Maslow）提出了需求理論，認爲人類主要有生理、安全、社會、尊重、自我實現、超自我實現等需求，並認爲大多數人會由低層次往高層次層層推進，參見圖 1。因此，我們應該注意不要過度把人生需求僅放在生理與安全需求上，進而庸庸碌碌，應該要把握人生，實現理想。

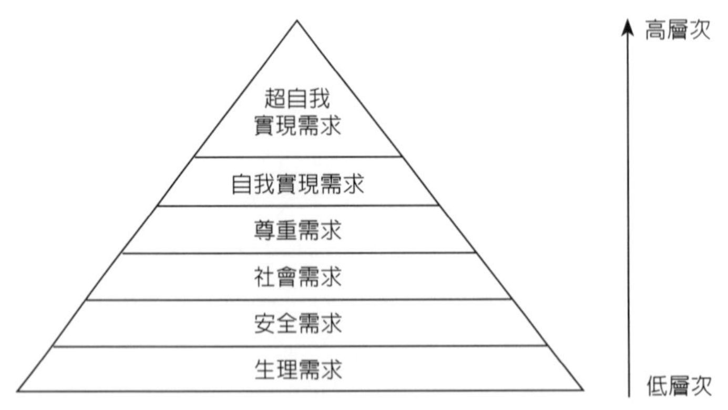

圖 1　馬斯洛的需求理論

巴斯卡

巴斯卡認爲，推理與直覺是人的兩種摸索世界的能力；更完整的說法是客觀能力與主觀能力，只是依教育與環境而有強有弱，而大多數人會因權威式教育、文化、環境的影響，慢慢失去或是不習慣用客觀推理的能力，進而只喜歡用主觀直覺的方式來做人處事。他並將其與理性和感性做交叉關係，參見表 1。而這四種並沒有所謂的好或不好，只是我們在面對不同問題時，應該用適合的處理方式，可參考本書 1-8。但如果所有事情都以自我感覺來做事，而非客觀處理，將有較大機率會造成許多錯誤。

表 1

	理性	感性
推理（客觀）	理性推理	感性推理
直觀（主觀）	理性直觀	感性直觀

周哈里窗

一九五五年，美國社會心理學家 Joseph Luft 與 Harry Ingham 提出周哈里窗（Johari window），參見表 2，可以讓我們審視自己。

表 2 周哈里窗

	自己知道	自己不知道
別人知道	開放的我（公衆我）	盲目的我
別人不知道	隱藏的我	未知的我

這四個我的概述如下：

1. 公衆的我：自己可掌控的部分，願意給別人認識的自己。而這也是主要評判自己的主要部分。
2. 隱藏的我：自己可掌控的部分，不願意給別人認識的自己。而這也是自己的壓力的主要部分，如果可以面對，將可以在許多事情上更爲順利。
3. 盲目的我：自己不知道的自己，但別人知道的情況，如：陷入戀愛的人，當局者迷旁觀者清。而這也是自己難以察覺的部分，若是爲缺點的話，要適當的請別人協助與修正自己。
4. 未知的我：自己與別人都不知道的自己。在特定情況會出現，也可稱爲是潛意識的自己，如：喝醉酒產生自己都不敢相信會那樣做的自己，朋友不曾看過的自己。未知的我如果是好的方向，可以在獲知後進一步挖掘，如果是不好的，也要努力去修正。

上述的四個「我」，都是組成自己的一部分，我們應該足夠認識自己，以避免讓別人困擾或是製造出問題。

結論

利用上述的內容更加認識自己，並調整自己的問題，進而適應這個世界。

2-5 何謂存在？

人與世界的關係是什麼？

是時勢造英雄，還是英雄創造時勢？人應該隨著世界前進，還是推著世界前進？我們應該以世界為中心而活，還是想辦法讓世界（或是一定範圍的世界）以自己為中心？

人是人類世界的一小部分，絕大多數人都依照該地的規則而活著，極少部分人可以制定、修正規則，而大多數人只能配合。但在民主文明世界的一大優點是可以讓人民做主，因此，每個人可以利用投票來做一定程度的調整規則。人與世界是互相推動著，只是良性或是惡性卻不一定。

每當一個時代的大動盪，只要仍有一定知識分子，或是有不甘惡政的民眾，必然會產生一個英雄來改革所屬的世界。因此，世界會由人來改變，而世界的敗壞，也是由人而來，總而言之，都是人在改變這個世界。

延伸思考

反思中共的情況，是文化造就中共，還是中共造就文化？作者認為中共長久以來的文化，源自一代代人的修正與配合，創造了如今的人民，而人民又創造了目前的中共，最終產生了許多不良的效應。因此，一個國家最重要的就是文化，如果走偏又不修正，就是衰敗的起點。

怎樣算是存在？

人的存在，可參考存在主義（existentialism），這是一個哲學的非理性主義，它認為人存在的意義無法由理性思考而得到答案，而是強調個人、獨立自主和主觀經驗。其中尼采（Friedrich Nietzsche）、齊克果（Søren Kierkegaard）、陀思妥耶夫斯基（Fyodor Dostoevsky）、沙特（Jean-Paul Sartre）為其代表性人物，參見圖 1。

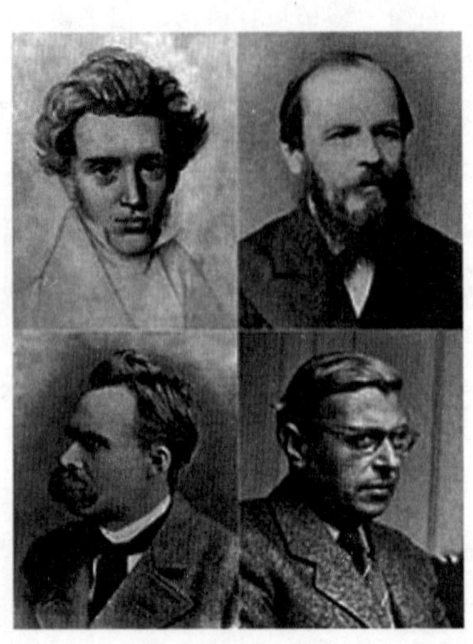

圖 1　左上為齊克果、右上為陀思妥耶夫斯基、左下為尼采、右下為沙特

所有存在主義者的共同基本原則是「存在先於本質」。意思是人本身之外，沒有先天決定的道德或靈魂，道德和靈魂都是人在生存中創造的。人沒有義務遵守某個道德標準或宗教信仰，卻有選擇的自由。當評價一個人時，要評價的是他的行爲，而不是他的身分，因爲人的本質是透過行爲被定義的，「**人就是他行為的總和**」。

進一步認知「什麼是存在」，如果渾渾噩噩的活著，我們可以說自己是存在嗎？還是只是成就他人的螺絲，因此應該尋找有意義的目標活著，證明存在性；換句話說，要想辦法讓自己的存在感顯現於當下的環境。

註：存在主義並沒有否定神的存在，齊克果就是一名基督徒，他認為存在主義是基督徒思想模式的開始。

平靜與毫無情緒，相同嗎

我們可以輕易知道今天是開心、不開心，或是平靜，但也曾聽過，甚至自己也曾說過，今天的狀態是毫無情緒，就是機械化的過完一天，而這說法正確嗎？事實上可以用一個簡單的說法解釋。情緒是一個袋子，裡面會存在有數字的球，而其中的數字就是對應的心情，正數越大就是代表越開心，0 就是平靜，負數則是不開心，但也可以是沒有球，就是毫無情緒，數字可表示爲 ϕ。

毫無情緒的狀態可能較常出現在機械性工作時，使人無所謂開心或不開心，僅是用時間換金錢，因此就能了解什麼是毫無情緒，進而不用對今天心情沒有「好」也沒有「不好」，但也不是「平靜」，感到訝異。但不管如何，我們應該避免這樣的狀態，人應該有目標、有熱忱的活著，而非糊里糊塗地度過一天又一天。

能言善辯並不能證明什麼。

——伏爾泰

第三章
家庭與社會篇

3-1 我們的文化有培養誠實嗎？

說謊在歐美國家是會被當成低劣的人，這可能是基督教影響了歐美文化，如：聖經中：「撒謊的嘴唇是耶和華（Jehovah）憎惡的；行事誠實是祂所喜悅的。（箴言 12:22）」但不管是否因基督教，總歸來說，說謊是一種道德瑕疵，嚴重一點還會違反法律與民主。然而**台灣受傳統中國文化影響，大多數人似乎沒有把說謊當一回事，甚至引以為榮，如：闖紅燈、作弊、逃票等等。殊不知，說謊造就低劣的人格與反民主的社會。**

我們應該都聽過「華盛頓（George Washington）砍倒櫻桃樹」的故事，內容概要是說華盛頓小時候有次把櫻桃樹砍了，當他父親發現後，生氣的問道：「是誰砍倒這棵樹的？」他誠實的說是他砍倒的，而他的父親非但沒有責怪兒子，更高興的說：「敢勇於認錯，不說謊，是更重要的事」，可見西方鼓勵誠實、勇敢。你應該也有聽過「狼來了」的故事，放羊的小孩因多次說謊，導致最後沒人幫忙；以及「烽火戲諸侯」、「曾子殺彘」的故事，這些故事都在不斷的警示說謊的惡果，要求大家必須誠實。但是在台灣，這些並無有效的讓人不想說謊，這是爲什麼？因爲台灣有著太多事情鼓勵說謊，而且更是從幼童時期貫穿到成人。

幼兒時期與家庭

1. 小孩弄壞東西，家長會哄騙小孩說實話：「老實說不處罰」，但實際上多數情況是說實話會被處罰，說謊反而不會被處罰，造成鼓勵小孩先說謊話來逃避問題。類似之事，更是延續到未來成年人的世界，如：「乖乖束手就擒，從輕發落」、「坦白從寬，抗拒從嚴」，但實際上沒有，並且以有罪推論的方式，屈打成招，逼人說謊，這也是獨裁國家的弊病。

延伸思考

「坦白從寬，抗拒從嚴」與其相對應的觀念是「你有權保持沉默」，故人民有其人權自由，未定罪前不可使用刑罰，因此，更可以看出說謊文化是如何推動不民主。

2. 兩人做錯事，七成以上大人不問對錯各打 50 大板，強迫向對方說對不起，再說沒關係，自欺欺人的對不起、沒關係，培養「先騙自己再騙別人」的說謊文化。
3. 家長說到做不到。如：
   (1) 小孩子過年收到紅包，父母常說代爲保管，並說長大後還給你，但大多數家長並沒有做到。
   (2) 小孩子考試考得好有獎品，如：電動、球鞋等。之後因其它因素被沒收，得到的一句就是「能給你就能收回」，凸顯了階級制觀念，讓小孩感覺到給了禮物、又變不給的說謊感受。
   (3) 說到做不到，改口說有心無力，或是好心辦壞事，或沒有功勞也有苦勞。
   (4) 不乖就丟掉你，習慣謊言是一種常態。

(5) 先講肯定句，出問題後，再補述有特例。

(6) 孝順與親情勒索。如：以後房子跟錢都留給你，但很多老人做不到。並且如果是利益交換，應立契約而非用孝順情感勒索，最後做不到。

(7) 考試考好帶你出去玩，但是最後卻沒有。

4. 不承認錯誤等同於說謊、無不是的父母。不難發現，大多數家裡長輩的討論事情方式是，「講的過講道理，講不過扯倫理」的態度，再不行惱羞成怒（見笑轉生氣）。
5. 善意的謊言。說謊者認爲是好意，甚至不認爲是謊言，而善意的謊言也常被濫用，因此慢慢習慣他人很高程度會說謊。
6. 開玩笑與說謊的界限模糊不清。
7. 假大方，家長會逼小孩大方分享玩具，並逼小孩說是自己願意的。

學生時期

1. 督學巡視學校，老師要求學生將參考書收起來，以應付巡視，等同老師教學生不誠實、敷衍、鑽漏洞、做表面功夫。因此，學生便會習以爲常的不誠實、敷衍、鑽漏洞、作弊，但又不覺得這樣做有什麼大問題，認爲只是習以爲常的生活模式。鑽漏洞最實際案例，就是台灣華僑回來濫用健保資源。
2. 台灣學生對於作弊，部分不引以爲意，甚至還有些會因爲作弊成功而沾沾自喜。延續到社會上，就是政客常說謊話卻不引以爲意。
3. 台灣沒有「是」與「不是」以外的答案，使人不敢說出「不知道」此一選項，因爲說不知道會被處罰或被罵，於是變相來說是鼓勵說謊。
4. 教導要勞役平衡、休息是爲了走更長遠的路，但卻要學生一直看書面對考試。

出社會後、宗教與政治

1. 接受政治家有心無力，再給一次機會，連任後會完成，不得不接受各種跳票。
2. 逃漏稅、逃票、闖紅燈等。
3. 儒教的階級制在文化上迫使人說謊，雖沒有教你說謊，但也是培養說謊。如：階級制讓人不敢反抗王權，君王指鹿爲馬，說這是馬不是鹿，逼人說謊。
4. 層出不窮的詐騙活動。
5. 互助會的倒會跑路。
6. 死不認帳，不誠實面對錯誤。如：侵犯人權，硬凹，「沒作壞事不用怕被監聽」。
7. 官大學問大，死要面子的不懂裝懂。
8. 行行出狀元，實際上是「萬般皆下品，唯有讀書高」，沒有文憑寸步難行。
9. 老實、誠實的人在社會上容易吃虧，雖有「害人之心不可有，防人不可無」的諺語，但往往老實、誠實的人學會保護自己後，也變得不再百分之百的誠實。
10. 馬屁文化。

結論

可發現台灣太多事情造就說謊文化：(1) 說謊、(2) 包容說謊、(3) 間接推動說謊文化。但培養誠實有什麼優點？又該如何培養誠實？將在後面小節介紹。

3-2 誠實會推動民主嗎？

科學期刊（Science）在 2019 年 6 月 21 日發表了一項實驗，計算全球公民誠實度（Civic honesty around the globe），分享撿到錢包的歸還度，錢包裡面可能有錢，或是沒錢，以歸還與否做爲全球公民誠實度，參見圖 1。可以發現西方國家相對東方國家誠實，**並發現中國是誠實度最差的國家**，因此應該避免與其打交道，以免吃虧被騙。本圖沒有提及台灣，但**台灣與中國文化有太多類似之處，也應該避免其容易培養說謊的文化**。

將誠實比率（歸還比率）與各國民主化指標數做關係圖（散布圖），參見圖 2，可發現誠實與民主化高度相關。直覺來說，獨裁者沒有對人民誠實的義務，換言之，獨裁國家難以推動誠實，而民主也非一蹴可幾的狀態，因此可推論是誠實推動民主。台灣如果要成爲一個民主國家，首先應該從推動誠實開始。

將誠實比率（歸還比率）與宗教做散布圖，參見圖 3，可發現基督教比例高的國家比較誠實（50% 以上），伊斯蘭教高的國家比較不誠實（30% 以下），佛教、印度教高的誠實比率在 30% 左右，宗教比例低則都有可能（在此不顯示）。如果宗教有助於誠實，可從此著手建立民眾的誠實風氣。

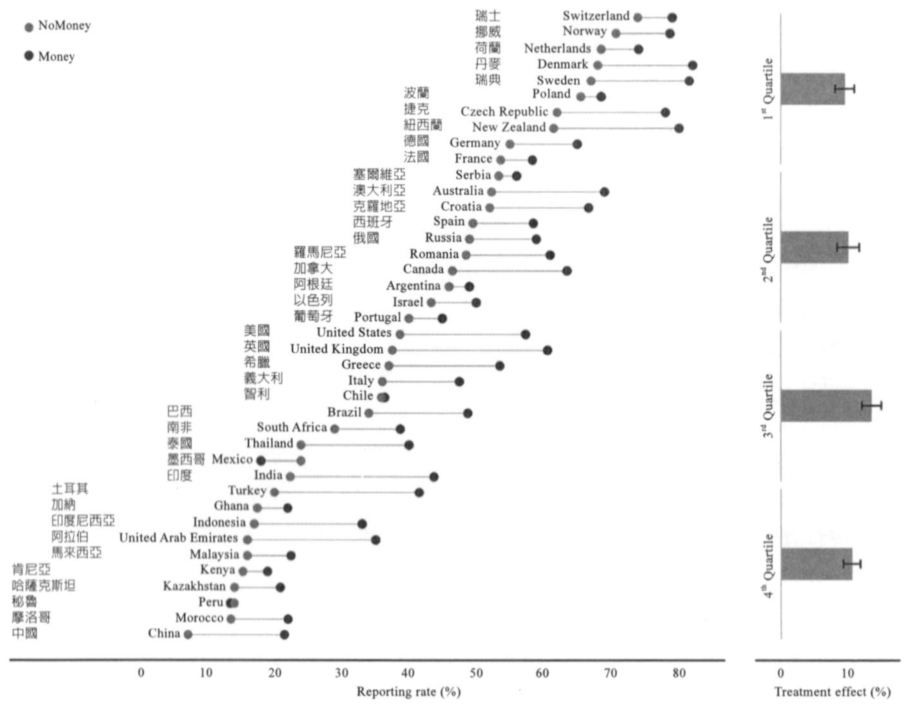

圖 1　全球公民誠實度

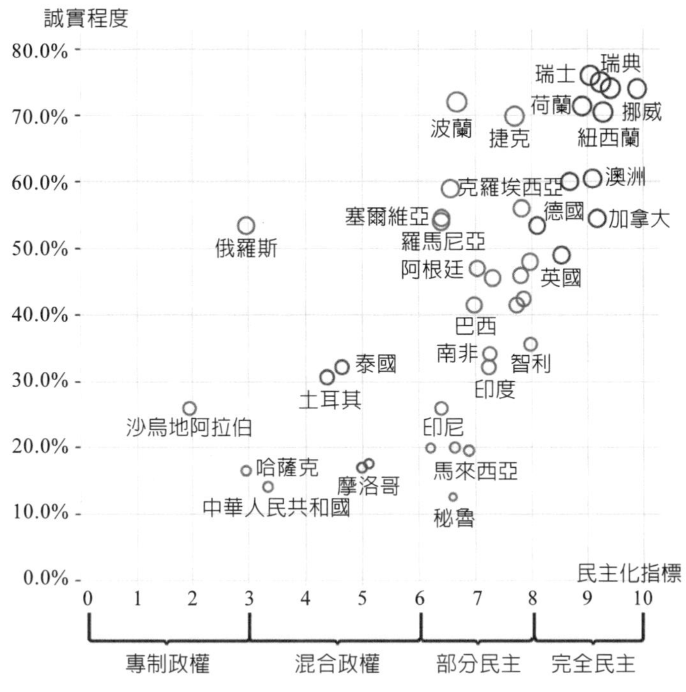

圖 2　誠實比率（歸還比率）與各國民主化指標數

圖 3　誠實比率（歸還比率）與宗教關係

3-3 如何培養誠實？

由前面兩節可以發現，台灣太多事情造就說謊文化：(1) 說謊、(2) 包容說謊，(3) 間接推動說謊文化。若要避免前述說謊案例發生，如何培養誠實，並了解到說謊是羞恥而非光榮，則變成一個重點。

建議做法

1. 培養道德觀

我們曾聽過，「摸著自己的良心」，或是「對天發誓，沒有說謊」，或是「人在做，天在看」，但對道德低落的人這方法是無用的。

台灣有很多矛盾的文化，使得上天並不具有嚇阻力，如：

(1) 人定勝天。

(2) 皇帝是天子，他的王朝可以被人民推翻。

(3) 亂丟垃圾，天打雷劈。使得人一定程度上不敬天，最終的後果就是培養說謊。

歐美培養不說謊的方式：

(1) 受基督教、上帝的影響，如上法院作證，要摸著聖經，證明自己說話的內容屬實。

(2) 上法院有陪審團的聽審，利用輿論與衆人的觀感，讓人羞愧。

(3) 歐美文化認爲，說謊是人格低劣的人。

(4) 懲罰不會用天打雷劈的空談，而是實際上會讓人痛苦的方式，如：罰錢、坐牢，最終造就相對誠實的社會風氣。

我們應認知說謊是可恥的行爲，**找出「說謊 ＝ 可恥 ＝ 道德低落」的制約方法**。說謊被抓到之後，應該給予實質的懲罰，如：罰款、抓到作弊退學等。

2. 重邏輯而非禮貌

有部分的人（尤其是長輩）在討論事情時，講得贏的就講道理證據，講不贏的就講倫理態度，再不然就惱羞成怒（見笑轉生氣）。階級制、邏輯、理性不足的人容易狡辯，而狡辯近乎說謊。我們應該培養理性思維，而非過度注重禮貌，否則禮貌只是淪爲破壞誠實的一大推手。

3. 家長未能以身作則

家長必須以身作則，說到做到，才能讓小孩學會誠實。

4. 使人了解說謊如雪球一般，越滾越大

讓人知道說一個謊，後續要繼續說謊才能讓第一個不被拆穿，但早晚都會被發現的，我們不應該過度用話術包裝事實。

5. 定義說謊與玩笑的界線

不論是執行說謊，或是間接推動說謊，或包容說謊，最終的影響相當廣。甚至有人把說謊當做是開玩笑，應該明確界定哪些內容是可以開玩笑的，哪些是模糊的，哪些是說謊，以避免造成過度紛爭與混亂。

6. 杜絕假新聞

國與國的打仗，用各種戰略都是可行的，如：兵不厭詐、假新聞等。但是國家內部的政黨輪替，用國與國的手段——假新聞，則是不對的，甚至可稱爲是反民主，我們應該立法制止假新聞的猖獗。

7. 政治人物不可說到做不到

政治人物承諾的政策應該儘量說到做到，也就是政策完成度不可比例過低，如：每一年應完成一定比例，作者認爲沒有 70%、也要有 50%，否則應該予以譴責及罷免。失信於民是對文化、民主的一大重傷。

結論

台灣說謊文化涵蓋太多面向，從小到大、從家庭到社會，甚至還有部分事物鼓吹說謊值得光榮，過度促進說謊、包容說謊，這樣如何培養誠實呢？**我們還要容忍謊話連篇的人多久？還要容忍謊話連篇的社會多久？杜絕說謊才能達到民主的社會。**

「統治者最糟糕的，莫過於不道德。上梁不正下梁歪。統治者要是不道德，就會影響風氣，毒化社會。」

——拿破崙（Napoleone Buonaparte）

「人類最不道德的事，是不誠實與懦弱。」

——高爾基（Maxim Gorky）

「誠實和勤勉，應該成爲你永久的伴侶。」

——富蘭克林（Benjamin Franklin）

「坦白是誠實和勇敢的產物。」

——馬克吐溫（Mark Twain）

「誠實是一個人得以保持的最高尚的東西。」

——傑弗里 · 喬叟（Geoffrey Chaucer）

「在人類智慧這部巨著裡，誠實是他的第一章。」

——傑弗遜（Thomas Jefferson）

3-4 不要計較那麼多，對嗎？愛打小報告，對嗎？

不要計較那麼多

在家庭或是學校，乃至於社會上，都常聽見「吃虧就是占便宜」、「不要計較那麼多」，這是大度、溫柔？還是不公、軟弱、逃避？

在成長過程中不免會受他人傷害，曾被反問難道你要傷害別人、報復別人嗎？但暴力可以解決問題嗎？很多人選擇不想傷害人，可是又沒有方法保護自己，只好什麼都不做，讓人繼續傷害自己。這是對別人仁慈，還是對自己殘忍？其實對兩邊都是傷害，一個是縱容惡的成長，一個是對自己（弱者）不公正。

最終「吃虧就是占便宜」、「不要計較那麼多」的種子，萌芽變成「不敢跟人計較」，更甚至是對強者、強權服軟，對應到國家大事就是對中共（獨裁者）服軟，因而造就弱的大多數人認爲「簽和平協議就不打你」是正確的，這與「交保護費就不打你」有何差異？要知道，本來就不可以隨便戰爭，逃避的軟弱心態造成錯誤的文化。

台灣人爲什麼要有如此軟弱的想法——「吃虧就是占便宜」、「不要計較那麼多」？這該稱作是害怕選擇，不敢選擇正確或是公平的選項。要知道「以拖待變」、「維持現狀」都是逃避面對問題。許多事情禁不起一拖再拖，爲了要保護的東西，必須要做出選擇，溫柔與軟弱僅只有一線之隔，要足夠堅強，做出捨棄的決定，不能老是當被傷害的一方。

教育與文化不該使人軟弱，軟弱使人不敢反抗獨裁，進而不民主。不敢做選擇，想要維持現狀，但是中共根本沒有要維持現狀，部分台灣人自稱的維持現狀僅是一個口號，中共不可能做到。

延伸思考

「都是別人的錯」，也是一種逃避，推卸責任，進而不民主。甚至可追朔到幼兒時期，小孩子跌倒、撞到，不乏聽見過「都是地板壞壞、牆壁壞壞」。這也是一種不肯客觀面對，對自己說謊的方式。

檢舉魔人、抓耙子的行為對嗎？還是在不同前提下有不一樣的評論

生活中，不時有檢舉、打小報告、抓耙子等行爲，如：舉發弊案、檢舉違停等。而檢舉是一個正面、還是負面的行爲？有人認爲打小報告是可被允許的，甚至應該鼓勵大家檢舉，以利互相監督，讓社會更有秩序。如：檢舉交通、公司弊案、當警察的線民等。也就是看到別人做壞事時，應該去打小報告，讓做錯事的人受到處罰，導正錯誤。

有人認爲打小報告是不可被允許的，應該由管理者自行處理，而非由人民的互相監督，這樣會造成亂舉發，人與人的信任度下降，破壞人民團結，也更加不信任政府。如：

(1) 早期台灣在日治時期的連坐法。

(2) 戒嚴時期的檢舉說台語。

(3) 保密防諜亂檢舉，使許多人無端落獄、在海外有家回不得。

(4) 職場上亂打小報告來排除異己。

檢舉人的下場也相當兩極，會被獲利者鼓勵，但也容易被人恐嚇。為什麼要做如此危險的事？如果檢舉變成一種風氣，亂檢舉就會變成一種可預期的事情，將會使公單位防範犯罪效率變差。

外國人如何看待此類事件？較特別的是法國，作者觀察到法國人的教養方式一書中曾提到，法國人非常不願意打小報告，其中一個內容是這樣說的：小孩去別人家玩，非法籍媽媽會請對方幫忙注意小孩，囑咐如果有不妥之處請對方告知，然而法籍媽媽會說：「我兒子不是警察。」言下之意就是不會打小報告。法國人的這項傳統可能是二次大戰期間，法國人密告的風氣造成的反向行動。而其他國家則是認為，部分事情應該要有適當的打小報告，而不能當作是全然是負面的行動。

綜合上面內容，仍然是難以判斷打小報告是好或不好的事情。因為行為是一樣的內容，但受限前提不同，會有不一樣的結論。然而一樣的行為，一旦成為一個習慣與文化，進而不會過多注意使用前提，最終會變成一種濫用，但要如何認識哪些是可使用的時機，則是相當困難。或許可以折衷處理，在私領域、部分公領域不要打小報告，如：職場內容，應該由管理層自行處理，而會危害到生命的內容就要打小報告，如：頂新黑心油。

延伸思考

台灣在白色恐怖時期，有著不少被密告的無辜受難者，然而亂通報的密告者究竟應不應該受到處罰？在當時密告者很可能本身就是政府要逮捕的人，所以密告者為求自保而隨意檢舉，試圖降低刑罰。其實政府應不應該對此項政策作轉型正義，對無辜受難的人賠償呢？

另外，反思台灣與法國，對於歷史上打小報告的不良影響，兩個國家有著不同的變化，法國是從根本上杜絕，台灣則是保持原樣，或許應該再次比較此行為的優劣，再來替文化塑形。

3-5 有吵有糖吃與不邀功，哪個好？

台灣文化「**希望凡事不邀功、不爭取，默默努力自然會被肯定**」，認爲是一種美德──「謙虛」，**認為不應該養成「有吵有糖吃」的心態**，但這樣的行事作風，在任何時候都正確嗎？實際上這種文化造成許多時候都出現了問題，見下述：

1. 親子：父母爲小孩做了很多，而父母不說，造就小孩不知道，也不知感恩。
2. 情侶：其中一方爲另一方做很多，但不說，認爲自己付出比對方多，造就紛爭。
3. 職場：期待默默做可以被主管發現，但最後是有適當表達的同事，或是有吵有糖吃的同事，最終獲得主管的認同，而默默耕耘的人仍在原來位置。
4. 政府與人民：政府應該報告施政進度報告，但有可能因**凡事不邀功的心態**，造成什麼都不說的情況，然而到底是沒做事，還是有做事，但覺得人民不用知道太多，這不免讓人覺得政府的姿態傲慢。

政府報告施政進度是應盡的責任，這是政治透明度，也是民主的一環。但「不邀功」造就可以不用報告的情況，這樣的文化應該丟棄，因爲過度的謙虛近似傲慢。參考：

1. 美國總統川普（Donald John Trump），他常利用推特（twitter）發文，說自己已經完成了什麼，自己即將要做些什麼。這種被人看似不得體的行爲，卻藏著大智慧。除了可以讓幕僚有效知道施政方向，也能作爲非正式的 MOU，受人民監督，變相來說比口頭承諾更有效力，也可以避免自己忘記。如：川普 1 天狂發 123 條推特創紀錄，白宮發言人表示：「川普使用科技與美國民衆直接溝通，應該是值得讚許的行爲。」
2. 部分政治人物也會在 FB 說自己做了什麼。

這類可以在網路留下文字，可算是一種施政進度報告，並可以讓全民監督的行爲，這些都是促進民主的行爲。換言之，凡事不邀功，如果放到政治上，將會導致不民主，因此反民主的文化應該予以屏除。應該鼓勵大家適當地表達自己，**政治上應該要公開、透明，更要定期的進度報告**。

不幸的是，台灣部分人對於民主的概念相當薄弱，認爲沒必要全民監督。認定既然選舉出來了，就是全權委託，只要無條件相信選出來的人，不需要監督他們，也不需要他定期的進度報告。這與早期政治人物的口號有關：「請大家相信我，不要問怎麼做，我會對你們好。」要知道如果不會盲目相信保險員推薦的保單，就不該無條件相信政黨，這是訴諸權威的不邏輯之事。而這樣的事情在現在看來相當荒謬，爲什麼會對跟未來息息相關的事情如此的放心？應該是與早期知識不普及有關，造成了上位者做什麼，下位者就算監督了也看不懂。

在 21 世紀網路時代，可查到想知道的資料來監督政府，甚至杜絕假新聞。因此，不能再用上一代的放任心態，期待政府會對人民好，並且幻想政府只是謙虛、不邀功。要知道，上下都用錯誤的方式與心態，只會造就不民主的台灣，阻礙台灣的進步。

台灣目前的官方網站，如：行政院，有施政進度報告，參見圖 1。但可發現是以新聞稿的方式，相當難以查詢與使用，僅能概括了解政策執行進度。這不是人民想看到的呈現方式，應該每月定期公布**各項目進度，以及說明概要，並要提出總進度情況，參見圖 2（數據為假設情況，表格為建議方式）**。否則不免讓人覺得都沒做事，或是只做幾件事，還有可能只照顧到某部分族群，而非全民。

圖 1　行政院官方網站之施政進度報告

蔡英文十大政見整理：				
		最後更新時間	完成度	備註
1	長照政策		40%	
	一、建立完整的長期照顧體系		50%	…
	二、發展以社區為基礎的健康照護團隊		10%	…
	三、發展以社區為基礎的小規模多機能整合型服務中心		10%	…
	四、每年編列330億元長照服務基金		60%	…
	五、針對偏鄉地區展開長照資源補強專案		20%	…
	六、優質的長照服務訓練、建立專業照顧管理制度		30%	…
2	食安政策		30%	
…				

圖 2

從上述來看，「不邀功」不好，「有吵有糖吃」才是對的。但仍有前提，有時會聽見「做好本分，要求稱讚與獎品」的情況，如：1. 小孩認爲乖乖做完功課應該有獎品；2. 父母認爲生養很辛苦，必須能獲得非常孝順的孩子，小孩長大後可以對其無限的予取予求；3. 情侶間的付出認爲對方應該回饋；4. 暗戀者認爲付出很多，對方就必須喜歡自己。這些都是前提錯誤時的爭取。有吵有糖吃應該用在爭取自身應有的權益上，最典型的案例就是民主、人權。

我們應該知道，有吵有糖吃、邀功應該是在超過本分、超額完成的情況下；而在本分之內的事不該邀功。另外還要知道，政府應該適當的進度報告，不應該擔心被人認爲是邀功的心態，否則會被當成傲慢或是不想進度報告。而生活上還有許多混淆的部分，進而被情緒勒索，你我應該多多思考，才不會陷入矛盾之中。

3-6 一直讀書就會成績好，付出就要有收穫，對嗎？

大多數人希望「付出，就一定要有收穫」，但是實際上卻不一定會達成。同理「乖乖念書，成績就該變好」、「認眞的對別人好，別人應該理你」，就不一定成立，但是有很多人認爲這些話是對的，所以才會心裡不舒服。

如同有的人從事無償的社工或是運動推廣，但是大家卻是愛理不理，甚至不給予基本的尊重，進而感到灰心而放棄。基本上這些都是邏輯不夠好，理性思考不縝密，才會有這種不好的感覺。順帶一提，如果從感性的方面來加以考慮，的確可以說沒有功勞也有苦勞，但是會產生不舒服的地方的確是必須從理性的部分來加以考慮，便可以不要太過在意。

用邏輯討論「付出與收穫」兩者的關係

收穫 P，一定要付出 Q。百分之百正確

可推導其他三句：

收穫 P，沒付出～Q。錯誤

沒收穫～P，付出 Q。可能成立

沒收穫～P，沒付出～Q。可能成立

小結

1. 從付出 Q 開始討論，其結果：有得到跟沒得到收獲，都可能成立，故是沒意義的討論。
2. 從沒收獲～P開始討論，其結果：付出或不付出，都可能成立，故是沒意義的討論。
3. 如果若 P 則 Q ，成立；若～Q 則～P ，成立。也就是說收獲一定要付出，不付出一定沒收獲。

口語化的說明

1. 要收獲一定要付出。若 P 則 Q。
2. 不付出一定沒收獲。若～Q 則～P。
3. 付出不一定有收穫。討論 Q 沒意義。
4. 沒收獲，付不付出都有可能。討論～P 沒意義。

用邏輯討論乖乖念書與成績變好兩者的關係

成績變好 P，要乖乖念書 Q。百分之百正確
可推導其他三句
成績變好 P，沒乖乖念書～Q。錯誤
成績沒變好～P，要乖乖念書 Q。可能成立
成績沒變好～P，沒乖乖念書～Q。可能成立

口語化的說明

1. 成績變好 P，要乖乖念書 Q。若 P 則 Q。
2. 沒乖乖念書，成績一定沒變好。若～Q 則～P。
3. 成績沒變好，不一定有乖乖念書。討論～P 沒意義。
4. 乖乖念書，成績變不變好都有可能。討論 Q 沒意義。

結論

因此可理解爲「乖乖念書，成績就該變好」、「認眞的對別人好，別人應該理你」這兩句都是荒謬的，應該改爲「我乖乖念書，成績有可能變好」、「認眞的對別人好，別人有可能會理你」。所以付出不一定有收穫，以及推廣運動或是教學時，不應該因爲他人行爲而灰心放棄。

延伸思考：用邏輯討論進廚房與怕熱兩者的關係

怕熱 P，不要進廚房 Q。百分之百正確
可推導其他三句：
怕熱 P，進廚房～Q。錯誤
不怕熱～P，不要進廚房 Q。可能成立
不怕熱～P，進廚房～Q。可能成立

口語化的說明

1. 怕熱，不要進廚房。若 P 則 Q。
2. 進廚房，一定不怕熱。若～Q 則～P。
3. 不怕熱，不一定要進廚房。討論～P 沒意義。
4. 不要進廚房，怕不怕熱都有可能。討論 Q 沒意義。

3-7 打人就是不對的嗎？

2016 年何姓男子爲了保護孕妻，勒斃闖入家中的小偷，被判防衛過當、過失致死罪兩個月刑期，得易科罰金，並緩刑兩年定讞。此時我們來思考，如有外人、壞人、陌生人闖入家中，可不可以進行防衛，甚至是使其致死？首先，從認識台灣法律的「正當防衛」、「防衛過當」、英美法系中的「堡壘原則」（castle doctrine）開始。

刑法第二十三條

刑法第二十三條：「對於現在不法之侵害，而出於防衛自己或他人權利之行爲，不罰。但防衛行爲過當者，得減輕或免除其刑。」

此條文前半部是「正當防衛」，後半部是「防衛過當」。換言之，當有人闖入家中時，可以適當的保護自己與自己人，防衛外來者。但如果防衛過當，會使防衛者觸犯防衛過當一罪，至於如何算是防衛過當，條文並沒有清楚的解釋，變成是自由心證的一部分（參見延伸思考 1）。甚至如果防衛者將闖入者殺死，也會觸犯法律過失致死罪。

什麼是正當防衛？什麼是防衛過當？

正當防衛稱爲「防衛」，但防衛的過程與手段，可能是另一個「傷害罪」或其他罪刑的情況，因此正當防衛有其前提與程度。當超過一定程度時，就會變成防衛過當，甚至是觸犯過失致死罪。

在勒斃闖入家中小偷的案例中，被法官判防衛過當、過失致死罪，認爲有超過防衛的程度，這令大多數的群衆不同意這一觀點。多數人認爲被害人防衛是具有正當性，而且在當下難以察覺對方的情況，是否鬆懈會有更惡劣的反擊，導致更不良的後果，如：自己或孕妻受傷。然而法院認定並非一定如此，因而判過失致死，令民衆驚訝。部分民衆認爲，法院假設對方不會造成惡劣反擊的想法，相當不合乎常理，用其中一種可能的因果內容作爲考量（或許不會惡劣反擊），並用已存在的結果判罪，不禁讓部分人懷疑以後有壞人闖入家中，要如何保護自身的安全及財物？如爲保護而攻擊，還被判罪，難道是要讓對方大搖大擺的離開嗎？有民衆再次主張台灣應該參考英美的「堡壘原則」。

堡壘原則

堡壘原則（Castle Doctrine/Castle Law），或稱住宅防衛法（Defense of Habitation Law）。該法律規定：對非法侵入和暴力襲擊（illegal trespassing and violent attack），主人、租戶、委託保管人等有權使用致命武力（deadly force）來保護其堡壘。此法律概念源於羅馬，該詞彙源於英國多數人認同的「英國人的家是他的城堡」。1628 年法律學者愛德華 · 科克（Edward Coke）在《英國法律學會》確立這個法律概念：「人的房屋是其城堡，是他最安全的避難所」，但台灣並未使用堡壘原則的法條。

結論

目前此類「防衛」問題由法院判定「正當」或「過當」，如：闖入家中的小偷、逼車後的糾紛等。但正當防衛的前提不明，使用情況定義的不夠完整，界線相當模糊，在危機的當下難以控制程度，以至於防衛上怎樣的程度是正當，怎樣的程度是過當，變成由法官認定的事，也就常被人詬病是恐龍法官，一切自由心證。法律應該符合眞實情況，而非靠可能的情況進行判斷，不應該有太多的矛盾法條，會使人無所適從。**因此，到底台灣應不應該有堡壘原則，還是要將正當防衛的定義更加完整，就變成一件重要的事。**

延伸思考 1：什麼是自由心證（freie Beweiswürdigung）

自由心證是法官作出判決的基礎之一。是法官不受詐欺、脅迫或賄賂等非法外力干擾，擁有自主判斷的能力；是指法官斟酌**全辯論意旨**及**調查證據**之結果後，依**推理**及**經驗法則**判斷「**事實之真偽**」的過程。

台灣令人詬病的恐龍法官也是源自**經驗法則**，利用「情理法」被詬病，如果凡事先講情，那何必有法。而經驗問題如果思考不夠，或證據不足時，容易傾向法官個人想法，是否會對眞正受害一方不公？因此在台灣，自由心證經常被人詬病，連帶的不相信司法體系。

延伸思考 2：打人就是不對的嗎？

一般來說，從小就被教育打人就是不對的，並反問暴力可以解決問題嗎？但實際上，這邊有一個值得反思的問題，被霸凌了、被打了反擊，不對嗎？這一個問題會延續到本篇討論的問題——攻擊闖入者，錯了嗎？然而這邊有許多因前提而改變的情況，也正因爲有前提，則不應該用肯定句再加特例的方式敘述，這樣相當使人困惑。

台灣文化認爲打人就不對，而各打 50 大板，之後也認爲殺人就是不對的，一環套著一環的錯誤不斷發生。「我們應該正視前提，再來討論事物的正確性」，否則只是新的一段不公平之事。

3-8 該不該廢死、真的可教化嗎？

這幾年不時有隨機殺人事件，如：2020 年 3 月 28 日的桃園隨機殺人、2020 年 3 月 13 日新店的隨機殺人、2016 年小燈泡隨機殺人事件、2014 年鄭捷捷運隨機殺人。其判定死刑與否時總會爭論，該挺死還是廢死？又是否可以教化（參見延伸思考 3）？廢死聯盟的主張之一是「**死刑無法嚇阻犯罪，所以死刑應該被廢除**」，本篇就這觀點來進行討論。作者認爲可以從三個角度來討論：

1.統計邏輯：觀察客觀數據，國外有死刑以及沒有死刑的國家，需視殺人的犯罪率情況，才可以說有沒有降低犯罪率，否則只是馬牙齒的討論。圖 1 爲美國犯罪率與有無死刑的圖表（方形爲部分州有支持死刑的犯罪率情形，三角形爲部分州廢除死刑的犯罪率情形），可以發現 1990 到 2010 年，不管是挺死、廢死，犯罪率都下降。

2.演繹邏輯：廢死的論點是「死刑 P ，不能降低犯罪率 Q」，已知討論否定前提時沒意義，也就是廢除死刑，犯罪率會不會降低都有可能。若不是必然下降，何必廢死。

3.觀察美國案例：由圖 2 可知廢除死刑的州，犯罪率有高有低；保留死刑的州，犯罪率也是有高有低。因此以美國案例來說，犯罪率與死刑與否並非直接相關。

結論

在討論死刑與犯罪率關係前，要先找出客觀數據來證明自己的言論，要確認邏輯上沒有出問題。作者認爲，由美國的圖表來看，你會發現不管是死刑、廢死刑，犯罪率都逐年下降。所以應是其它因素來影響犯罪率，最直觀的認知是文化與經濟。當經濟很差，大多數人都貧困時，容易引起犯罪。

延伸思考 1：討論廢死的成立與否，不該用犯罪發生與否來切入。作者認爲應該從法律公正面，不要讓人對法律失望，說其只保障壞人。舉例來說，如果不同的罪，都罰一樣的事情，有公平正義嗎？所以懲罰必須要有差異性，最高的懲罰應該包含到死刑，要不然光是坐牢判到 200 年以上，又該如何執行呢？

延伸思考 2：廢死的人提出仍**有教化可能**，應舉出數據，看看過去犯罪者的再犯率，再提出有教化可能是否可以被大衆所接受。假設可教化率是 80% ，或是 30% ，如果是 30%，有什麼資格被相信他們不會再犯。舉例：酒駕的再犯率，看新聞即可得知，酒駕的再犯率相當的高。**若不提出可教化數據的討論，就是馬牙齒的討論**。

延伸思考 3：廢死、不廢死都是運用納稅人的稅金在養犯人，這邊由政府官員或是某些團體或媒體的討論來帶動風向，都是完全沒有意義的，就只是浪費時間，由本文已經可以得知，廢除死刑與犯罪率兩者是不完全相關。這種爭論應該停止，可直接由全民公投就可定案，當政府無法做有效的抉擇時，就應該由全民做主。

延伸思考 4：廢死聯盟的主張：「死刑無法嚇阻犯罪，所以死刑應該被廢除」，此種論調相當有問題。部分民衆戲稱，這樣的主張如果成立，則以下也成立。如「警察開紅單沒有辦法嚇阻闖紅燈的行爲，所以交通法應該被廢除、「性侵害防治沒有辦法嚇阻性侵害的行爲，所以性侵法應該被廢除」。由以上的類似語句可得知，廢死聯盟的主張是具有爭議性的言論，所以在做論述時，應該經過嚴謹邏輯推理及思考。

延伸思考 5：死刑存廢與否和犯罪率高低的關係，至今尚未有直接而顯著的社會科學研究足供佐證。死刑存廢課題仍被認爲是沒有對錯的純粹價值觀爭論，有時甚至被認爲是歐美挾帶其固有價值觀，強制其他文化體系接受（參考自 WIKI）。

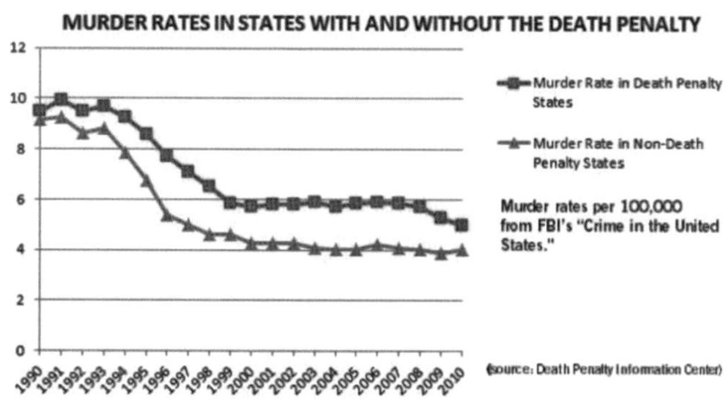

圖 1　美國犯罪率與有無死刑之圖表

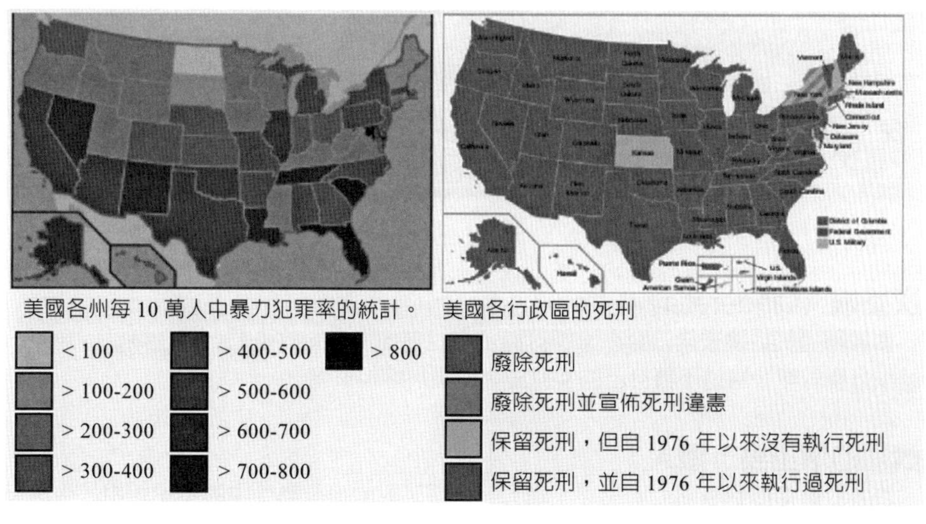

圖 2

3-9 眼見未必為憑，做人處事應該多個角度觀察

狼來了（The Boy Who Cried Wolf）

我們都曾聽過「狼來了」的故事，又稱「放羊的孩子」，是伊索寓言故事，見圖 1 和 2。故事提到放羊的孩子騙大家狼來了，要大家幫忙，但沒找到狼，孩子覺得一再戲弄村民很好玩，最後眞的狼來了，導致羊被吃光了。這個故事告誡我們不要說謊。但這故事有沒有可能是另一種情況，每一次都眞的有狼來，只是搜索的人一出現，狼就躲起來或跑走了，導致搜索的人因爲沒看到或是隨便找找，就回去跟大家講沒事，於是村民認定放羊的孩子說謊，最後造成悲劇。

圖 1

圖 2

灰姑娘（Cinderella）

都曾聽過灰姑娘被後母關在家裡打掃，不能參加舞會的故事吧？但在媽媽的角度，她該怎麼做呢？難道不讓自己的女兒去，而讓灰姑娘去嗎？

醜陋的壞巫婆、壞人

許多故事都提到醜陋的壞巫婆、壞人，但這是對的連結嗎？中國也說相由心生，所以長得較醜的就是壞人嗎？許多壞人僞裝能力相當高，不管是從交談、臉部表情、眼神，都讓人難以認爲是壞人，所以不應該將醜陋與壞人畫上等號，這是不合理的。

圖地反轉（Negative Space）的圖片

請看圖 3，這是兩個人還是一個燈座，換個背景（前提）是不是就不一樣了呢？

圖 3　請問是兩個人，還是一個燈座？

不要過度相信眼睛，而是要利用工具測量

圖 4 是兩個圓，是左邊比較大，還是一樣大？圖 5 是上面的線條比較長，還是一樣長呢？眼睛會欺騙自己，眼見未必爲憑，要更全面的觀察，或利用工具測量來比較。

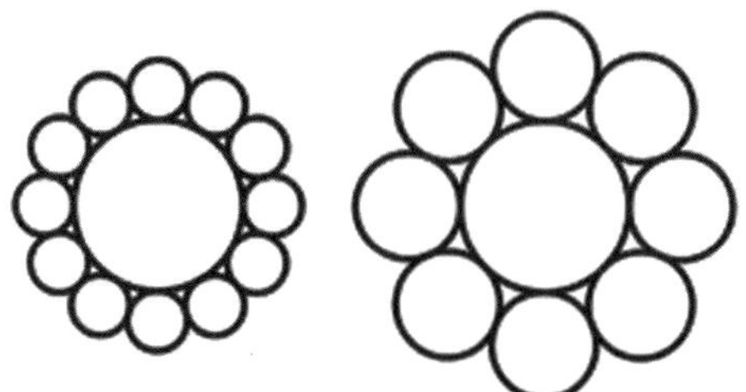

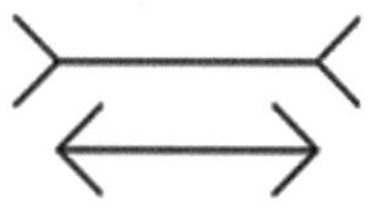

圖 4　請問是左邊比較大，還是一樣大？　圖 5　請問上面的線條比較長，還是一樣長呢？

未必眼見為憑

有時未必成立眼見爲憑，看到的可能是冰山一角，或是以管窺豹，在事情不夠明朗化時，用片面的部分做推論，可能與整體大不相同。

視覺幻覺

近來有很多視覺幻覺藝術，參見圖 6，相當立體的河流，但我們只要換個角度看，就可以知道眞實的情況，參見圖 7，其原理參考圖 8。

圖 6、7　台灣的基隆百福派出所

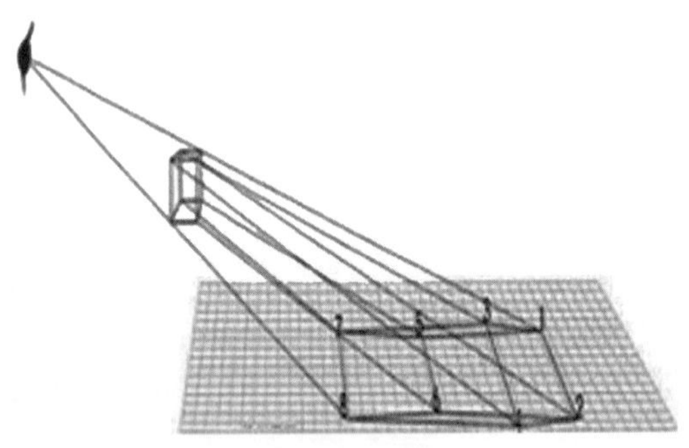

圖 8　幾何原理示意圖

圖 9

非洲很大

非洲不是你看到的那麼小，它可以裝下許多國家，參見圖 9。部分世界地圖會將靠近赤道區域過度壓縮，如：麥卡托投影的作圖，參見圖 10，理解原因。

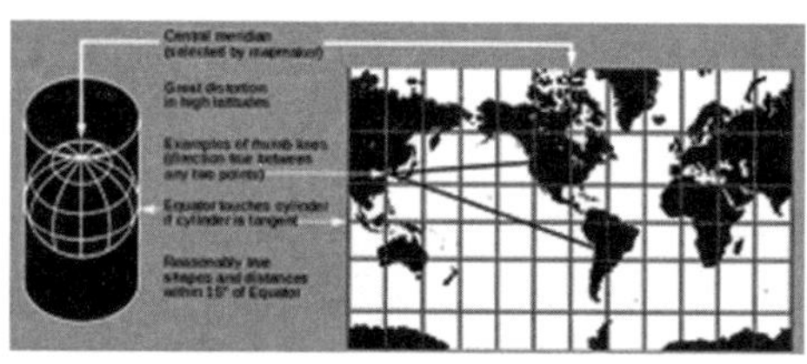

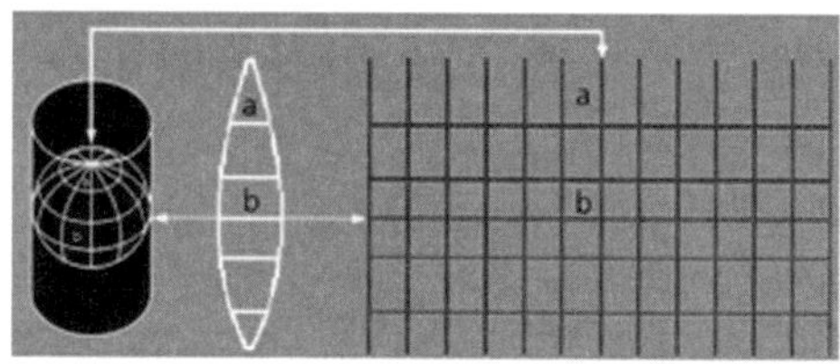

圖 10

結論

每個童話故事若從另一個角度思考，就能得到不一樣的想法。觀察各種事情僅從圖片，或是單一角度，或是太過局部，容易被眼睛欺騙。應該從多個角度觀察，並用可以客觀討論的工具來輔助，同理，生活上每一件事情也應該如此，以免偏頗。

3-10 台灣文化尊重小孩嗎？

台灣文化尊重小孩嗎？

台灣家庭有蠻多與國外不同的文化，其中有部分是沒有尊重他人以及尊重所有權的內容，造就許多矛盾與衝突，也顯示出家中父母權威的文化。這並不是一種好的方式，會造成小孩模仿，並與其他人產生衝突。其內容參見下述：

1. 不敲門。
2. 未告知協助整理房間，丟棄家長認為的垃圾，而實際上具珍貴價值之物。
3. 任意翻閱小孩的物品。
4. 強迫分享玩具給他人。
5. 對於給予物品並非眞的給，有著能給你就能收回的說法。
6. 孩子永遠是孩子，無不是的父母。
7. 孩子有耳沒嘴，只能聽不能問，要求聽從命令照做。
8. 身體髮膚受之父母。

   說明：上述是權威與不尊重自主權的部分。
9. 父母幫孩子向他人道謝、對不起。

   說明：應該培養小孩自主道謝，可利於培養獨立性，也是尊重小孩的自主權。
10. 家長的溝通總像是命令。

    說明：部分家長認為同一件事情用好好講話的方式就是理性溝通，並認為自己已經放下身段，小孩就必須同意自己的做法，實際上只是禮貌的要求。並不明白溝通是雙方都有一定程度的妥協，也就是一種利益交換；如果缺乏了，那必然只是單方面命令，要另一方退讓，而這並不是溝通。
11. 認為在電腦前就是玩樂，看書就不是玩樂。

    說明：許多家長認為在電腦前就是玩樂，沒有思考到現在的時代有許多資訊可以從網路上學習，認為看書就不是玩樂，進而要求小孩一直在書桌前看書，進而產生錯誤制約連結，使得看變成是一件不愉快的事情，導致小孩成年後未能培養出看書的習慣，或是不能認知看書是一種休閒。
12. 無止境的孝順與親情勒索。

    說明：歐美與台灣的孝順價值觀大不同，歐洲提倡小孩要離開家庭自立更生，台灣卻像是綁死小孩，更甚至有啃小族，認為小孩是自己的所有物。父母辛苦生下小孩，就是要養兒防老，等小孩長大成年之後，希望可以換得小孩一輩子的付出。思考為什麼歐洲沒有「孝順」這個單字。
13. 不合理的問話與處罰，你都不知道自己錯在哪裡嗎？

    說明：部分家長有「你都不知道自己錯在哪裡嗎」、「你為什麼不好好想一想」的言論。實際上可能從未建立此規則，而是希望小孩自主思考。將心比心，如果小孩沒有學會之前是難以理解，並覺得家長不尊重他的感官。

再來就是眞的不知道，或是遺忘才會犯錯，如果知道就應該不會犯錯，家長爲何不提醒，而是用反面論述來教導？

14. 台灣部分家庭會希望比較優秀或是比較乖的小孩對家庭無私，爲了家庭、他人活著，乖的人要多擔待，能者多勞，不要計較那麼多。

說明：這些內容應該有其程度，超過是否是一種不公，被要求的人應該思考放多少重心在自己身上，而不是總是百分之百爲了家庭、父母、小孩、別人活著。此點還會與死要面子結合，進而更加惡化。

延伸思考

權利與義務的過度不對等，將會影響部分人認爲有些事情可以只有權利而不盡義務，如：(1) 民主，認爲可以享有民主卻不盡義務，享受國家的福利，卻不守護國家。(2) 健保，濫用而不維護。(3) 台灣女權團體，被人詬病非眞正的男女平權，而是女權自助餐。這些都是只享權利而不盡義務的情況，我們應該思考最佳化的平衡點。

打腫臉充胖子，對嗎？

我們都曾聽過「死要面子活受罪」一詞，但能做到的又有多少人？生活中，尤其是學生時期，不乏有人互相攀比包包、手機、衣服、裝飾品等，家長也有許多攀比而愛慕虛榮的情事。我們來思考其原因與有沒有其必要性。

作者認爲，這可能是一種窮人的自卑心態，怕被人看不起，反而更愛面子，進而做許多勉強自己的錯誤行爲，如：買 iPhone、出國等，做一些非自己能力所及的事情，以避免被人看不起。但有面子，卻傷了荷包，讓生活更加難過。或許別人也知道你在打腫臉充胖子，本體上還是看不起你。所以打腫臉充胖子，並不會讓別人看得起。

我們應該知道讓人看得起的，少有是外在因素，根本還是個人的內涵，或是互相幫忙的情義，甚至部分情況會是利益的交換，因此虛榮並不是應該做的事。你也可參考聖經中箴言篇第 12 章第 9 點「被人輕賤，卻有僕人，強如自尊，缺少食物」，可意譯爲「一個人如果可以自食其力，勝過自高自大而要捱餓的人」。因此應該思考到底面子要做到怎樣的程度，才不會過猶不及。

反駁別人，卻要人自己找錯誤，對嗎？

這一個問題，如同前述第 13 點「你都不知道自己錯在哪裡嗎」，但這種問話放大到社會上，又有不一樣的情況。此情況有兩個類型，一爲合理，另一爲不合理。前者案例是老師對學生說：「你的論點是錯的，可從某本書找答案」。後者案例是反駁別人時，應該找證據來證明自己是正確的，因爲沒有人會找證據反駁自己，如同告人是自己舉發對方罪證，而非要別人證明自己是有罪的。

結論

台灣的許多文化值得思考，如：死要面子與說謊文化、不尊重、權威不講理而講禮、放大階級制的程度、沒有以身作則、過度孝順與親情勒索、只享權利而不盡義務等，反而造就部分人心死，轉而自私、求自保，以及更加冷漠的情況，因此有必要審視每一個文化的後果，並參考西方的方法，看看是否可以折衷找到好的方法。

3-11 省小錢，就可存大錢嗎？還是會因小失大？

常聽到積少成多，但一直存小錢就會存到大錢嗎？有時我們會看到加油站因為要漲價，或某某物品在特價，進而一堆人排隊搶購。家裡為了省電而隨手關電器，儲廢水，短時間來回關冷氣。因為冰箱、冷氣還能用，進而一用就是 20 年以上，這些小地方的累積眞的可以存到大錢嗎？針對日常的觀念進行討論。

積少成多

積少成多在定性上的描述是正確的，但在定量上的討論未必正確，像是買想要的東西，必須加以考慮購買的目標物與時間，才能討論積少成多的可行性。例如：每月存一萬，理論上可以買一間 1,000 萬的房子，但實際上要花上 1,000 個月，等於 83.3 年，若在算上餘命與通膨，可能遙不可及。

積少成多用數學的描述可以更精準，如：a：$1 + 1 + 1 + ... = \infty$、b：$1 + 1/2 + 1/3 + 1/4 + ... = \infty$。但積少成多存有瑕疵，它未必能達到想要的數值。所謂的「少」也不能太小，如果太小，如：$0.9 + 0.09 + 0.009 + 0.0009 + ... = 0.999...$ 只會無限接近 1，其結果產生界限，永遠不會到 2。要知道積少成多是個定性的描述，但如果加上目標值時，不一定會積少成目標值，所以在定量上的討論未必正確。

油價漲價而去排隊

油價經常在波動，難免會遇到下週要漲 0.5～1 元的情況，於是便引起許多汽機車去加油，但眞的會省下許多錢嗎？一般來說不會剛好是油要用完的情況，但仍以空車討論。汽車以 70 公升討論，那麼將有機會賺到最多 70 元的價差，而機車以 7 公升討論，那麼有機會賺到最多 7 元的價差。此時思考一下，為了 7 或 70 元去排上 15 到 30 分鐘，眞的划算嗎？若再考慮吸入廢氣與特地跑過去的油錢、車子基本損耗、路途的事故風險，是否划算呢？如果不考慮上述隱性成本內容的人，當然是有賺到實質的差價。

衛生紙特價而去排隊

衛生紙特價的排隊，與油價上漲而去排隊，有著異曲同工之妙。如果是單獨為了一條省 5～10 元的特價（並且通常會限購數量）而去購物，將會造成其他成本的浪費。不同的是它可以買其他內容，分攤其他的隱性成本。所以 如果是特地跑去，就要多思考是否眞的省錢。

舊電器不捨得換

我們常見許多長輩很節儉，認為金錢就是積少成多，不捨得購買新電器。但實際上並沒有省到錢，因為舊家電效率不好、更費電。新的電器可能由於新的技術效率更好、更加省電，進而可以用得舒服且省得開心。以作者實際案例為例，原本兩個月電費是 1,000 元，使用情況不變，更換冰箱後變成 700 元，每月省了 150 元，而冰箱一台約 7,000 元，換言之，只要快 4 年以上就能回本。在夏季使用冷氣的情況更是如此，原本吹著要很久才會涼的冷氣，更換後便很快就涼了，之後進入變頻調整省電，造成夏季每月用電可以省下 300 元，而冷氣一台約為 13,000 元，若一年吹 6 個月，雖說約要 7 年才回本，但是舒服程度卻是有差的。

因此考慮節省，應注意多久會回本、舒適度，而非一昧認為不花錢就是節省，因為不花錢，有可能電器運作耗電量更多，進而更花錢。

家裡為了省電而隨手關電器，儲廢水，短時間來回關冷氣

還常見許多長輩為了省錢，一旦發現客廳沒人，會隨手關燈，或是經過客廳時，有要用燈就開一下，回程就關掉。但這並不是節省，因為這樣反而更費電。同理，現在的冷氣因有變頻省電，短時間來回關冷氣，重新降溫反而會更費電，而這已經有人實驗過，你在 5 小時內會再用到冷氣的情況下，其實不用關閉會更省電。而且如果你的冷氣是非變頻冷氣，則是反覆開關會更費電。

儲廢水也是許多長輩喜歡做的節儉行為，但儲水可能一水桶不到 1 元，若沒有立即做為拖地等他用時，有可能會造成發臭、蚊蟲孳生等問題，反而得不償失，這樣就失去節省的意義。

結論

省小錢，就會存大錢嗎？可以發現有使用前提，需要精打細算才能真的讓積少成多有意義，否則更多時候會在別的地方因小失大，或是因為家庭習慣不同而爭吵。

3-12 前人的經驗比較好嗎？為什麼總是說一套、做一套？

前人的經驗比較好嗎？

老人相當於執著前人的經驗，想利用前人的經驗少走彎路，而不肯正視現在的情況，與時俱進，再精打細算，以致在實際執行上總是容易出現錯誤。我們應該設法使他們了解到，時代進步就是建立在打破前人的經驗上，所以不應該頑固地認爲前人的經驗比較好、原版武功比較棒等。但此類事情總是屢見不鮮，如：教育、社會改革、社會福利變化。要有創新的思想，並比較新舊差異，再選擇最好的方式。

為什麼總是說一套、做一套？

小時候遇到問題，家長或是長輩會教你如何解決問題，要你必須考慮其雙方的人事時地物，並有一定的流程，請參見下述及流程圖 1。

1. 了解問題。
2. 就事論事思考、解決問題。
3. 解決問題製造者。
4. 找出可替代物品、地點。
5. 都不可解決，就看看過段時間是否會出現其他方法。
6. 完全沒辦法，解決提出問題者。

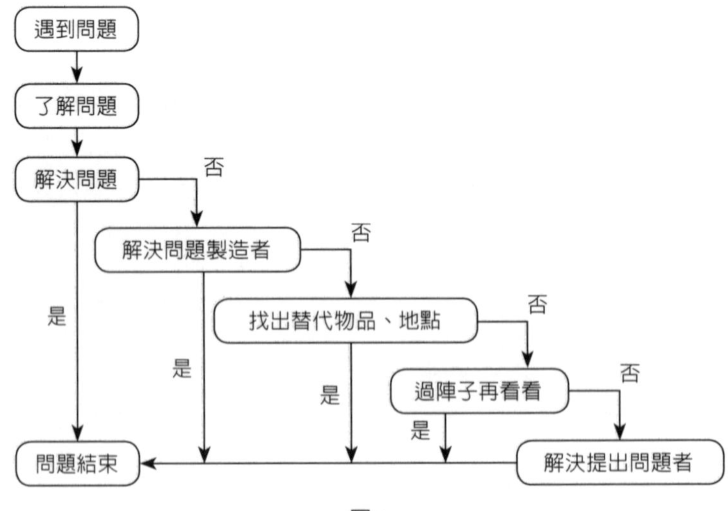

圖 1

但台灣部分的人，尤其是老人，或是家長、長輩，做的卻是說的一套，做的又是另一套，說著幫理不幫親，卻常常幫親（偏好對象）不幫理，可參見下述及圖 2。

1. 不想面對問題、不想解決問題，或否認有此問題，或直接解決提出問題的人。
2. 用時間以拖待變，試圖拖到提出問題者放棄或忘記。
3. 可以解決，卻只想便宜行事，企圖用錯誤替代品或是換個地點，要人包容。
4. 一再發生才就事論事，解決問題。

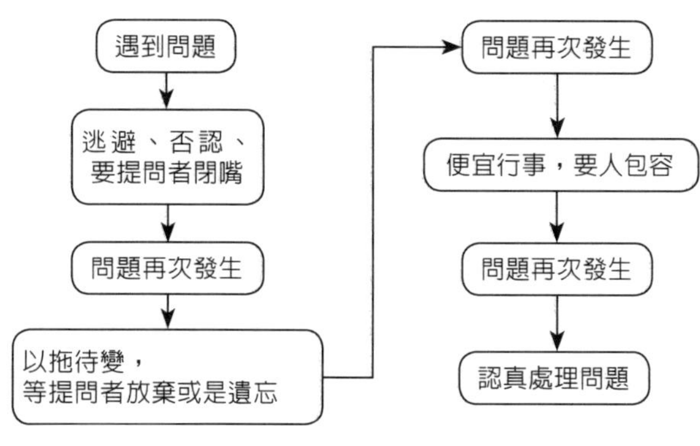

圖 2

這樣解決方式的過程中，不承認錯誤等同於說謊，以及容易出現無不是的父母。並可發現，老人相當於執著前人的經驗，不肯正視現在的情況與精打細算。還可發現討論事情方式是：「講得過講道理，講不過扯倫理」的態度，再不行就惱羞成怒（見笑轉生氣）。

結論

我們應該建立一致性的解決問題流程，而非完全以自己有利的立場打迷糊仗，含混帶過，這樣並不能解決問題，只會增加更多的爭吵。至於如果遇到這樣的情況，只能說盡力而爲、好好溝通，如不行就放棄。因爲過度堅持會衍生出其他問題，且問題仍然不能解決。我們的文化隱含著權威與不理智，應該多加思索如何調整，才不會發生許多浪費時間的情況。

3-13 情理法作為討論事情的順序對嗎？

情理法作為討論事情的順序對嗎？

在台灣常聽到法律不外乎人情，也常會聽到「情理法」與「法理情」，但眞的有用嗎？加害者得到應有的懲罰了嗎？受害者可以平復了嗎？如果有，就不會經常在新聞看到有人大罵恐龍法官了。參考以下案例：

1. 酒駕或是危險駕駛的處理方式

經常會聽到酒駕肇事導致傷殘或是死亡，但是肇事者往往會利用自己很可憐，以訴諸同情的方式來逃避刑責與降低賠償，如：家裡還有小孩、父母，希望法外開恩，不要加害者與受害者兩個家庭都破損。

不合理之處在於，如果加害者不要違反道路交通規則，是否就可以避免憾事的發生。如果可以減免刑責與罰款，受害者及其親屬何其無辜，並且判賠償數量時，會考量加害端的薪資能力進而調整，壓縮受害方的請求賠償，這是否不公平。如果有致死情況，甚至還能從新聞看到有人批評人命不值錢的情況，受害家屬抗議賠償並沒有包含死者的部分，而是僅對其親屬賠償。因此，也被人詬病會出現與其撞傷人，不如撞死人，還能賠少一點的聲浪。

因此應該思考，情理法的順序是否有問題，還是應該保持一致性，用法理情，以免被人詬病不公。

延伸思考：酒駕的罰款夠嗎？罰款應該齊頭式平等嗎？

可從新聞得知，酒駕的罰款逐年上調，但酒駕的情況改善不如預期，不過確實也具有一定的效力，使得薪資較少的人不敢違法，然而對於有錢人，僅只是九牛一毛。因此，應該針對不同級距的情況來加以處罰，有受罰的感覺才有意義。

這類問題可對應到 2020 年的武漢肺炎事件，罰款太低或是執行不確實，導致民衆不怕罰款到處亂跑，進而產生防疫破洞。罰款不應該齊頭式平等，而是要對每個人都有其約束力，才是有效的內容。

2. 因注意而未注意，行人霸王條款合理嗎？

我們一定聽過行人的霸王條款，在馬路上或是斑馬線上只要有車禍事故，汽機車就算是有遵守交通規則，只要撞到人，甚至是行人闖紅燈，或是任意穿越馬路、車縫竄出，汽機車駕駛經常都會是肇事責任較大的一方，但這相當的不公平。

3. 車禍事故中，如果一方為老人，年輕人會成為是弱勢的一方，合理嗎？

此種情況，年輕人容易成爲肇責較大的情況，或是即便是老人是過錯較大的一方，年輕人會被要求看在對方是老人的情面上，多少要賠償一點，但這公平嗎？

颱風天爬山、衝浪，防疫期間出國，出事後可不可以要求國賠？

台灣總有人沒有考量後果，在颱風天爬山、衝浪，防疫期間出國，出事後再要求國家協助，濫用各項資源。甚至如果救助不力、出現傷亡，還會要求國賠，這樣的事情是正確的嗎？

由公平性來看，彷彿其他配合的人都是笨蛋，不會鑽法律漏洞、濫用資源。此類情況是否爲一種不道德，法律應該修法「特殊情況下，要求協助須付出費用，並且罰款」、「如果無法救助，家屬不得控告政府與要求國賠」，以防將自己陷於高風險死地，家屬反過來說政府失職，邏輯順序不合理的情況發生。

延伸思考

2020 年武漢肺炎，配合檢疫可領誤工費的補貼，合不合理？應考量的前提是，如果是自主出國卻領錢，是否對其他人不公。如果是工作緣故出國，是否應該是由公司補貼，因此在公平性不合理的內容，都應該要多加思考，以免被人詬病。

結論

台灣法盲、理盲濫情的情況嚴重，不會反思自己的問題；若有問題，就只會找別人負責的文化，相當不妥。並且法院考慮的順序也應該調整，而不是過度放大情理法的情況。法律漏洞應該與時俱進的修正，而非一直讓人可以投機取巧。

「The universe cannot be read until we have learnt the language and become familiar with the characters in which it is written. It is written in mathematical language, and the letters are triangles, circles and other geometrical figures, without which means it is humanly impossible to comprehend a single word.」本段是指世界可由自然科學來理解，而自然科學必須利用數學來加以描述，因此，世界這部鉅作是由數學所描寫。

——伽利略

Don't afraid take risk.（不要害怕冒險）

——伊隆 · 馬斯克（Elon Musk），SpaceX & Telsa 總裁

數學家研究數學的動機並非因爲數學有用，而是因爲它是無可比擬的美感體驗。

——龐佳萊（Henri Poincare），法國物理學家、數學家

這是一個可靠的規律，當數學或哲學著作的作者以模糊深奥的話寫作時，他是在胡說八道。

—— A · N · 懷德海（Alfred North Whitehead）

第四章
教育篇

4-1　過度的考試制度及家長的重視成績會發生什麼事？（一）——能快樂學習嗎？

4-2　過度的考試制度及家長的重視成績會發生什麼事？（二）——有創意的創業人士未必是班上名列前茅的人

4-3　勤能補拙是沒有效率的事情？！

4-4　能力分班好，還是常態分班好？鑑別率有存在的必要嗎？

4-5　台灣人為什麼不習慣冒險、嘗試錯誤？

4-6　每個人都該念大學嗎？（一）——念不念大學所得差多少？

4-7　每個人都該念大學嗎？（二）——該如何規劃人生？

4-8　數學是什麼？有何作用？

4-9　台灣數學教育往哪走？如何修正？（一）

4-10　台灣數學教育往哪走？如何修正？（二）

4-11　數學不好源自考試制度？

4-1 過度的考試制度及家長重視成績會發生什麼事？（一）——能快樂學習嗎？

台灣是一個以考試制度爲基礎的教育模式，導致我們或多或少會聽到一個鼓勵念書的方法，如：一科滿分獎勵多少錢，或是平均多少分，或是每一科都 90 分以上就額外獎勵多少錢。用利益交換的方式讓學生們有動力去認眞學習，本篇則不針對利益交換的利弊作討論。

作者將教育模式定義爲兩種：

1. 重視獎勵：用利誘方式念書。
2. 重視興趣：讓孩子自動自發學習有興趣的科目。

兩種模式的學生的差異

1. 重視獎勵的學生

(1) 願意犧牲時間，努力達成自己想要的目標。

(2) 一般來說，家長比較喜歡重視獎勵的學生，因爲全科都會念，喜歡均衡發展，但是不幸的是，也僅有極少數的學生可以全科都強，大部分學生僅是某幾科目比較突出。全科都念的學生大部分在求學的某階段，也會開始無法負擔這樣的念書方式。

(3) 學生會完成自己不一定有興趣的事情。

2. 重視興趣的學生

(1) 會保持原本的心態念原本想念的書，不刻意遷就其他事物，或是判斷對自己沒幫助的內容則是予以不念，也可稱呼是重視未來生活相關的事物，並且每一個環節都是選擇對自己有利的，具有一定的主動思考。

(2) 家長對於重視興趣的學生比較難以理解，即便是給予動力，這些學生仍然是念自己喜歡的部分。因爲對於這些學生來說，多做幾次總是可以拿到足夠的獎勵金，如果一科 100 元，別人考一次有 5 科滿分，便有 500 元，它可以選擇考兩次，只要最後結果一樣就可以；或是不理家長，自己另外想辦法。

(3) 不想做自己沒興趣的事情。

可能的問題

由於台灣大部分家長有萬般皆下品、唯有讀書高的迷思，喜歡每一科都要念的好學生，所以對於重視興趣的學生便會指責說：「爲什麼不把全部的書念好」，企圖改變學生的行爲模式，但這眞的是對的嗎？

作者認爲，如果是用獎勵方式的利益交換，應該可以視爲一種交易。既然是交易就應該有選擇的權利，可以選全科念，也可以選某幾科念，甚至是不選。爲什麼會變成不順家長的想法，就要被指責呢？最後許多學生都會遷就父母，但實際上並不願意，即使願意，也未必做得好。

作者認爲企圖改變行爲模式，好比是一種強買強賣，可說是一種獨裁。如果習慣獨裁的模式，那麼將會習以爲常，比如說沒有主見，因爲習慣被他人指揮，習慣沒有自己的意見，這對於個人、社會都是相當不利的。沒有想法的人，或是不敢有想法的人，那將很難有出頭的一天，容易被威權管理。對於社會來說，每個人都沒有主見與創新的能力，社會該如何民主進步呢？

如何解決

作者認爲學生應該保有選擇權利，不論選擇哪一種模式，家長在清楚說明後就應該尊重學生的選擇，只要仍然有念書，而非都不念（也就是未盡到做爲學生的責任），就不該逼迫小孩滿足家長的想法。作者認爲這兩種模式各有優缺點，在不同的人事時地物上，應該採用不同的情況，不該一概而論都套用同一個方法。**最重要的是，台灣的教育體制不該是用成績論成敗，這將會使家長濫用及誤會，並讓文化造成文憑至上的窘境。**

作者認爲要改變家長太過困難，這個問題源自於考試模式，如果可以將考試制度進行調整，不要以成績定高下，才有可能行行出狀元，而不是如同現在的八股，人人被塑造成類似的模樣。

台灣大多數的學生很難去認知爲什麼要學習，這跟先進國家大多數的學生差異相當大。西方國家的學生知道爲什麼要學習而學習，台灣的學生是不知道爲什麼要學習而學習」。換言之，就是沒有任何主見的盲目追求學歷，並且不知道文憑是否對自己有意義。

爲什麼學生及家長這麼盲目熱衷於學習呢？作者認爲以前是很少人可以學習，所以珍惜學習的機會，希望能藉由學習改變人生；而現在是因爲有太多的誘因、太多的學習選擇，如線上學習課程、網頁一開各國各種科目都有，想要學習實在太容易了，以致去學校學習、聽老師講課顯得太枯燥乏味了，因而失去團體學習的樂趣，甚至不加以珍惜。作者也曾聽過，「不念書，那你又能做什麼？」用反面的方式勸學生好好念書，但卻不曾聽過「好好念書可以做什麼？成功機率又如何？」的解釋。

學校應該想辦法引起學生的學習興趣，而不是用考試的方法逼學生學習，對於成績數字的執著的學生畢竟是少數，而這也不是一個讓學生保持興趣的一個好方式，因爲成績不好的學生近乎是被老師放棄。用成績讓學生有好勝心與有興趣念書的方式，已經行之多年，可以看出來根本無用；也曾聽過**有人提出快樂學習，依作者看，對於大多數人不要學習就是快樂，僅少數人可以從學習中或是學習完成得到快樂。所以學校一定要找出正確的方式，讓學生對學習有興趣。**

4-2 過度的考試制度及家長重視成績會發生什麼事？（二）——有創意的創業人士未必是班上名列前茅的人

一定有人會提問，如果學校不用考試及成績，那該用什麼來評鑑學習狀況？可參考芬蘭的學習模式，芬蘭不以成績來逼學生學習，而是讓學生透過閱讀、獨立思考、找答案、問問題，建構自學能力。

台灣與芬蘭的師資相比，程度相差很多，台灣應該學習芬蘭的教學模式，芬蘭願意在小學用高等且正確的師資來進行教學，認為打好基礎才是最重要的。其次，兩國的教育理念也相差很多，芬蘭認為學生只要先學會兩大科目就可以，所以對這兩個科目會格外重視。一是語言類：母語與國際語言（英文），二是數學，因為把理性與邏輯的基礎打好後，再去學哪一科都相當容易，至於記憶類的科目就更不是問題。**所以芬蘭的學生沒有五花八門的學科，不會有雜而不精的學習，這跟台灣的多元學習相距甚遠，參見圖 1：芬蘭小學六年級生的課表。**

考試制度進一步影響數學及社會窘境

我們可以發現芬蘭注重語言與數學，而台灣是注重考試制度。作者認為這將進一步破壞學習數學的興趣，因為考試制度會造成數學要在時間內完成，題目過多逼迫學生套公式，並因為想投機而不願意去理解，這是對學習數學的一大傷害。所以**考試制度完全不利學習數學**，因為數學的能力根本不是靠考試來學習的，理解才是重點，不理解的死套公式有什麼學習意義，只能造就一堆二三流人才。最後數學不好，就難以培養理性，**一個不理性程度越來越高的社會，要如何民主與進步**。

為什麼社會上成功的有創意人士，未必是班上名列前茅的人

近年來不斷有新聞指出，有創意的創業青年未必是當初班上名列前茅者，而是努力、具有一定知識、保有創意、不死讀書的人。因此，我們應該反思考試制度與家長的行為模式要如何修正。

結論

本篇從行為模式去探討如何導正因學習方式造成的弊病，這和我們的教育及考試制度有莫大的關係。畢竟經濟與社會的環境都在轉變，若要走向國際化，最好的解決方式就是要從教育面下手，因此教學模式應該固定每隔幾年要重新審視一次。試想，我們從小學到高中十二年的歲月，當時的聯考制度與環境問題逼著我們不得不靠考試改變生活。如今社會進步、視野開擴，有能力的家庭都能到國外接受更好的教育，換言之，有許多的受教育方式，但是我們的教育模式與學習方法仍在原地踏步。雖然本文有許多重點，但是這些問題是一連串的事件，難以分割，而我們還是得面對。如果社會要有所進步，勢必要解決這一連串的問題，否則民主社會的進步只會窒礙難行。

六年級上學期的課表—A 組學生						
		星期一	星期二	星期三	星期四	星期五
1	8:15-9:00	法文 A	法文 A	英文 A		
2	9:05-9:50	音樂 A	英文	數學	芬蘭文	
					外語課	
3	10:15-11:00	數學 A	芬蘭文	芬蘭文	生物 *	歷史
	11:25-11:45	午餐時間				
4	11:45-12:30	芬蘭文 A	視覺藝術 A	英文 A	工藝科 A	歷史
5	12:35-13:20	數學		體育		電腦課 A
6	13:40-14:25				英文 A	
7	14:30-15:15	芬蘭文	工藝選修課		數學	
		外語課				
					德語選修課	

注 1：所有課程後面標示的 A，是小組別上課。

圖 1　芬蘭小學六年級生課表

資料來源：http://www.360doc.com/content/15/0707/00/5315_483227207.shtml

4-3 勤能補拙是沒有效率的事情？！

台灣由於考試制度及文化，導致教育界及社會上絕大多數人都認爲累積知識很重要的，一直有「少壯不努力，老大徒傷悲」、「書到用時方恨少」、「有備無患」、「勤能補拙」、「熟能生巧」的既有想法，進而一直讀書。而上述想法會造就許多問題，參見下述。

1. 部分家長認為認真念書就是，下課後要一直看書或是去補習班

家長應該知道學習與思考是一種耗費腦力的事情，如同體力一樣。當日分量用完就無法再繼續，而每個人持續的時間不同，所以不能一概而論的一直念書，要評估每個人的特質。

2. 部分家長認為別人可以學會數學（或是某一科），自己的小孩也一定可以

家長應該要知道，每個人的天賦是不一樣的，以數學爲例，有的人一天可以學習三個觀念，有的人卻可以學習五個觀念，這是很正常的事。每個人的智慧不同，如同力氣一般，有的人可以一次提 5 公斤的水，有的人只可以提 3 公斤的水；同理，專注力也是，(可以理解爲耐力)，所以不可以用同樣的標準來要求。

3. 部分家長認為每一科都要高分

家長應該知道能力決定高度，要適性發展，而不是每一科追求高分。

4. 學科五花八門

家長及教育部應該要知道，在學習時間有限的情況下，可能會學得駁雜不精，最終導致現在有許多學生不知爲何而學習，很多老師忘記教育的本質，更多都只是淪爲追求分數與文憑的局面。殊不知沒有目標的累積知識，只會造就出很多技術好卻不會主動思考的人群。並使許多學生在高中困惑，爲什麼要念那麼多書、考那麼多試，但實際上用到的卻是那麼一絲絲？而且還打壞對學習的胃口，不認爲念書是一種休閒，變相也使得「活到老，學到老」變成一句做不到的話。

固然知識很重要，但要知道知識有許多種類；可將知識分爲**「技術性知識」**與**「啓發性知識」**。

- **技術性知識**：操作用書、語言，甚至連學習微積分的運算，都可視爲技術性知識。
- **啓發性知識**：哲學思辨類，提升自主邏輯思考、啓發式的內容皆可算是。

這兩種知識有何差異？在現代，技術性知識是一個可以不用過多學習與認知的知識，比如說語言，可以用翻譯軟體取代，珠心算的技巧可以用計算機取代，微積分的計算也可以用電腦取代，各式工匠的方法可以在網路找到相關的知識與需注意的地方。因此在這個時代，技術性知識不應該是我們需要盲目追逐與累積的知識，太容易被取代了。每個人都只有 24 小時，爲何要學會一個可以按圖索驥的知識，難道用珠心算與計算機差很多嗎？學會一個語言才去旅遊嗎？所以不應該過度的累積技術性知識，而是要把時間用在累積啓發性知識才對。

爲什麼啓發性知識的學習不足？在台灣，爲了讓學生有更好的學習環境，因此教育的方針不斷改變，大多數人都聽過「適性發展」、「均衡發展」、「能力分班」、「常態分班」這幾個名詞。其中適性發展」與「均衡發展」對立，「能力分班」與「常態分班」對立，而「適性發展」與「能力分班」是發展孩子的長處，其餘的會基礎即可，「均衡發展」是每一科都到一定程度，「常態分班」則是不以能力分班。

有趣的是在考試制度與文化的影響下，我們變成了有天賦的科目要極高分，而其他較沒天賦、興趣的科目也要在一定能力之上，換言之，就是**魚與熊掌都想兼得**，有能力的科目希望適性發展，沒能力的科目希望均衡發展。最終造就學生一直在分數的泥濘中掙扎，進而沒有時間**去主動思考，也就造成了難以學到邏輯自主思辨的能力**。當然台灣的教育也缺乏哲學思辨的教育，考試制度追求制式化答案，而少有申論的討論，即便有，作者也認爲太晚。

台灣爲何缺乏哲學思辨？是考試制度及文化的錯，盲目累積技術知識，浪費時間。要改變錯誤的想法與行爲，**技術性知識可以利用現代化的工具取代，不需要過度學習**；應該重視哲學思辨的課程，才不會造就出技術好卻不會主動思考的人。

我們應該思考過往的老生常談，是否部分內容要與時俱進，如：有備無患、勤能補拙、熟能生巧，這些內容的成立是建立在當時的時空背景下，內容相對少的時候。如果在現代學科五花八門的情況下，人的時間還是一樣多，若保持原有的想法，豈不是學得駁雜不精。也應該正視是否需要這麼多科目，要知道科技可以取代一部分的盲目練習，應該要借用科技的力量來省力，而不是用人力去取代科技。**要知道勤能補拙是沒有效率的事情**，應該找出適合自己的道路，才不會事倍功半。

我們應該把技術性知識理解、會查資料使用即可，而不用過度練習，重要的是學習啓發性知識，也才能保有學習熱忱，達到活到老、學到老。

「每個人都是天才，但如果你靠爬樹的本領評斷一隻魚，那隻魚會一輩子相信自己很笨。」（Everybody is a genius. But if you judge a fish by its ability to climb a tree, it will live its whole life believing that it is stupid.）

——愛因斯坦

4-4 能力分班好，還是常態分班好？鑑別率有存在的必要嗎？

在二十多年前，台灣開始常態分班，企圖引進快樂學習，要打破能力分班的成績迷思，而在十多年前也開始有 12 年國教的計畫，並計畫要廢除國中升高中的考試，來降低學生的課業壓力，使學生可以適性發展。天生我材必有用的學習計畫，降低補習日益嚴重的情況，以及學生抗拒學習的問題。

令人矛盾的是，這些方法都不成功，台灣仍存在鑑別率與考試制度，文化喜歡以成績論成敗，造成家長與學校擺脫不了名校的迷思。因此仍然有各式各樣的大小考，以鑑別出學生的優劣。但要擺脫成績迷思的壓力，卻又希望可以有所鑑別，這相當矛盾。也因此導致教育部在大方向舉棋不定，如此一來，教育如何進步，更遑論有時間去思考各個課本內容是否有建設性。

鑑別率有存在的必要嗎？

在台灣不時會聽到全國性升學考試鑑別率高或是低，如：基測或是學測，但不管是哪一種情況，總是有人會罵，如：「鑑別率低，人人高分，也要被罵出太簡單」、「鑑別率低，人人低分，也要被罵出太難，打擊部分學生信心」、「鑑別率高，分數有高有低，也要被罵打擊部分學生信心」，令人不禁思考怎樣的考卷才能滿足家長。考得好不是代表這一批學生能力不錯，考得不好不是代表這一批學生能力仍須加強，爲什麼會本末倒置來怪出題者。

換個角度思考，如果怎麼出都被罵，是否也意味著家長不喜歡考試制度，何不將考試制度廢除呢？找到更可以判斷學生是否學習好的方式，才是上策。參考國外的方法，升學採取面試的方式，一方面可以有效選出想念書的人，讓不適者不要浪費時間念書，而是找出適合自己的道路。另一方面可以培養學生的獨立性，而非被動依照成績分發。

考試制度的影響

我們不難理解，考試制度會造成學生培養死背、強記、反應快的能力，但這是正確的教育理念嗎？由以下圖 1、圖 2 可知，考試制度會造成大多數人在數學及其他科目都不想學習，所以還需要鑑別率與考試制度嗎？

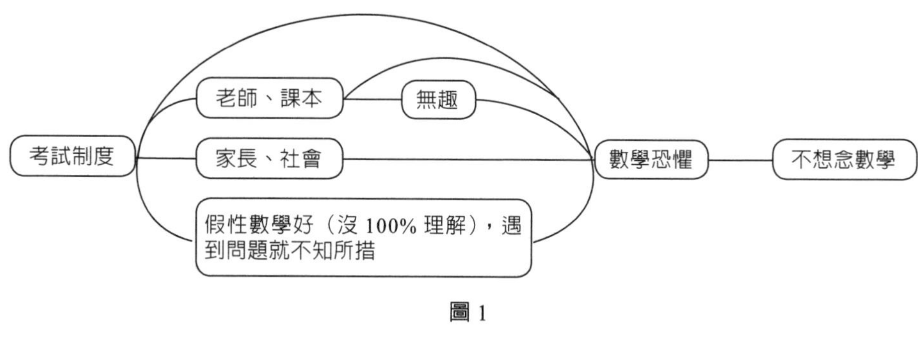

圖 1

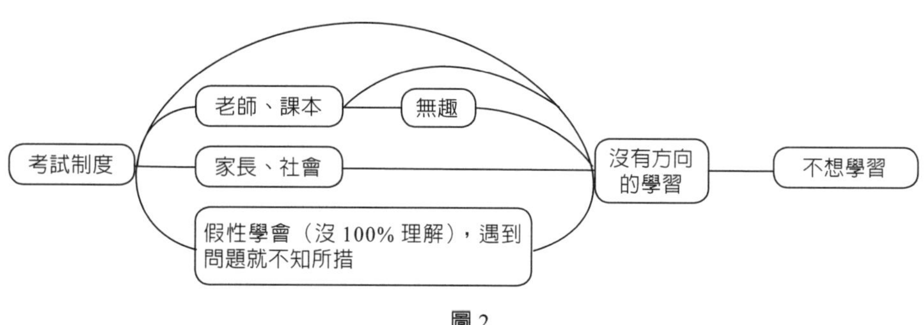

圖 2

高中到大學才需要鑑別率

如果常態分班、12 年國教不需要考試制度與鑑別率，還有什麼時候需要呢？事實上，需要分門別類時，須要考試制度，因此高中升大學，還是需要考試，但不需要因為要升大學而培養習慣考試的能力，甚至是天天考試。目前已經造成學生因厭惡考試而什麼都不想學習的情況，更甚至有所謂的考上大學（University）就由你玩 4 年的講法。所以應該思考國中以下的考試制度是否有其必要性。

結論

建議家長與社會改變部分價值觀，進而推動教育部。或是教育部應該主動改革，帶動社會與家長的價值觀改變。要有壯士斷腕的決心，冒著可能被罵的風險，把正確的教育方針一次修改到位，否則只會四不像，前進兩步看不到成效，又被家長及守舊派駁回，回到考試制度、鑑別率、學生壓力、不想學習的惡性循環。

4-5 台灣人為什麼不習慣冒險、嘗試錯誤？

台灣社會從學生至成人，似乎普遍缺乏冒險的精神，這種情況明顯存在於台灣教育及政治領域。為何不敢有想法？為何極度欠缺有創意的作為？為何選擇比較安全的道路，而不敢選擇嘗試錯誤？以下例子將說明現今普遍存在的現象。

教育方式：為什麼不能使用沒教過的內容當作業？

數學家高斯（Gauss），曾被他的老師要求試著解出 17 邊形如何作出，但是他的老師沒有告訴他這是千古難題，而高斯思考了幾天後竟然解開了！此時老師相當訝異高斯竟然可以將千古難題破解。到了高斯晚年，高斯仍然對當時沒有被告知是個難題感到感激，因為他認為如果當時被告知這是個千古難題，或許他就會以為自己不會也沒關係，而隨意放棄。由此可知，老師不應該向學生強調題目的困難度，因為會使學生怯場，或認為放棄難題也是理所當然的。然而教學方式大多以**「這題很難喔，要認真聽，否則你會學不會」**的方式呈現，也就是先給負面情感，以要求學生遵守學習標準化的學習流程；作者認為較正確的方法應該是：**「這題有挑戰性，老師提供一個解法作為參考，大家儘量想出更多不同的方法來解決此類問題。」**只要能解決問題都是對的方法，使學生有機會充分思考及發揮創造力。但如果老師出作業是學生不曾學習過的內容，大多數台灣的家長會責怪老師：為什麼總是出一些沒教過的內容當作業？這個事實突顯出家長只希望小孩走在安全的、有前人經驗的道路上，而忽略小孩應該**有嘗試錯誤的勇氣**。

研究論文：為什麼不能用指導教授不會的內容當作論文題目？

作者作博士論文時，發現有極大困難，因而請指導教授指點方向，然而指導教授的回應是：「如果我有大略方向的話，就不會是你的論文，你必需自己找到方向及解法。不管是否得到正確結論，或是發現因錯誤的假設導致無解。如此才能證明你在這個專精領域比我強，也才有資格獲得博士學位。」這樣的說法可能與台灣大多數大學教授的想法大不相同，因為台灣的教育從小到大習慣有正確答案，而不是去嘗試錯誤，更別提是研究一個有可能無解的題目。

因此，多數台灣的博士論文是在指導教授大致上確定無誤的狀態下，讓學生進行推廣及延伸，使學生可以在一個安全的範圍裡得到一個**「沒有突破的成功」**。台灣的教育從國高中到大學都有系統地規避**「嘗試錯誤」**的過程與精神，然而，如果沒有**「嘗試錯誤」**的精神，怎麼能培養出足夠的創意人才，讓社會進步？

我們的教育是要求畫出老師想要的蘋果

作者看過某篇文章提到：「一個來自台灣的小朋友很會畫畫，家長也將小朋友送去美術班學習如何畫畫，之後出國繼續深造。外國老師要求學生們畫出『**心中的蘋果**』，該學生畫出栩栩如生、非常逼眞的蘋果，然而老師卻給了低分，其原因是不符合題目『**心目中**的蘋果』，老師希望有創意、想像力，但是來自台灣的學生已經失去那份創造力。」這種感覺令作者不禁想到以往受到的數學教育，老師要的是一種**「標**

準流程」的答案，如果不是用老師方法得到的答案，將不被認同，會被扣分，這種抹煞創造力的教育，會一次一次的摧毀小孩的勇氣與創造力，也漸漸的不想質疑、不想思考，只要會全盤吸收與套用，當一個乖乖牌。這是相當錯誤的教育，也是不敢冒險的原因。

乖乖牌的人是某個程度的失去自我及創意

求學時期總是被要求服從，但不是任何時候都應該當乖乖牌。純粹的服從就意味著沒有主動的思考，或是只敢沿用前人的東西，不敢自己有所作爲，也因爲怕麻煩、怕犯錯，導致停滯不前、不進步。這樣的想法套在各個領域上都說得通，如：

1. **政治**：不懂獨裁被挑戰後才成長出民主的思想，有些人甚至認爲獨裁可以和平轉變爲民主。
2. **錯誤的前朝命令**：不敢質疑先前政策對錯，而只會「依法行政」，這也算是某個程度的推卸責任。因爲可以說我只是照先前制度走，如果有錯，也是前人的錯。
3. **專業**：具專業的人不可能是乖乖牌，但是我們卻常被社會逼成乖乖牌，最後得不償失。如：希望建築師擁有創意，但是建築師常常被迫外行領導內行，被要求照業主的要求去作，最後得到一個沒有美感的建物，因而漸漸消耗熱誠，最後成爲失去自我創意的人。要他有創意又要他聽話，這不是相當矛盾的事嗎？同理，在教育或多或少也會見到。

怕被罵、羞辱

不習慣冒險，不敢嘗試錯誤，也可能是因爲台灣喜歡槍打出頭鳥，認爲第一個人爲什麼不先多觀察就冒然的跑出來，久而久之，養成多數人不想當第一個，也造成了大家對老師的問題沒有反應的情況，希望不要注意到我，不做不錯的情況。

教育大多從對的案例學習，少有冒險、嘗試錯誤的案例

台灣的教育習慣走在安全、正確的道路上，不想浪費時間嘗試錯誤給學生看，只希望學生學會操作，卻沒想到會讓學生失去創意、不習慣去書中找答案、找不到就放棄，這種沒有啓發性的教育應該反思如何調整。最後造就台灣人學生時期，大多數很高程度的相信老師，進而演變成出社會後不去思考、也不理性討論，除非是權威才予以理會，與西方求學可以質疑老師、出社會可理性討論，以及聽得進別人意見是截然不同的情況。

結論

爲什麼不習慣冒險、嘗試錯誤？究竟是缺乏這樣的文化，還是後天文化環境的影響，亦或是兩者兼具。要讓一成不變的人（自己）、事（政策）、地（環境）、物（產業）改變，就一定要有勇氣、創造力去嘗試錯誤，不然只會是一灘死水。「冒險」這一名詞，對於大部分的人來說就是冒風險，這是一個負面印象居多的名詞，幾近等於「賭博」一詞，但是兩者不可一概而論。冒險只要找到正確的方法，其可以有效地降低失敗機率，但賭博則是完全的機率問題。所以應該將冒險與勇氣串連起來，如果不能產生完全是正面的印象，也不要是一個負面的印象，進而害怕冒險。

4-6 每個人都該念大學嗎？（一）——念不念大學所得差多少？

父母及長輩總是說念大學才有好工作，薪水才會好一點，但台灣近 15 年產生很多大學生，因種種原因其薪資待遇不如上一代，故念不念大學所得差多少？年輕人應要有此疑問。由於父母的討論是定性討論，沒有量值說明，因此要精打細算才不會浪費人生。作者假設以某種可能的情況來定量討論，請參見表 1 及圖 1。

念不念大學所得差多少？

表 1　念大學與不念大學之所得比較（一）

	念大學					不念大學				
年齡	月薪	賺	花費	存	累計	月薪	賺	花費	存	累計
18～22	0	0	100	-100	-100	2.5	120	48	72	72
22～26	2.5	120	48	72	-28	3	144	48	96	168
26～30	3.5	168	48	120	92	3.5	168	48	120	288
30～35	4.5	270	60	210	302	4	240	60	180	468
35～40	5.5	330	60	270	572	4.5	270	60	210	678
40～45	6.5	390	60	330	902	5	300	60	240	918
45～50	6.5	390	60	330	1232	5.5	330	60	270	1188
50～55	7	420	60	360	1592	6	360	60	300	1488
55～60	7	420	60	360	1952	6	360	60	300	1788
60～65	7	420	60	360	2312	6	360	60	300	2088
總計		2928	616				2652	564		

註：單位爲萬元。假設伙食費每月 1 萬，念大學耗費共 100 萬。

小結

1. 假設人生都很順利，沒有失業，可順利地找到工作，念不念大學累計存款約將在 45 歲才開始有交叉。但 18～45 歲的 27 年之間的人生感覺將相當不同。
2. 到了 65 歲退休，念大學比不念大學多了 224 萬。雖說在總額上多了 224 萬，但其實是在 30 歲前會活得綁手綁腳，沒錢就沒安全感，很多事情與計畫將被延宕。
3. 在 30 歲時，念大學約存 100 萬，不念約存 300 萬。
4. 順利的情況下，念大學約可以賺 2,928 萬，不念約可以賺 2,652 萬。

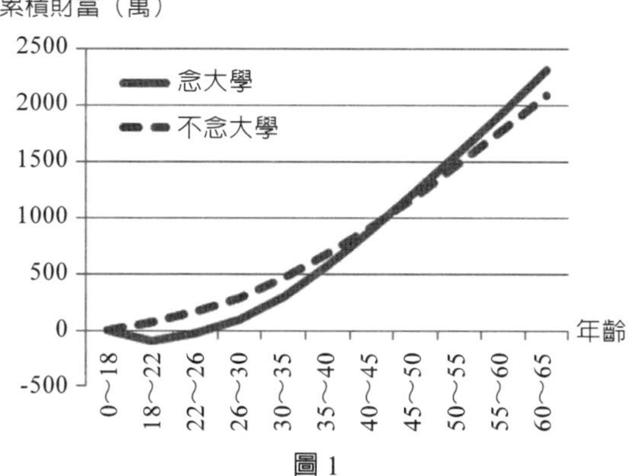

圖 1

5. 上表未必符合每一個人，試問仍有必要念大學嗎？

再做另一個情境假設，假設遇到經濟比較不好的世代，參見表 2 及圖 2。

表 2　念大學與不念大學之所得比較（二）

	念大學					不念大學				
年齡	月薪	賺	花費	存	累計	月薪	賺	花費	存	累計
18～22	0	0	100	-100	-100	2.5	120	48	72	72
22～26	2.5	120	48	72	-28	3	144	48	96	168
26～30	3.5	168	48	120	92	3.5	168	48	120	288
30～35	4	240	60	180	272	4	240	60	180	468
35～40	4	240	60	180	452	4.5	270	60	210	678
40～45	5	300	60	240	692	5	300	60	240	918
45～50	5	300	60	240	932	5	300	60	240	1158
50～55	6	360	60	300	1232	5	300	60	240	1398
55～60	6	360	60	300	1532	5	300	60	240	1638
60～65	6	360	60	300	1832	5	300	60	240	1878
總計		2448	616				2442	564		

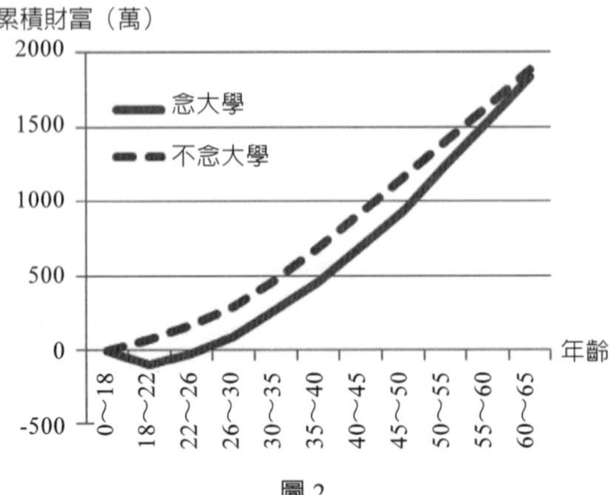

圖 2

小結

1. 假設遇上不好的世代，念不念大學，到 65 歲退休前將不會有差。雖說在總額上沒有差，但其實是在 30 歲前會活得綁手綁腳，沒錢就沒安全感，很多事情與計畫將被延宕。
2. 在 30 歲時，念大學約存 100 萬，不念約存 300 萬。
3. 順利的情況下，念大學約可以賺 2,448 萬，不念約可以賺 2,442 萬。
4. 上表未必符合每一個人，試問仍有必要念大學嗎？

註：上述是參考主計處資料，以及詢問一定數量人的答案，僅供參考。但也可從主計處資料「107 年家庭收支調查報告」得知，目前念不念大學其薪資並沒有太大差異。參見圖 3 及 4。

相關連結：http:/ /www.stat.gov.tw/ct.asp?xItem = 19882&CtNode = 512&mp = 4

107年家庭收支調查報告

第4表　所得收入者平均每人可支配所得依可支配所得按所得收入者五等分位分及性別、年齡別、教育程度別分

民國 107 年　　單位：人；元

	總平均 General average		依可支配所得按所得收入者五等分位分 Five equal divisions of recipients according to disposable income			
			1		2	
	人數 No. of income recipients	平均每人所得 Average disposable income	人數 No. of income recipients	平均每人所得 Average disposable income	人數 No. of income recipients	平均每人所得 Average disposable income
全體所得收入者	*15,304,387*	*547,731*	*3,060,877*	*193,109*	*3,060,877*	*335,896*
按性別分						
男	8,696,343	618,679	1,351,547	191,610	1,345,806	337,861
女	6,608,044	454,363	1,709,330	194,295	1,715,071	334,354
按年齡組別分						
未滿 30 歲	1,719,331	399,544	305,687	214,037	694,346	335,868
30 ～ 34 歲	1,284,903	525,045	92,475	228,612	313,488	342,014
35 ～ 39 歲	1,555,292	569,768	108,895	225,475	330,185	338,503
40 ～ 44 歲	1,530,773	625,085	112,898	228,333	289,763	338,667
45 ～ 54 歲	2,887,542	695,793	259,578	212,543	431,890	336,471
55 ～ 64 歲	3,075,546	593,832	782,691	178,292	431,581	333,954
65 歲及以上	3,251,000	412,981	1,398,653	185,510	569,623	330,678
按教育程度別分						
國小及以下	2,272,209	334,646	1,138,367	184,960	465,929	328,636
國（初）中（初職）	1,921,502	463,229	516,549	192,521	416,695	334,310
高中	1,479,342	509,537	307,492	201,309	319,820	333,081
高職	2,988,877	514,022	523,967	200,032	729,798	337,330
專科	1,911,316	637,528	191,430	192,867	301,510	341,066
大學及以上	4,731,141	681,350	383,072	202,192	827,125	338,723

圖 3

Table 4. Average Disposable Income per Income Recipient by Five Equal Divisions of Recipients according to Disposable Income and Sex, Age and Educational Attainment (Cont.)

2018　　Unit:Person;NT$

按所得收入者五等分位分 recipients according to disposable income						
3		4		5		
人數 No. of income recipients	平均每人所得 Average disposable income	人數 No. of income recipients	平均每人所得 Average disposable income	人數 No. of income recipients	平均每人所得 Average disposable income	
3,060,877	*446,501*	*3,060,877*	*611,845*	*3,060,879*	*1,151,304*	**All income recipients**
						Sex
1,733,581	448,765	2,037,086	613,221	2,228,323	1,184,488	Male
1,327,296	443,544	1,023,791	609,108	832,556	1,062,487	Female
						Age
429,274	442,356	225,078	599,470	64,946	977,612	Under 30 years
382,118	447,078	310,447	610,143	186,375	998,094	30 ～ 34 years
409,478	446,510	387,475	612,871	319,259	1,032,160	35 ～ 39 years
361,838	447,745	378,996	609,611	387,277	1,135,880	40 ～ 44 years
553,208	446,860	713,022	614,254	929,844	1,208,223	45 ～ 54 years
467,342	450,120	614,479	615,285	779,454	1,224,244	55 ～ 64 years
457,619	444,784	431,379	611,686	393,724	1,085,441	65 years and over
						Educational attainment
337,503	443,312	216,651	604,677	113,760	1,020,491	Primary school and below
386,721	444,511	371,698	606,225	229,839	1,105,594	Junior middle (vocational)
312,077	447,883	315,467	613,094	224,486	1,123,312	High school
668,875	444,109	608,029	607,414	458,207	1,132,620	Senior vocational school
392,762	450,355	476,152	611,395	549,461	1,111,564	Junior college
962,938	448,058	1,072,881	617,583	1,485,125	1,193,097	College and above

圖 4

4-7 每個人都該念大學嗎？（二）——該如何規劃人生？

每個人都該念大學嗎？

可知念大學在順利的情況下，一輩子賺的錢可能比不念大學的高約三百萬，但是限於小部分比較順利的人。如果還有其他理財計畫的話，可能可累積更多的財富。而在不順利的情況，念大學跟不念大學的人差不多，同樣的，有其他理財計畫的話，可以累積更多的財富。以上爲作者的假設，實際情況需要更多資料（各年齡程的薪資中位數、消費的中位數、念大學的消費等等），然而這些資料並不易取得。

如果有這樣的表，是否更足以說明父母的認知（定性討論）是否正確，並且也可逐年分析，觀察每一年的人基本累積財富的量值是否有所變化（定量討論）。作者認爲此表應由政府提供，即便沒有這種表，也應該公開數據讓民眾自行分析。

不幸的是，由於家長、教育部、文化、產業、社會的影響，導致高學歷才有工作，所以在台灣花大量時間唸書，卻不能得到理想薪水的人相當多。所以，**真的要人人都念大學嗎？**除了外在因素外，學生應該也要負起一部分責任，爲何沒有自主想法決定是否要念書，而是隨波逐流的被安排，甚至是念錯科系重來，浪費更多生命。因此，從小要培養哲學思辨，尋找自己的人生目標就變得格外重要。

如果念大學的人口比率變多後，是否會壓縮到技職體系，並讓投入職場的人變少，進而影響到經濟？參考德國技職教育，它們訓練過程嚴謹，沒有產學落差，學生素質高，使得德國工業的技術人才專業能力遠高於其他國家。値得一提的是，當德國學生15～16歲完成義務教育後，但未滿18歲且未繼續升學者，必須選擇職業學校就讀培養一技之長，以利工作，與台灣有著根本的差異。因此，台灣必須重視技職體系，每個學生也該認眞思考該不該念大學。

相關連結：https://www.skys.com.tw/article?id = 317

延伸思考1：台灣固有觀念「萬般皆下品，唯有讀書高」、「士農工商」，導致文化上非常喜歡小孩念到大學以上。但社會上並非只需要大學生，也需要許多職業人才，甚至不乏出現「只會念書，還會什麼」的聲浪。所以，念大學是必要的嗎？

延伸思考2：房子、車子的預算可以到哪？

由上一節可知，念不念大學，一輩子都可能賺到2,400萬以上，利用這個前提來討論買屋、買車可行的方案。人脫離不了食衣住行育樂，從這幾個面向討論22到65歲，43年的可能開銷。

食、行：假設每天使用300元，1年約11萬，43年約473萬。

衣：假設1年1萬，43年約43萬。

育 1：自己的進修費，1 年假設 5,000，43 年約 20 萬。

育 2：1 個小孩的教育費假設 400 萬，由 2 人分擔，1 人負擔 200 萬。

樂：每年的旅遊、公關交際費假設 1 年 4 萬，43 年 172 萬。

保險或醫療：1 年 1 萬，43 年 43 萬。

上述加總爲 473 + 43 + 20 + 200 + 172 + 43 = 951 萬。假設景氣不好，加上一個浮動範圍，人在上述的開銷可能是 950 到 1,100 萬。而先前提到一輩子可賺 2,400 萬，扣掉開銷爲 2400 – 1100 = 1300 萬。若再加上退休所需及孝親費，房子、車子可能只能擇一。

目前的情況是嚴重少子化，其實上述內容賺的會更少，花的會更多。所以，政府應該從可以著手的部分來進行處理，如：居住正義—使買租屋市場降價，車子應自行研發而降價。

延伸思考 3：我們需要工作到退休，並希望傳宗接代、長命百歲嗎？

許多人希望先苦後樂，退休後過個舒服的第二人生，長命百歲。但退休後往往滿身是病，體力也不如以往，眞的會有舒服的第二人生嗎？因此爲何要拘泥於退休後，何不在有體力且小孩足夠大時，提前退休，看看世界呢？可以假設 30 歲生小孩，負擔小孩到 50 歲，50 歲以後，邊賺邊過自己的人生。

延伸思考 4：孝順的文化箝制了每一個人，如：孝親費、親情勒索等，如果沒有此文化，有什麼不同？

觀察社會上大多數人的人生都是 0 到 22 歲被安排，22 到 30 歲努力打拼與小確幸，30 到 60 歲給小孩，22 到 45 歲也需要奉養父母，60 歲以後等待小孩的孝順與期待退休後的第二人生。可以發現人的一生，被孝順與金錢追著跑。

如果不要放大孝順，0 到 22 歲參與安排學業，22 到 30 歲努力打拼，30 到 60 歲給小孩。與父母的關係不要有過度的孝順關係，就不會有過度親情勒索的問題，也會不要求小孩要孝順自己，就不會質疑自己做的不好，爲何小孩不孝？**每個人都各自負擔自己的人生，大家是否會更快樂、更活出自己？**

西方文化造就小孩獨立性，可能是受「聖經 2:24 人要離開父母」影響，他們知道每個人長大後各自有想法，如果非要同住在一起及孝順，只會產生許多衝突，因此離開父母，就成了一個可行的方案。當然並非就棄父母於不顧，而是適當的距離，反而可以讓關係更好。也讓父母明白小孩不是自己所有物，總想要安排或操縱，要學會放手。

4-8 數學是什麼？有何作用？

大多數人常把數學當作計算工具看待，除此之外，似乎想不出它的功能性，進而延伸出許多問題，例如：數學是什麼？它是理科嗎？是自然科學的一種嗎？有什麼作用？因此，作者感慨大家對於數學的認識如此模糊，爲什麼經歷了近 3,000 年以上都沒辦法說清楚？經研究後，數學確實不容易被人理解，進而容易被誤會與忽略其內涵，在此作者試著解釋上述問題，讓大家可以重新認識數學。

數學是什麼？

平時說話的語言，如中文，很明顯的是利用文字的溝通工具，我們可以用很多方法詮釋「下雨」，當然也只可以當作工具來使用。如果僅將文字當成工具，將難以突破固有想法，進而難以了解它的藝術部分。同樣的，數學也是如此，不僅僅只是一個工具，更是一個語言，如同說話語言一般，富涵著藝術性。

數學的外觀總是被科學包裝，讓人誤會是科學的一部分。事實上，數學絕對不是科學，它是描述科學的文字，其本身具備著自己的一套推導系統（純數學），而有趣的是它自身的推導後的結果，或許在初期推導出來會被問這能做什麼？但到最後又會符合自然界，發現數學與自然界互相印證的情況。數學除了被科學外觀包裝、被工具外觀包裝，還有一個問題是其本身也相當難以理解，或是說未能有夠好的老師及課程、課綱來教育學生，使得不夠認識數學，學生難以發現數學的藝術性，所以只能把數學當成工具、科學，而非像語言的藝術。

要知道數學影響許多層面，除了衆所皆知的算術、幾何、代數、統計、邏輯、科學、資訊等，還能影響音樂（三角函數與波形）、繪畫（幾何投影、碎形）、民主（邏輯與哲學思辨）、人文、社會經濟等，因此不應該將數學只當作是運算的工具而已。柏拉圖早已提醒過萬物皆數，任何事物都可以發現數學的蹤跡。

數學是一種語言

數學是一種語言，唯一可記錄與精準描述大自然及各種科學的語言，讓你理解科學並認識大自然（註 1）**。如同中文是一個語言，可以讓你學會人文、地理等。因此可以發現數學如同說話語言一般，是一個「橋梁」。不同的是，說話語言是相對直覺的橋梁，但數學這門語言要經過思考推理後，才從萬物間發現規則。**

從另一個角度認識數學是一門語言。文化傳承需要文字，文字是一種進步必然產生的智慧結晶，不難發現說話語言會不斷修正，得以更好的描述事物，數學也是如此，因此更能認知到數學是一門語言。許多數學家早已認知數學是一門重要的語言，由於溝通的必要性，最終世界只有這一門語言在全世界統一規格，甚至全宇宙通用（註 2）。

註 1：「自然界中，數學的有效性簡直不可理喻。」——物理學家尤金 · 維格納（Eugene Wigner）

註 2：文藝復時期大數學家萊布尼茲，也因數學的特殊性，他想創造一門可以世界通用的、具嚴謹邏輯性的說話語言，只不過最終仍以失敗收場。

數學不僅是理科，而且還是主科

老師及社會給太多錯誤制約，讓人認為數學是自然科學的一種，如：數學是理工科系所，但以作者的觀點來看，根本是大錯特錯，它是一門重要的語言。如果一昧的認為是自然科學的一部分，甚至與其他理科沒有不同，那麼將無法突顯出數學的藝術之處，更會讓人忽略數學既是理科也是主科，利用選組來逃避數學。部分學生因為很怕數學，或是想說以後念的科系並非理組，進而放棄數學。也因為放棄數學，進而失去培養邏輯與哲學思辨的機會。因此，將數學僅視為理科是錯誤的行為，要將其視為重要語言的科目才對。

建議方法：作者發現，高中會分文理組，文組、非理組的人會自以為找到一個躲避數學的理由，而不學數學。也有的人會認為數學是科學的語言，而我不當科學家，所以可以不念數學。在台灣，目前一向認為國英數是三大主科，而國文與英文是文科，數學是理科，但國文與英文大家大多不會排斥學習，但面對數學時，卻會出現排斥現象，這是錯誤的觀念。因為主科就是必修的意涵，是不可避免的內容，因此無論是什麼組別，都應該學會最基礎的部分，並認知數學並非選修，不可以全部放棄。除了用必修、選修的方式讓學生了解不可避開數學外，還要讓學生了解到因為**萬物皆數**，任何事物都離不開邏輯、數學、統計三個範疇。邏輯是理則學，是所有學問基礎中的基礎；而歷史就是一部數學史，民主素養也得用數學來學習，社會學絕大多數情況都會用到統計學。文學類的人或許可能用不到數學與統計，但會用到邏輯；而大多數的人在工作上也會用到統計；理工科的人更會用到許多數學與統計。**最重要的是數學的教綱應該修正，讓各類組明確知道，應該學會數學到哪一種程度，而非隨意的放棄。各類組應該念的內容將在下一節討論**。

結論

數學是一門語言，富涵藝術且影響眾多層面。也該知道數學不是自然科學的一種，雖然需要理解的能力，但實際意義是作為描述科學的文字橋梁。更要知道，它不僅是理科還是主科，因為它就是一門重要的語言，影響學習哲學思辨與邏輯的語言。因此不管是文組、理組、醫科，都不可以放棄數學，畢竟上大學後，每一個科系都還在學習數學，即使文組也脫離不了邏輯，以前的哲學系更是要學習微積分。

要知道數學不僅僅只有算術、解題，還需要了解它的本質，對於大多數學家的共識，數學是研究型態（pattern）的科學。對於作者而言，數學是人文藝術的基石，更是推動人類歷史不可或缺的學問，尤其是在統計、邏輯及民主部分。

「語言不只是溝通的工具，不同文字的組合將會是一門藝術。數學也是如此，若只把數學當作工具，將會無法感受藝術性，進而對它更陌生。」

——波提思

4-9 台灣數學教育往哪走？如何修正？（一）

台灣的數學教育經常被人詬病，學了許多數學知識，出社會後用得到的卻少之又少，似乎僅僅剩下加減乘除及部分指數律。在工作中用到特定單元的人，因爲需更專業的技能，大都各自會再去重新學習與熟悉，但對大多數人而言，數學到了最後只停在考試形式，而無實際用途，只要會做題目而不重理解。面對這樣的情事，台灣應該思考數學教育哪裡出了問題？爲什麼一直沒有起色？究竟應該學什麼？又應該怎麼做？

作者認為有太多破壞學習數學的原因

1. 時間不夠、要學太多科目，而壓縮到認識數學藝術的時間。
2. 考試制度的影響，題目過多。
3. 單元比例不均，如：國中幾何證明占太高比例。當單元比例太過不均時，厭惡此單元的學生會一概而論的厭惡數學。因此有必要將數學切成幾個大類別，參見圖 1。後續會介紹不同組別的人應該各自學習到什麼程度。
4. 看不到數學的實用性。
5. 學習數學條件不足。
6. 學習太多種類的數學。其實只需學習基礎概念的部分，其它則依個人所需再進修學習即可。也就是**念該學及有需要的數學，而不是念考試用的數學**。

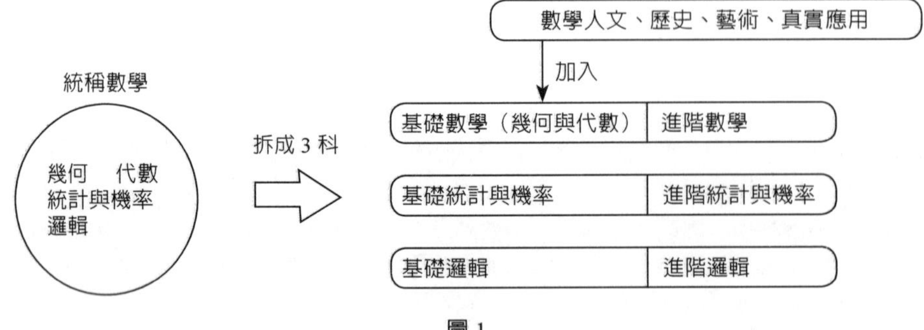

圖 1

應該從數學中學到的部分

作者認爲不是每個人都要學會數學的每一個分支內容，反而是要學習好基本的概念與工作需要的部分，以下幾點爲建議學習內容。

1. 邏輯性，也就是理性思維（國中）。
2. 基礎統計，也就是敘述統計及閱讀報表，並使用正確的統計量（國中）。
3. 基礎運算，加減乘除、指對數、基礎平面座標（國中）及基礎函數概念（高中）。
4. 工作需要的特定數學，依個人需求去學習（高中）。

建議數學教育的改革方式

不難發現，不想學習數學的原因最後都會指向考試制度，因爲要考試，所以要多樣化，多做題目。若是又沒有人文歷史的輔助與實際功用的誘因，將會導致大家不想要學習數學。然而，在升學的過程中，成績又是基礎的評估，故考試又成了不可或缺的一環。但作者認爲可以改變次數與型態，如：一學期考一次，降低重複性練習題目，這將可省下許多討論題目的時間來教數學歷史、藝術等內容，進而改變大家對數學的看法，提升興趣。

除了改變考試的方法及題數外，作者認爲國高中以下除物理以外的科目，用到僅有基礎數學、基礎統計、基礎邏輯，其他相關內容應該在高中再教。以下是作者的想法，希望能讓學生學得較輕鬆，讓數學變得比較實用。

1. 小學部分：保持原樣，但要降低過度的練習，並讓人文、歷史等藝術內容與計算並重，同時加入眞實應用。
2. 國中部分：基礎數學運算，如負數、絕對值、指數、簡單代數概念、平面座標、基礎統計報表閱讀、邏輯。
3. 高中部分：
   (1) 基礎部分：基礎數學運算概念（國中內容）、基礎統計報表閱讀、邏輯、對數、基礎函數概念、數列與級數。
   (2) 理組（數學及其它理工科系）：全部的數學、統計、邏輯，該組**側重推導理解**。但其中略有差異，未來讀數學系的人必然是要會全部內容，而其它理工科系依各系別自行選修需要的部分，但未必需要會證明。
   (3) 醫、法、商等類組：基礎部分數學、統計、邏輯、基礎微積分，該組**側重閱讀與使用、降低推導理解幅度**。而圓錐曲線、解析幾何、向量矩陣、排列組合、三角函數、複數不用學習，但可以介紹認識。
   (4) 文組：基礎部分數學、統計、邏輯，該組**側重閱讀與使用、不用學習推導**，而圓錐曲線、解析幾何、向量矩陣、排列組合、三角函數、複數、基礎微積分不用學習，但可以介紹認識。

小結

作者將國中的幾何及部分代數移除，而將現行高中的基礎統計、邏輯移到國中，其原因是基礎及未來社會常用的數學應該優先學習，其變化可參考下節。

「若數學都用沒道理的死背公式與練習題目，數學即便是有邏輯性的學問，也會被認爲是沒有邏輯的內容。」、「數學可以教到被人理解，如果數學讓人聽不懂，一定是老師或課本有問題，需要改進。」

——波提思

4-10 台灣數學教育往哪走？如何修正？（二）

建議台灣的數學需要調整內容，國中應可去掉太多冗長的數學幾何證明與過多的演練例題，而增加許多人文歷史及講解數學式；高中應該學會統計的實務操作而非理論證明；並且應該把邏輯、統計、數學三者拆開教學，讓學生明白可以不用學會數學的幾何代數等內容，但是有必要了解邏輯概要、統計中的敘述統計，才能降低社會上許多亂七八糟的事情，也更有效率。作者發現現行部分單元會切開，放在不同學期教學，使得學生的學習效果不佳，建議把一個單元一氣呵成上完，儘可能不要切開。

破壞學習數學的因素有很多，但是仍然要有基礎的數學認知。作者始終認爲，任何事物都是「先學唱歌再看譜」，也就是有了興趣再來學習，而數學更應該如此。不可否認，或許「先學唱歌再看譜」的方法還是不足以讓人對數學產生興趣，但應該讓課本更具理解性、實用性、有趣一點，才不會讓人討厭數學、害怕數學。所以要改變考試制度的內容與頻率，以及課程安排的順序。希望這樣的做法能讓人在出社會後，除了剩下加減乘除外，還能讓人更具有邏輯素養、基礎統計（實用的敘述統計）的概念，讓整體社會不再混亂及打口水仗，避免被假新聞欺騙。

現行情況

國中	負數、絕對值、指數、代數、平面座標、函數、幾何圖形、幾何證明、數列與級數、基礎統計與機率
高中	指數、對數、代數、複數、解析幾何、邏輯、數列與級數、排列組合、統計與機率、三角函數、圓錐曲線、向量矩陣、基礎微積分

更改建議

國中	**保留**：負數、絕對值、指數、基礎代數與平面座標、基礎統計與機率。 **增加**：邏輯概要、基礎統計與機率內容、**數學歷史**（可參考《**什麼是數學？**》一書）。 **刪除**：幾何圖形、幾何證明、數列與級數、函數。
高中 基礎部分	基礎數學運算概念、基礎統計報表閱讀、邏輯、對數、函數、數列與級數及$\sum$，指對數函數圖形。
理組 （數學、 其它理工科系）	全部的數學、統計、邏輯，該組**側重推導理解**。 各系的差異部分，數學系的必然是全部內容都要會，而其它理工科系依各系別自行選修需要的部分，但未必需要會證明，**如：圓錐曲線對化學系初期未必必修**。
醫、法、商類	基礎部分數學、統計、邏輯、基礎微積分，該組**側重閱讀與使用**、**降低推導理解幅度**。 不用學習圓錐曲線、解析幾何、向量矩陣、排列組合、三角函數、複數，但可以介紹認識。

文組	基礎部分數學、統計、邏輯，該組**側重閱讀與使用、不用學習推導**。 不用學習圓錐曲線、解析幾何、向量矩陣、排列組合、三角函數、複數、基礎微積分，但可以介紹認識。

不同組別的學習內容（可以參考圖 1、圖 2、圖 3）

理組（數學系與理工科系）
全面性的學習，注重理解與證明
因應不同科系，部分內容可降低教學幅度
（如：向量矩陣、圓錐曲線、排列組合）

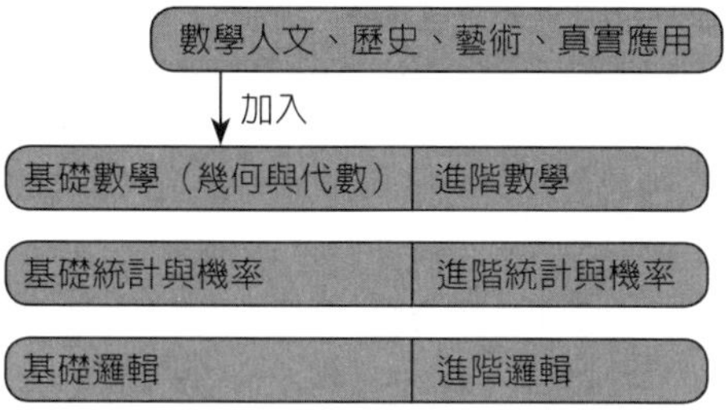

數學人文、歷史、藝術、真實應用
加入
基礎數學（幾何與代數）
進階數學
基礎統計與機率
進階統計與機率
基礎邏輯
進階邏輯

圖 1

醫、法、商等
側重基礎數學、閱讀與使用、降低過度的證明

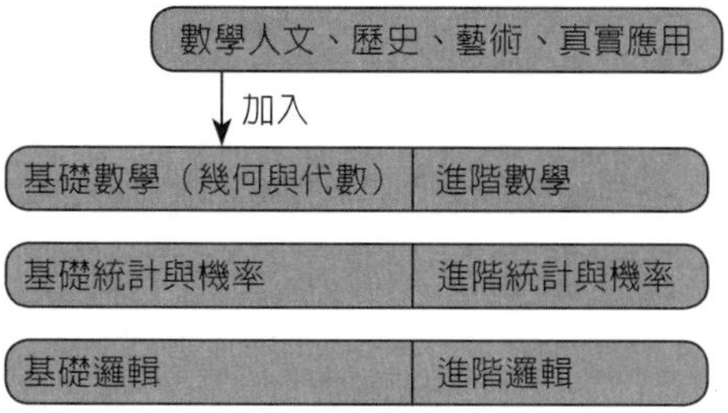

數學人文、歷史、藝術、真實應用
加入
基礎數學（幾何與代數）
進階數學
基礎統計與機率
進階統計與機率
基礎邏輯
進階邏輯

圖 2

文組與一般人
側重基礎與實際生活應用、及有趣

數學人文、歷史、藝術、真實應用
加入
基礎數學（幾何與代數）
進階數學
基礎統計與機率
進階統計與機率
基礎邏輯
進階邏輯

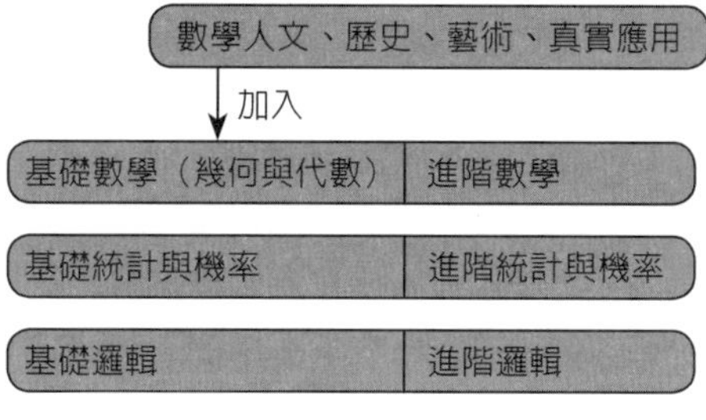

圖 3

4-11 數學不好源自考試制度？

作者的目標是降低數學恐懼、增加念數學的動機，最終認識數學的重要性—理性（邏輯、哲學思辨）、科學、民主，至今已出版許多書籍來解決上述事情（註1）。作者發現目前最大的問題點就是考試制度、儒教、文化因素。我們應該思考，爲什麼近50年中國沒有諾貝爾獎得主？可以參考李約瑟難題：「中國為何沒有科學革命？」與利瑪竇的說法：「中國文化讓中國永遠不會有科學」。不可避免的問題是數學必須循序漸進，它是一環銜接一環的內容；以及容錯率太低，大多數情況不是對就是錯。但不管怎麼說，都應該了解考試制度對學習數學有極大的阻礙，並讓理性、科學、民主難以發展，這裡可以參考《數學不好不是你的錯》一書。同時也要知道中國一直以來的科舉只有考算術，而沒有數學。

考試制度的由來，其目標達成了嗎？

觀察中國歷史，可知很早就進入封建時期，有分封領地、聯姻、外戚干政的情況，而王權勢必要找到人才抗衡，並協助管理國家。此時儒教與科舉考試的出現，**讓王權可以利用科舉來尋找士大夫（對應到現代是公務員）**，替王權解決問題。除此之外，還**讓人民以為只有科舉考試，可以改變階級世襲制、財產世襲制**（讀書有機會脫貧（註2）），導致人民窮、忙、奴（儒教的禮法服務王權），沒有時間、想法對抗王權，或是想當大官的人更不會對抗王權，造成馬屁、紅包、說謊文化等不良影響。

儒教文化創造服務王權、對人民不利的科舉考試。爲什麼人民自己跳入火坑？原因可能是相信錯誤的夢想，讀書可脫離貧窮，或是也想當大官。又可能是部分人想做好研究或其他有益國家的大事，但是中國文化是個人難以推動，當大官才容易做大事，因此又進入考試制度的循環。但當大官後，又有多少人不受名、利、權的誘惑呢？

台灣更有著因應考試制度的配套—廣設大學，但廣設大學，人人都是大學生，豈不是又沒有階級流動，與人民目標矛盾。再反思一個問題，若部分勞動力去念書，是否會不利經濟發展？最終中國文化造就勤勞、聽話卻窮困的人民。上述內容可參考圖1。

為什麼西方國家沒有科舉制度

西方追求平等方式並非用考試制度，一方面因宗教觀—神對人類都是一律平等，而處理財富不均是用協商、革命的方式。因此不會有過度利用學習、考試制度的情況。再想想爲什麼西方國家會思考人是什麼，有求知慾，中國卻沒有？此情況顯而易見的，就是窮忙、考試制度破壞學習。

結論

我們一定常聽過考試制度是爲了檢測學習情況，但這是錯誤說法。檢測學習情況不一定要用考試制度。考試制度是破壞學習的兇手，更會阻礙數學、理性、民主發展的重要因素。我們應該了解考試制度完成了王權要的目標——操控人民，卻難以完成人民的目標——讀書可以脫貧、階級流動。

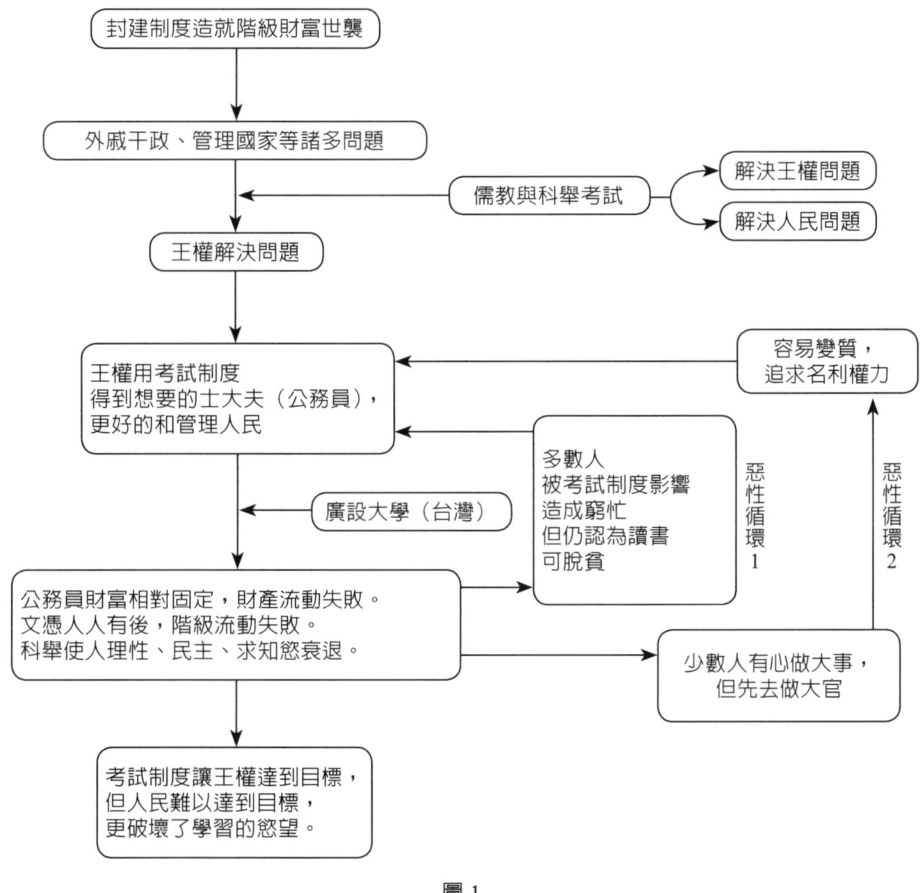

圖 1

註 1：**(1) 增加念數學動機的相關書籍：**

a. 重要性─邏輯、民主、哲學思辨：台灣人一定要懂的邏輯、圖解哲學思辨與邏輯應用。

b. 興趣─人文、歷史、藝術、音樂：圖解數學、你沒看過的數學。

c. 有用─科學、生活：圖解數學、圖解統計與大數據、圖解機器學習、人工智慧與人類未來。

(2) 降低數學恐懼的相關書籍：

a. 考試制度、文化：數學不好不是你的錯。

b. 課本或是教學有不完整，產生漏洞：呼應上一點，以免不好學習就用填鴨來應付考試。什麼是數學、圖解向量與解析幾何、圖解統計與大數據、互動及視覺微積分、國中贏在起跑點、想問不敢問的數學問題。

註 2：讀書有機會脫貧嗎？可從公立大學的低收入戶學生比例，以及其翻身情況得知。假設每年低收可能不到 20% ，此 20% 翻身可能不到 20% ，而窮人要靠讀書翻身的機會可能只有 4% 以下。這也可從成功企業家的背景得知，大多數有好家庭背景。政府或許可公布相關數據，來降低過度考試制度的情況。

人類最不道德的事，是不誠實與懦弱。

——高爾基

悔過需要你背上自責的重負。

——米歇爾・德・蒙田

第五章
道德與宗教篇

5-1　人類為什麼需要宗教？相信宗教就是軟弱的行為嗎？
5-2　神到底存不存在？
5-3　理性科學與宗教神學有衝突嗎？
5-4　什麼是平等？齊頭式平等正確嗎？茹素就是慈悲嗎？
5-5　巴斯卡對於信奉上帝的看法？該不該買保險？

5-1 人類為什麼需要宗教？相信宗教就是軟弱的行為嗎？

什麼是宗教、道德、習俗？

1. 宗教（Religion）：人與神祇（或超自然存在）互相聯繫的文化體系稱爲宗教，分爲多神論、泛神論、一神論、不可知論和無神論等多種體系。相關內容參見下述：
   (1) 影響層面：個人行爲、傳統儀式、價值觀念、世界觀念、經典作品、朝拜聖地、道德規範或社會團體等形式。
   (2) 宗教信仰：人們對宗教崇敬，宗教會給予信徒規範或力量。
   (3) 表現形式：儀式、講道、紀念、崇拜、祭祀神明、犧牲、節日、節慶、殯葬服、婚姻服務、禱告、音樂、藝術公共服務、其他文化形式等。
   (4) 宗教對神觀念的解釋爲「神學」，神學在宗教傳播、歷史演進、人類進步中不斷被調整、修正。
2. 道德（Moral）：區分正確與否的觀念準則。道德源自於特定哲學、宗教或文化的行爲準則，也可以源於一個人所相信的普遍價值。道德的內容有：誠實、助人、寬容、忠誠、責任、社會公正、平等、家庭與國家安全、社會秩序的穩定、報恩等行爲。道德也是一種「非正式公共機制」，如：誠實，某些時候的說謊不犯法，但卻是不道德的。
3. 習俗（Convention）：文化形成普遍接受的禮節、習慣、形式、社會規範及禁忌等。涵蓋範圍有食、衣、住、行、娛樂、社交、戀愛、性觀念、生育、婚嫁、喪葬、宗教、歲時及藝術等。

   以上是三者基礎的認識，彼此有關聯性卻又不盡相同。

延伸思考：道德與良心（Conscience）

我們常說：「一個人做事要有良心」，良心與道德相似，但範圍卻又不大一樣，如：賣黑心油，會指責對方沒有良心且違法；情侶間甲方給乙方許多照顧，最後乙方愛慕虛榮，拋棄甲方而與有錢人在一起，也會被指責沒良心但不違法。

也曾聽過：「摸摸你自己的良心，你覺得這件事情，你的良心過得去嗎？」此時他或許明白是否有道德，但他自認自己沒有良心，或是在這件事情上他無法判斷怎樣是正確，因此肆無忌憚。

相信宗教就是軟弱的行為嗎？

在台灣，部分人認爲相信宗教是軟弱的行爲，認爲是意志不堅定、不夠強壯才需要尋求宗教的慰藉，並認爲如果自身能力夠好，可以強壯到面對任何困難，就可以不用相信宗教。但這樣的想法對嗎？

在台灣，宗教跟習俗的界線相當模糊，部分的人並沒有非常強烈的宗教觀，進而產生誤會，如：(1) 認爲宗教可有可無；(2) 認爲宗教是迷信的行爲；(3) 認爲宗教是一種利益交換，有拜有保庇，或有靈驗、有需要才去拜拜等。

反觀西方基督教的情況：(1) 有既定儀式，出生後受洗、青少年後再度受洗、每週教會禮拜、飯前禱告。(2) 並非有需要時才請求神祇，而是某些時候會讚頌神祇。(3) 遇到困境時，不是請求解決問題，而是祈求給予心靈上的力量。與台灣的情況具有一定的差異。

可以發現許多哲學家、科學家、數學家會把成果的榮耀歸給上帝，如：牛頓，難道是他本身不夠強壯嗎？再看看史懷哲醫師（Albert Schweitzer）到非洲行醫、馬偕（George Leslie MacKay）到台灣行醫，並建立馬偕醫院，他們遇到的困難如此巨大，還是克服困難，而他們如此強壯，卻還是保有信仰。

相信宗教就是軟弱的行爲嗎？看來不一定正確。對某部分人是正確，對某部分人並非如此。

信仰宗教的利弊我們有評估後再信教嗎？

台灣的宗教相當多元，無宗教信仰者比比皆是，一定年紀後才加入宗教的人也有。在台灣，也常聽見有不法人士創立邪教或是斂財的宗教，更不乏聽到有人被錯誤的宗教人士騙財騙色，這是爲什麼呢？可能是自身不夠堅強，需要宗教的協助卻被濫用。但如果可以評估信仰此宗教對自己的利弊，或者在信仰此宗教前，思考此宗教是否正派，或許可以避免不法人士對自己的傷害。

人類為什麼需要宗教？

伏爾泰（Voltaire）提到：「假如上帝確實不存在，那麼因爲人性的原因，就有必要創造一個出來。」孟德斯鳩（Montesquieu）提到：「人類極其具有希望感和恐懼感，沒有地獄和天堂的宗教就不會取悅於人類。」這是爲什麼？

作者認爲，也許人類需要一個心靈的寄託，神可能存在，或許不存在。又可能是人類會因彼此同爲人類，屬於同一階級，而不予以相信，所以有必要有一個更高層級的存在－「神」，來限制人類的行爲。但不管神是不是眞的存在，還是人爲的集體意識投影，只要使人類進步就是合理的存在。而神管理人類的手法，不管是哪一個宗教，都會出現天堂或是地獄的概念，來讓人類走在正確的方向。

5-2 神到底存不存在？

神到底存不存在？

西方哲學和神學中，一直對神（上帝 God 或造物主）是否存在有著疑問和探討。各種有關的論證包括形上學、邏輯學、經驗主義、主觀性論證等。直到現今，神是否存在的辯論仍未結束。

在此不討論許多哲學家的論點，從邏輯來看，有神論者難以找到有力證據說服無神論者「神存在」，而無神論者難以找到有力證據說服有神論者「神不存在」，所以其結果應該要多一個選項—「不知道神存不存在」，這部分的人稱爲「不可知論者」。

部分無神論者可能會因無法證明神的存在，找不到反例，而強化認同神不存在，但這是錯誤的觀點，找不到反例並不代表沒有，僅能說不知道。如：8 以內的質數是 2、3、5、7，除 1 以外所有奇數都是質數，可以推論所有除 1 以外的奇數都是質數嗎？顯然不行，因探討的範圍不夠大。所以經討論後，無神論者應該轉變爲不可知論者，而非繼續堅持無神論，因爲如果探討的範圍夠大，有可能證明神的存在。而有神論也是同理。

什麼是一神論、多神論、無神論、泛神論、不可知論？

人出生後會因文化產生宗教觀，並因主觀意識相信有神論或是無神論，但不管有神論者或無神論者，部分人不免會去思索神存不存在。因此出現了不可知論者，也就是不知道神是否存在，不支持存在，也不支持不存在，可以參考圖 1。而世界對於神的存在及分類，則可以參考圖 2。

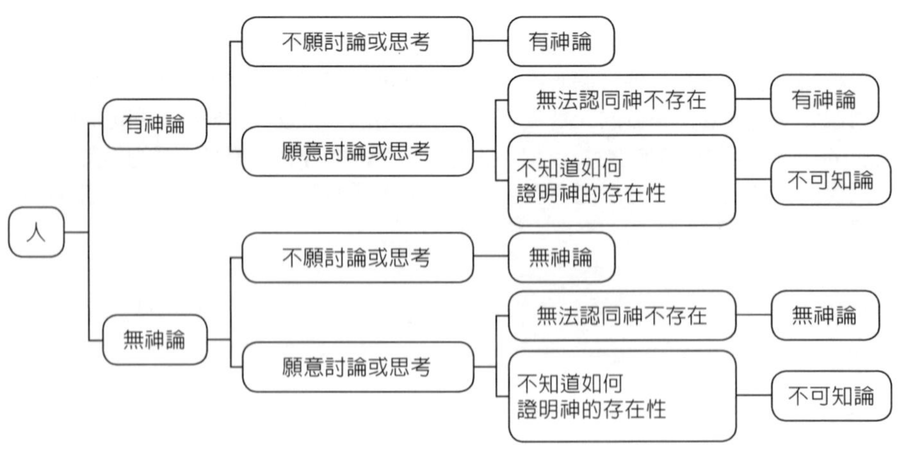

圖 1

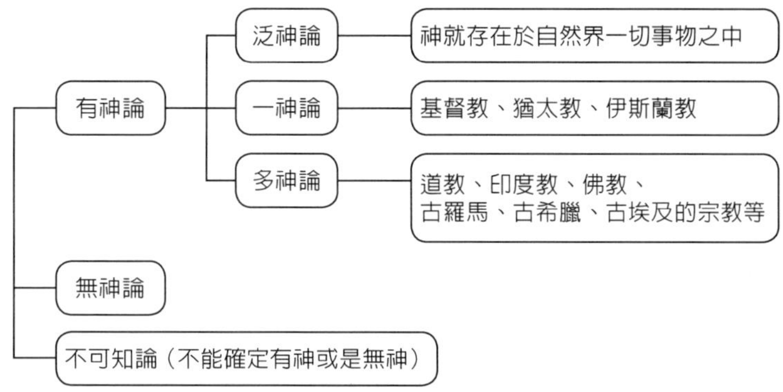

圖 2

1. 泛神論（Pantheism）：認爲大自然有神，沒有其他超自然的主宰或精神力量，即不存在其他宗教的神祇。將大自然與神等同起來，認爲神就存在於自然界一切事物之中。
2. 一神論（Monotheism）：認爲世界只存在一個「囊括一切的神」的宗教和思想，而世界遵循祂創造的規則。
3. 多神論（Polytheism）：認爲世界存在多個神的宗教。
4. 不可知論（Agnosticism）：或稱不可知主義。不可知論者不像無神論者一樣，否認神的存在，只是認爲人無法知道或無法確認其是否存在，因此不可知論包含著宗教的懷疑主義。
5. 無神論（Atheism）：不相信世界有神存在，台灣文化更是連鬼也涵蓋在內。可能是與「敬鬼神而遠之」一詞有相關。

註：台灣部分人稱自己是無神論者，認為世界上沒有鬼，僅是幻覺。但看不到可以說沒有嗎？而這部分的人其中一部分仍會進行習俗上的祭天、拜天公、土地公、地基主，這樣還能說是無神論嗎？

認識目前世界的主要宗教

1. **基督教（Christianity）**：信仰耶和華爲神、耶穌爲聖子與救世主（彌賽亞）的一神教。以《新約聖經》、《舊約聖經》爲宗教經典。由於舊約聖經源自猶太教，兩者的教義有一定程度的相同，神爲同一個神，差別在於猶太教的神比較兇，用打殺方式來管理人類，隨時間改變方式，基督教的神比較慈愛，用愛來管理人類。台灣有天主教與基督教，差別在天主教有玫瑰經，與聖母瑪利亞有關，而基督教還有許多流派，如：路德派、長老教會等。

2. **猶太教（Yahadut）**：猶太人信仰耶和華爲神的一神教，猶太教是上帝和以色列人立約的關係。主要經典有摩西五經（妥拉）、希伯來聖經（塔納赫也就是舊約聖經）、口傳律法（密西拿）、口傳律法註釋（革馬拉）、聖經註釋（米德拉什）。

3. **伊斯蘭教（Islam）**：穆斯林信仰阿拉（Allah）的一神教，又稱回教，以可蘭經爲經典。

4. **佛教（Buddhism）**：創教者爲悉達多（Gautama Buddha），覺悟四聖諦「苦、寂、滅、道」，而後成釋迦牟尼佛，尊稱「佛陀」。佛教還有其他佛陀的多神教，並註有多部佛教經典，佛教徒修習佛法的目的超越生老病死，結束六道輪迴，進入西方極樂。

5. **印度教（Hinduism）**：是印度人的傳統宗教，是多神教，《吠陀經》作爲經典教義，並有多個教派：濕婆派、毗濕奴派、沙克達教等。印度教囊括各種不同的知識、價値觀，不是剛性的信仰。

6. **儒教（Confucianism）**：儒教源於古中國的五教和祭禮，創始者爲儒家的孔子。儒教以天子爲宗教領袖，以孔子爲先師，以《易經》中的神道設教。儒教自漢代至今爲主要思想，影響著中共、台灣及海外華人。

7. **道教（Taoism）**：中國的本土宗教，爲多神教。道教思想源於軒轅黃帝（黃帝學派託言黃帝），道教體系最早創始人是五斗米教（天師道）的張道陵，崇拜道家老子爲道祖，最早可以上溯到原始社會時期中國人的祭天、祭祖等崇拜活動，至春秋戰國時期吸收神仙方術產生了方仙道，後融合道家、陰陽家的「五行」、「陰陽」等思想合併形成黃帝學派，在漢代中後期形成黃老道，至南北朝經過宗教改革，逐漸演變成現在的道教。

Note

5-3 理性科學與宗教神學有衝突嗎？

理性科學與宗教神學有衝突嗎？

理性科學與宗教神學乍聽之下是兩個不相容的學問，在這科學盛行的時代，有著用科學破除迷信的想法，因此科學彷彿是打破神學的利器。但為什麼西方科學家仍然大多數存在宗教信仰？先從以下內容了解科學與神學是否對立？

伽利略、哥白尼（Nicolaus Copernicus）等人用科學反駁部分神學的內容，參見圖1、2。牛頓、巴斯卡等人把發現的內容歸給上帝。羅素等不可知論者、愛因斯坦等泛神論者，認為世界是由數學規則構成，而神不知道存在或是不存在。因此，西方文化對於科學與神學兩者並沒有完全衝突，許多西方科學家、哲學家都有堅定的信仰。事實上西方哲學家、神學家、科學家等人，都有著一定理性基礎與哲學思辨，因此科學與神學兩者並不衝突。科學容易隨時代改變，神學也隨時代修正有問題的地方，如日心論與地心論，參見圖 3、4。

台灣常說用科學破除迷信、神學，導致讓人認為兩者是對立的，這是不當的聯想。事實上，科學可以修正神學，進而更加完善。台灣的邏輯素養需要提升，我們常說科學不可證實就不信鬼神，這是把證明與存在的關係畫上等號，「能證明 = 鬼神存在」，「不能證明 = 鬼神不存在」，這是錯誤的邏輯。實際上是「能證明必然是存在」，「能證明→鬼神存在」，「不能證明→鬼神可能存在，也可能不存在」，以否定前提（～p）為前提的討論都有可能成立。太多人不理解科學涵養卻**過度迷信科學**，要知道科學進步後有可能就能證明。

圖 1

圖 2

圖 3　古希臘托勒密（Ptolemy）地心說示意圖

圖 4　哥白尼日心說示意圖

註：文藝復興後神學受科學影響，進而修正，也能看出西方文化對哲學思辨的重視與包容性，而非全面武斷的要人全盤接收。

科學會修正，數學會嗎？

科學是一門經驗、統計歸納及演繹的學問，因此隨時代改變，公理會隨之改變，進而推翻原本的內容。而數學是一門純演繹的內容，每個環節都是由正確堅固的內容堆疊組合而來，不存在問題，也永遠不會修正，只會不斷的增加。

「在大多數科學裡，一代人要推倒另一代人所修築的東西，一個人所樹立的另一個人要加以摧毀，只有數學，每一代都能在舊建築上增添一層樓。」

——龐佳萊（Henri Poincare）

實驗出真理，對嗎？

中共有一句話名爲「實驗出眞理」，這是一句邏輯完全錯誤的內容。首先眞理是什麼？科學的名詞是嚴謹而精準的，有公理、定義、定理，公理是不證自明的數學式，定義則是觀察得來進而規範的數學式，定理則是由上述推導而來的數學式。因此，上述並沒有任何一個需要實驗，所以實驗出眞理就不攻自破。

換個角度想，眞理可以由實驗產生嗎？實驗本身有著諸多瑕疵，甚至會時間因而改變，會改變的東西還能稱爲眞理嗎？所以，這句話就是一句邏輯錯誤的話。

5-4 什麼是平等？齊頭式平等正確嗎？茹素就是慈悲嗎？

什麼是平等？齊頭式平等，正確嗎？

我們都聽過「人皆生而平等（All men are created equal）」，但這句話在翻譯上是有瑕疵的語句，直接翻譯是「所有的人被創造平等」；更完整的意思是「人生而不平等，人應該追求平等，創造使人類世界平等的情況」。

參考托馬斯・霍布斯（Thomas Hobbes）的著作《利維坦（Leviathan）》，裡面提及人的平等關係；人類當中有人可能比別人更強壯或更聰明，也就是生來不平等，但沒有一個會強壯或聰明到不怕在暴力下死亡，意即在死亡上，人類皆平等。

再參考《美國獨立宣言（United States Declaration of Independence）》：「我們認爲以下眞理是不言而喻的：人皆生而平等，享有造物主賦予給他們的不可剝奪的權利，包括生命、自由和追求幸福的權利。爲了保障這些權利，才在人們中間建立政府，而政府之正當權力，則來自被統治者的同意。」

並參考孟德斯鳩：「人生而平等，沒有高低貴賤之分。我們沒有權利假借後天的給予對別人頤指氣使，也沒有理由爲後天的際遇而自怨自艾。在人之上，要視別人爲人；在人之下，要視自己爲人。」因此，**人生而權利平等，但身體上未必平等**。

齊頭式平等，是平等嗎？其實並非平等，我們要追求的應是立足點的平等，參見圖1可知道兩者差異。而齊頭式平等接近共產主義，不管努力多或是少，都能獲得齊頭式報酬，那還能說齊頭式平等是平等嗎？因此，納稅會有不同級距、富人稅等，我們不應該用不平等的名義來加以推脫。

台灣的健保是以齊頭式平等的方式繳納，並沒有因爲多用而調高保費，如此一來，對少用的人是否是一種不平等，故不應該錯誤認知平等的意義。除此之外，台灣還有許多政策錯用平等的概念。

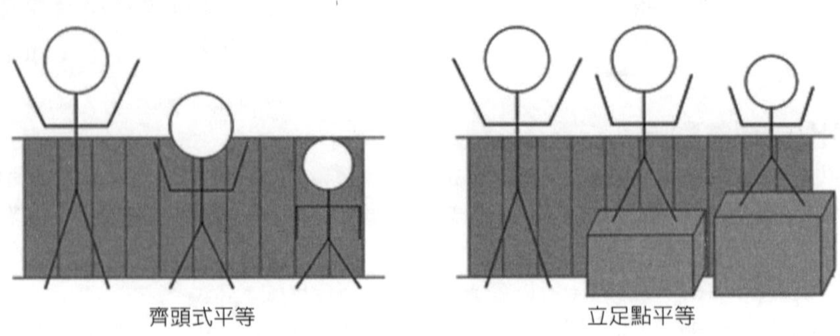

圖 1　看球賽思考怎樣是平等

素食就是慈悲嗎？

有人吃素、不吃葷，認爲殺生太殘忍，不殺生才是慈悲。但吃素就是慈悲嗎？吃植物不是殺生嗎？水中有許多微生物，難道也不算殺生嗎？難道看不見或不知道，就不算殺生嗎？

台灣對於茹素的觀念大多是源自佛教，但佛教似乎沒有強調一定要吃素，部分佛教是可以吃葷的，如：藏傳佛教、日本佛教。所以，追求的慈悲是形而上的意義，還是要追求形而下的形式部分？

觀察基督教，基督徒是有吃葷的，難道他們殘忍、不慈悲嗎？參考創世記 9:3：「凡活著的動物都可以作你們的食物。這一切我都賜給你們，如同菜蔬一樣。」、創世記 1:28：「管理海裡的魚、空中的鳥，和地上各樣行動的活物。」、創世記 1:22：「滋生繁多，充滿海中的水；雀鳥也要多生在地上。」所以基督教的觀念是可以吃葷，同時要保持物種繁多，所以吃葷無關殘忍，如果吃到絕種，才是不被允許的，是一種殘忍。

因此殺生殘忍、吃素慈悲，是有問題的論述。應該多思考眞僞，才不會被人找出語句矛盾。宗教是要導人向善，而非引發爭執與矛盾。

放生動物就是慈悲嗎？

台灣部分宗教團體，認爲放生動物是一種慈悲，但對嗎？如果放生卻造成另一個生態的死亡，應不能算是慈悲，而是一種殘忍。

生命可以買賣的話，是否學不會尊重生命？

台灣的教育提倡尊重生命，但又把買賣而來的狗貓等寵物視之爲物品，導致不喜歡就任意丟棄，再買就好，這樣是否互相矛盾，應該思考買賣寵物是否能學會尊重生命，或是要加上更多限制，才能使人學會尊重生命。

船難時為什麼老弱婦孺優先？

我們大多數人都看過鐵達尼號，在船難時船長讓老弱婦孺優先，接著男人，最後是船員，而這與什麼有關？爲什麼船長不可以大難臨頭各自飛，爲了自己的生命而活著，錯了嗎？

船長及船員是對海有一定認識的人，如果拋下乘客，無異於放任他們等死，形同謀殺，因此，船長及船員對乘客有其責任。再來船長除責任外，還兼具勇氣、榮譽、奉獻等價值觀，有著船在人在、船亡人亡的認知，故讓老弱婦孺優先就變成了必然。

延伸思考

2020 年武漢肺炎的包機回台名單，沒有依普世價値的老弱婦孺優先，是否顯示出中國人缺乏奉獻精神，而且自私。

5-5 巴斯卡對於信奉上帝的看法？該不該買保險？

上帝存不存在？在此先不討論是否存在，但可以討論「如果存在，對於人們是否有所幫助」。巴斯卡在《沉思錄（Pensée）》的論述中提出另外一個想法。巴斯卡知道機率乘以報酬成爲期望值報酬，他將數學想法發揮在信仰上帝的問題上。其內容是，相信上帝存在將得到無窮的美好生活。賭上帝存在，以期望值來看，如果贏了，所得到的將是無窮的一半，如果輸了，你所損失的是一個有限賭注的一半，兩者合併起來，期望值仍是無限大，那何不相信呢？

該不該保險

同樣的，對於保險也能用一樣的想法思考。各式各樣的保險費如何計算？如：健保、勞保、意外險。這些費用就是以統計中的期望值而來（參見延伸思考）。例如：一年一期的意外險賠償 100 萬元，統計資料顯示出意外的機率爲 0.1% ，則保險公司每一份保單的最低應該大於多少才不會虧損？最低要是 100 萬 ×0.1% = 1000，所以要收 1,000 元以上，保險公司才不會賠本。而**價值乘以機率**，就是統計中的期望值概念。

保險到底值不值得保，這是一個值得人去思考的問題。主要的問題有三個：第一、保險期間，這家保險公司會不會倒閉。第二、值不值得投保這麼高額的保險，第三、要保多久。

第一個問題是自己要夠聰明，不要選到不好的保險公司以及運氣不要太差。第二個及第三個問題可一起討論，如果我們假設自己每年出意外的情況是 1% ，要討論的是保單是意外險，並且希望在有生之年都要投保，或是說打算投保 50 年（20 到 70 歲）的意外險。而 50 年內都不會出意外的機率爲 $(99\%)^{50} \doteqdot 60.5\%$。換言之，50 年後發生意外的機率是 $1 - 60.5\% = 39.5\%$。

如果有近 40% 發生意外的機率，此時似乎就非常需要擁有保險，但其實我們仍應該先考慮理賠的費用，如果每年保費 2,000 元，50 年共 10 萬，若理賠僅有 1 萬，那麼還值得投保嗎？還是自己每年把 2,000 元存下來，發生問題時就有 10 萬的預存醫療費。兩相比較之後，或許大家就會有這份保單應不應該投保的答案，而非存著「有保有保庇」的想法。當然如果認爲自己的運氣眞的不佳，建議還是用保險來降低臨時急用金錢的窘境。

延伸思考 1：什麼是期望值？

期望值近似平均的概念，以例題來說明可以較快速理解。假設有 6 個球，1 號球一個、2 號球兩個、3 號球三個，抽到 1 號給 6 元，2 號給 12 元，3 號給 18 元。那麼平均抽一次會拿到多少錢？假設抽6次，並是取後放回的情形，1 號、2 號、2 號、3 號、

3 號、3 號，就是每個球都抽出來，而每個球的機率都是一樣的情形。平均抽一次獲得的錢：(6 + 12 + 12 + 18 + 18 + 18)÷6 = 14。以分數方式思考：

$$\frac{6+12+12+18+18+18}{6}=\frac{6}{6}+\frac{12+12}{6}+\frac{18+18+18}{6}=6\times\frac{1}{6}+12\times\frac{2}{6}+18\times\frac{3}{6}$$

而分數是該球的機率，所以期望值就是該球的價值乘上該球的機率，所以期望值就是平均。那麼既然平均的彩金是 14 元，那麼主辦方只要將彩券金額設定在 14 元以上就不會賠錢。以期望值方式來計算保險理賠。一年一期的意外險賠償 100 萬元，統計資料顯示出意外的機率為 0.1%，則保險公司每一份保單的最低應該大於多少才不會虧損？請參考表 1，保險公司對於保險費的期望值至少要是 1,000，才不會賠錢，參見圖 1。

表 1

	保險公司得到的金額金額	機率	期望值
沒發生意外	x	99.9%	99.9%x
有發生意外	$x-100$ 萬	0.1%	0.1% ($x-100$ 萬)

$$\begin{aligned}\text{期望值} &\geq 0\\ 99.9\%x+0.1\%(x-100\text{萬}) &\geq 0\\ 99.9\%x+0.1\%-0.1\%\times 100\text{萬} &\geq 0\\ x &\geq 0.1\%\times 100\text{萬}\\ x &\geq 1000\end{aligned}$$

圖 1

保險費 = 賠償金額 × 意外的機率，而超過的部分就是保險公司的利潤。了解「期望值」與「保險費用」的計算原理後，就可知你所買的保險其中有多少是被保險業抽走當利潤。

補充說明：本書由兩位作者編寫，一位有基督教信仰，另一位則為不可知論者，或可說是泛神論者。對於後者來說，聖經是一部值得參考的工具書，更多像是指導的生活公約。簡單思考一下，如果外國人大多依據聖經做事的話，則會行為模式相似性較高，進而爭吵比較少。相對的，中國文化就是每個人的差異性太大，並且沒有邏輯性，進而有許多爭吵。聖經固然有被挑戰的地方，但歷經千年能屹立不搖，足以見到其可取之處。試想在仍是蒙昧未知時，就能訂立許多合理的規章，是否也能從另一個角度說明這是一部值得參考的經典呢？

延伸思考 2：有可能不信基督教，卻使用其教義原理嗎？

社會就是書，事實就是教材。讀書不要貪多，而是要多加思索，這樣的讀書使我獲益不少。

——盧梭

爭取你的權利，就是爭取國家的權利。爭取你的自由，就是爭取國家的自由。一個自由民主的國家，從來就不是一幫奴才建成的。

——胡適

各種無知中，最差勁的是「政治無知」。這些人聽而不聞、視而不見，不參與任何政治活動。不知道種種生活費用全都與政治息息相關，但這些人彷彿懵然不知，如：大豆價格、麵粉價格、租金、醫藥費等。這些人甚至對自己的政治無知引以爲傲，挺起胸膛，高聲説自己討厭政治。這些愚人並不知道，基於自己的政治冷感，社會出現了淫業、棄童、搶匪；更可悲的是出現了貪官汙吏，他們對剝削社會的跨國企業阿諛奉承。

——布萊希特（Bertolt Brecht），德國戲劇家

上一代革命成功，這一代享有民主自由；這一代糟蹋民主自由，下一代就要革命。

投廢票就是把選擇權交給有去投票的人來決定未來。

不存在中間選民，沒有人可以置身事外。

——反廢票的人

第六章
歷史、經濟與政治篇

6-1 民主是什麼？台灣的民主還能往哪個方向進步？

在台灣，有很多人認爲我國是亞洲最民主的國家之一，但這是眞的嗎？如果以投票的形式來說，我們的確有相對亞洲其他國家較完善的投票選舉制度，但這並不代表民主成熟了。試就以下幾點說明原因：

民主是什麼？

1. 民主（Democracy）主要是指人民的權力，也是現今社會普遍公認的理想，提供保護和有效實現人權的環境。原義是「主權在民」的國家制度，國家權力由公民直接或間接行使。在初期，民主僅限於全民中的極少部分，低齡者、婦女、奴隸等非自由人都曾被限制參與民主的權利。
2. 民主與專制對立，專制是指極權統治、獨裁統治或寡頭政治。
3. 賴利 · 戴蒙德（Larry Jay Diamond）指出，現代民主包括四個關鍵要素：(1) 透過自由和公正的選舉產生政府；(2) 作爲公民積極參與政治和公民生活；(3) 保護所有公民的人權；(4) 法律和程序同樣適用於所有公民。

上述這四個要素，尚未在台灣落實，因爲仍有買票、地下賭盤讓人選向某一方、亂投票、放棄投票的中間選民、轉型正義未執行、司法改革未落實等問題。

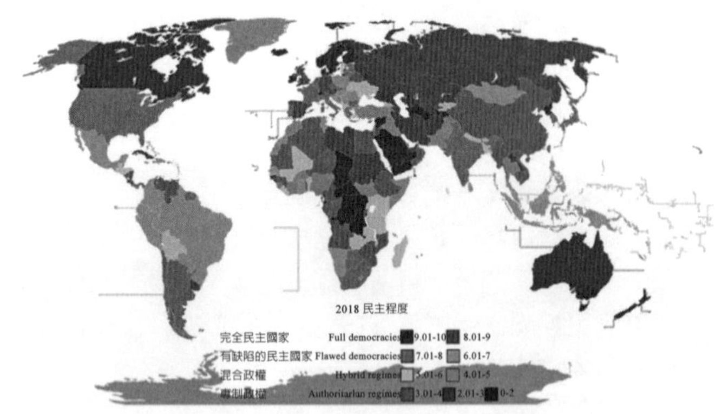

圖 1 《經濟學人》2018 年世界各地的民主指數。
資料來源：WIKI，C.C. 4.0，作者 Canuckguy。

台灣的民主只懂投票

在台灣一定聽過：「已經讓你們有投票的權利，已經民主了，還想要怎樣？」諸如此類的話。但民主的涵義僅只是投票嗎？顯然不是。畢竟「民主是就是少數服從多數」的說法，這有極大可能變成是多數決暴力。

另外，還有「民主是輪流做看看，政黨輪替就是民主」、「這個黨這次做不好，我可以利用我的票懲罰這個黨，把它換下來，這就是民主」、「兩黨一樣爛，民主就是要輪流做」，但輪流做眞的是民主嗎？其實這樣是懲罰式民主。大家沒有用客觀事實比較該黨與其他黨的差異，純粹以主觀的想法投票，是處罰政黨，還是處罰自己？

如果將民主誤認爲是輪流做看看，政黨將無所畏懼，**更可說是輪流吃大餅**，所以才導致現在大多數人認爲藍綠輪流混，才會進一步說兩黨一樣爛，進入惡性循環。如果認爲民主是輪流做，那何必投票，直接輪流做即可，眞正的**民主是要汰換不好的黨，使其走向歷史或是改善。**

台灣的政黨政治如何更加成熟？要有多黨政治

台灣的政黨政治仍未成熟，仍須更多的政黨在各方面有效運作，以製造完善的多黨政治體制，互相箝制、多元融合等等，台灣的政治才不會是寡頭壟斷，進而讓某個族群權益受損。台灣目前已有許多小黨，但仍受藍綠影響，無法有效運作，在此**建議藍綠兩個大黨扶持其他小黨；民眾要自主覺醒組黨並支持以爭取權益，不要讓大黨壟斷政治，使台灣的政黨政治更加完善。**

選舉補助款不是民主該有的機制

已知參選要繳保證金，以免有人亂報名參選，故需要設立投票門檻，而沒過門檻則沒收保證金，有過門檻的參選人則一票有 30 元的選舉補助款，但這相當荒謬，收回保證金是理所當然，但是否有人明知道選不上，仍努力競選來過門檻，最終以一票有 30 元的選舉補助款賺走納稅人的錢，這難道是民主嗎？**先進國家選舉補助款的實際意義是要保障小黨的運作，以免一次選舉就無以為繼，因此這項制度理應有「排富」的機制。**

沒有轉型正義就沒有真民主

台灣的民主仍然有問題，轉型正義未落實之前不會有眞的民主。如同德國必須正視轉型正義的問題後，才能擁有眞正的民主。台灣在過去有戒嚴時期、白色恐怖、228 事件、中正紀念堂等歷史悲劇，如果政府不正視受難者的問題，那麼受難者及其遺族、甚至看著這些事情發生的人要如何相信現在的政府，而政府如何率領著全國人民走向更自由、民主的未來呢？

結論

由上述可知，台灣離民主還有一段距離，而人民不能指望民主會從天上掉下來，政府不會主動放棄權力、利益，必須由人民主動去爭取，而大多都需要經過革命，如：法國大革命。但現在未必要用革命的方式，台灣可以學習先進國家的經驗。在此之前，最重要的是人民應有正確的民主認知，才不會隨便放棄民主的權益，或是讓獨裁的人利用錯誤的想法欺騙人民。要知道，事實上**沒有所謂的中間選民，不該冷眼看待加害者對受害者施暴，因為放棄堅持正確的事，會讓台灣失去民主。**

6-2 民主、人權要在合法範圍內爭取嗎？抗議者是暴民嗎？

早期台灣有各種抗議與流血事件，最後才產生現在的台灣制度，但仍不夠完美。人民對於公民應有的權利與義務也相當欠缺，甚至不了解制度的產生是依靠什麼，而是一味接受媒體、政黨的錯誤言論，進而根深蒂固，但一經討論就無法自圓其說。

在 2014 年 3 月 18 日，學生爲了抗議黑箱事件發生了太陽花學運，其中也發生了許多衝突，甚至流血事件。檢討整起事件時，許多民衆、甚至高知識分子都認爲，此舉是破壞民主，也就是以違法的方式來破壞民主，他們認爲要用合法的方式才能獲得民主。然而這些講法都是有問題的，並在 4 月 10 日被南加大教授 Daniel Lynch 反駁：「美國的民權運動都是用違法的方式達成的，法律的秩序就是靠這些違法的運動建立。」

作者補述：憲法、法律必須與時俱進。法律的修正要理解為「新法律」就是違背「當時法律」的運動建立。

台灣爲什麼對民主有那麼多的誤解？作者認爲太多人不懂民主的起源及意義，在 318 事件可以看到三件事情：(1) 違法、(2) 民主、(3) 暴力事件。先思考世界各地政治結構，一開始都是拳頭大說話，也就是獨裁，之後被迫轉變爲民主，而民主的爭取不會是天上掉下來的。既得利益者沒有那麼好心給與下位者民主，以樹狀圖展開有以下八種情況，參見圖 1。

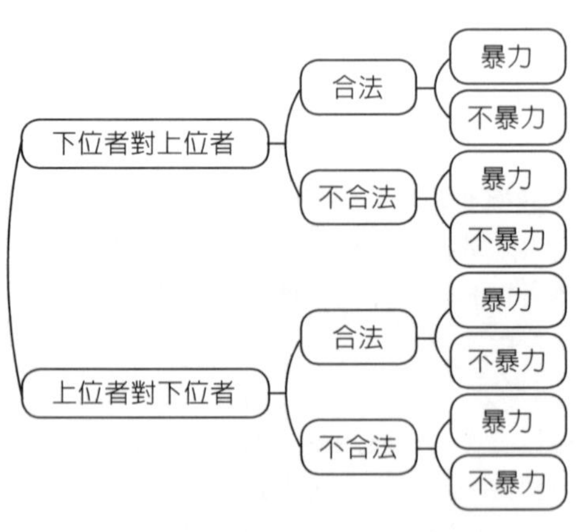

圖 1

下位者（民衆）向上位者（政府）爭取民主

1. 合法、暴力、得到民主：基本上暴力都不合法，此情況不成立。
2. 合法、不暴力、得到民主：民衆與政府充分溝通，得到民主，但幾乎不可能。
3. 不合法、暴力、得到民主：革命成功推翻獨裁，最終得到民主，如：推翻滿清建立民國、美國獨立運動、法國大革命。

4. 不合法、不暴力、得到民主：公民不服從，理論上存在，逼退位成立民主，但現實面不可能存在。（公民不服從（Civil disobedience）又稱和平革命（Peaceable revolution））

上位者（政府）給予下位者（民眾）民主

5. 合法、暴力、得到民主：如果要民主，為何要暴力對待，此情況不成立。
6. 合法、不暴力、得到民主：理論上存在，現實中只有英國成功，被稱為光榮革命（Glorious Revolution）。
7. 不合法、暴力、得到民主：如果要民主，為何要暴力對待，此情況不成立。
8. 不合法、不暴力、得到民主：如果要民主，為何要不合法，此情況不成立。

整理樹狀圖並分析：得到民主有三種方式

下位對上位

1. 不合法、暴力、得到民主：革命成功推翻獨裁，最終得到民主。
2. 不合法、不暴力、得到民主：公民不服從，理論上存在，逼退位成立民主，但現實面不可能存在。

上位對下位

3. 合法、不暴力、得到民主：理論上存在，現實面只有英國成功了。

結論

合法的方式來爭取民主，政府有許多辦法不理會民眾。但必然是政府的一意孤行，才逼得民眾以不合法的方式來民主，也就是惡法惡官逼民反。除英國外，民主化都是由不合法、暴力的方法，國家才得到民主。故民主、人權難以在合法範圍內爭取。

民主是一條不容易的路，因為一個獨裁者大權在握，為什麼要民主？沒道理拋開它的利益，所以即便是以合法不暴力的好好溝通，政府也可以不去理會，繼續暴政。既然是一個獨裁者，就不會立一個對自己不利的法，所以要爭取民主時，難以用合法方式爭取。所以，最後多會導致民眾以不合法的暴力手段來爭取，或說以此來刺激其他國家而壓迫原本國家應該要民主。如：318 抗議黑箱事件，學生們讓全世界看到台灣的情況，再由全世界給台灣輿論的壓力，進而讓當時台灣政府思考民眾的訴求。

權力使人腐敗，上位者非常少見會善待下位者，**我們一定要記住「民主是有吵有糖吃」**。有吵有糖吃不是壞事，不爭取而消極等待施捨才是錯誤。

延伸思考：2019 年香港的反送中事件，是抗議者還是暴民？

2019 年香港的反送中事件也是一場暴力、不合法的追求民主運動。其中抗議的民眾被定義為暴民，這是錯誤的。先進國家不會將抗議者定調為暴民，進而使用沒人權的對待方式。因為根據英文單字定義：(1) 暴民：一大群人，尤其是那些無序而故意引起麻煩或暴力的人。(2) 抗議：有組織的公眾示威，強烈反對官方政策或行動方針。

6-3 民主與民粹的差異？

民主與民粹的差異

台灣有部分人會把人民的多數決當作是民粹，甚至有此言論—**「不能一切看民意，一定要有自己的想法」**。但參考民意不就是民主嗎？民粹爲什麼不好？到底民主與民粹的差別是什麼？

會將人民的多數決當作是民粹，並認爲是不好的，是因爲對民主的不理解，基本上會這樣想，可能是因爲這部分人把民主當成只有多數決，然後可以暴力多數決，造成不良的問題。但是民主的前提是在正確且合理、合法的情況下，因此排斥民粹完全沒有道理。

這部分人將人民的多數決當做是民粹，是預先認爲民衆無知、民衆做出的決定大多是錯誤的，但不合理，因爲民主就是以民意爲主，怎麼會認爲多數民衆的決定是錯誤的，即便錯誤也是由民衆自行承擔。不然難道是讓少數代表不顧大多數民意嗎？獨攬大權嗎？台灣是個民主國家，不是一個獨裁專制國家，不應該忽視民意，更**不應該拿民粹一詞一直指稱民主不好，事實上民粹與民主幾近同義**。

民粹主義（Populism）這個概念是從拉丁文「populus（人民）」一字發展而來，泛指「政治必須遵照人民的偏好才是對的」這種信念，本質上其實是一個中性的詞語。台灣把民粹都當成不好的，可能是因爲把人民與納粹聯想在一起，但這是荒謬的，爲何不是把人民與國粹聯想在一起，所以這邊有著不合理的解讀與聯想；但不管如何，民粹是個中性詞。**部分上位者將順他意的人民多數決稱為民主，不順他意的人民多數決稱為民粹**。這是不對的，不可以把民粹跟民主當成是不同的意義，它們都是以民爲主，重視民意的意思。

認識其他的民主認知錯誤

1. 不懂民本跟民主的差異性

有人認爲中國也存在民主概念，並說：「以民意爲師，是百分之百源自中國文化的古人智慧。」但這是荒謬且無知，因爲中國一直是獨裁，從未民主。而中國的重視民意，實際上是**民本**。

參考以下詞語：以民爲本、民重君輕、得民心者得天下、人民是君主的財產，所以很明顯的民本是說要重視人民。甚至可以延伸爲政府爲了利用人民來增加財富，或是用人民來打仗以掠奪財富與土地，所以基本上是「工欲善其事，必先利其器」的一種善待，而非重視人民意見。即便經由科舉制度選出許多大臣，但仍可由君主的獨裁來做決定，以及生殺大權。

中國沒有選舉制度，沒有一任君主是由選舉得來。由此可知，中國從未出現過民主，而重視人民的民本，也不是每個朝代都會做到。

2. 認為儒學有助於民主

子曰：民可使由之，不可使知之。孔子說這句話有很多的解讀，由於沒有標點，所以作者的認知是，這段的解讀是君王可以利用人民，但是不可以讓人民知道、懂得太多。也就是作者認爲，孔子這段話是表達要善用及重視民心，進而借力，但是不能讓人民懂得太多導致反抗。

3. 認為獨裁比較好，卻不知民主是烏龜，獨裁是兔子

台灣部分老一輩的人認爲戒嚴時期比現在安定（當時沒有自由，看不到亂象不代表安定），爲什麼要民主？作者認爲獨裁是效率很高的政體，而民主是效率低的政體。

以人的劣根性來說，容易被權利腐敗，故獨裁有很高機率會讓掌權者亂搞，而民主不會。歷史上極權政體不乏出現相對英明的獨裁者，如拿破崙、凱薩、等等。但如果獨裁者自私，則國家容易滅亡，也就是獨裁容易極好與極壞，如同兔子一般，是跳躍式變化。而民主因爲有多方監督，容易彼此拉扯，進步會很緩慢，但是退步也會很緩慢，如同烏龜一樣，走得很慢，遇到坑洞時，會伸出其中一隻腳探查狀況，其他三隻腳穩定，眞的不行就退縮回來。所以可說國家的變化，民主是烏龜，獨裁是兔子，寧可慢一點也要穩紮穩打。

4. 民主是人民應有的權利

雖然西方早在希臘時期就有議會，也就是民主的雛形。爲什麼說是雛形？因爲當時只掌握在少數人手上，也就是男性公民手裡（貴族不一定、女性沒有、商人沒有、民衆與奴隸沒有），而後經過多次革命後才進步到現在的民主。

台灣的民主是上一代人用血淚拼出來的成果，所以**民主不是人民應有的天賦人權**。在享受民主的權利時，要了解台灣民主的歷史由來，不可以放棄民主轉向獨裁。**享受民主帶來的好處時，必須盡到的義務就是維護民主的永續。**

6-4 認識左派、右派、中間派與騎牆派的差異

此概念源自法國大革命時期，在 1791 年的制憲會議上辯論時，主張激進革命的人坐在議會的左邊，而主張溫和的保守派（立憲派）在右邊。故將革命、創新的一派稱爲左派，反對的一派稱爲右派。可用大多數人慣用手是右手來記憶，習慣就是保守的意思，左手是不習慣用的手，不習慣則是創新改革的意思。

左派（Left-wing politics）和右派（Right-wing politics）通常被用來對政治立場、意識形態和政黨進行分類。左派和右派通常用來表達及代表完全對立的政治及經濟和各種社會議題的看法，團體或個人可對某些事物採取左派的立場，卻對另一些事物採取右派的立場。要注意的是左派與右派不是描述某一種主義的內容，而是一個事物支持改革或是保守態度的方向。中間派（Centrism），則是不偏左或右的派系，反對過度激進及過度保守，認爲應該根據情況不同找出最佳化的方法，並衍生出中間偏左、中間偏右的概念。

政治學家和其他分析家認為各派系各自包含的主義

左派：支持平等、社會福利、反對階級統治。如：共產主義者、社會主義者、民主社會主義者、社會民主主義者、左派自由主義者、無政府主義、進步主義者和社會自由主義者等。

右派：支持社會分層有其自然性和不可避免性。如：保守主義者、自由主義者、右派自由主義者、資本主義者、新保守主義者、君主主義者、法西斯主義者、反動派和傳統主義者等。

若將自由與威權的維度加入，可以將上述主義進一步劃分，參見圖 1。若將台灣的政黨加入分析，可參考圖 2；台灣由於不反對階級制，社會福利不夠全面落實，故都是右派。由圖 1 可以看到中間派，其本質是不偏頗左派或右派，將其事物做折衷處理，不過度偏向某一方。此部分類似中國文化的中庸，但此部分的人又有一部分是看到哪邊有利益就往哪邊靠，一直在轉換對事情的態度，又被諷刺爲騎牆派、牆頭草。

註：鴿派（doves）與鷹派（hawks）不是左右派，鴿派主和、鷹派主戰，可以有左派的鷹派（史達林 Joseph Stalin）、右派的鷹派（希特勒 Adolf Hitler）、左派的鴿派（馬丁・路德・金恩 Martin Luther King, Jr）、右派的鴿派（歐巴馬 Barack Obama）。

結論

左派右派並沒定論好或是壞，要思考怎樣才是好的，而非人云亦云的相信。極端左右派的理念的擁護者誕生，容易產生戰爭，如：極左派共產赤化的戰爭、極右派種族屠殺。

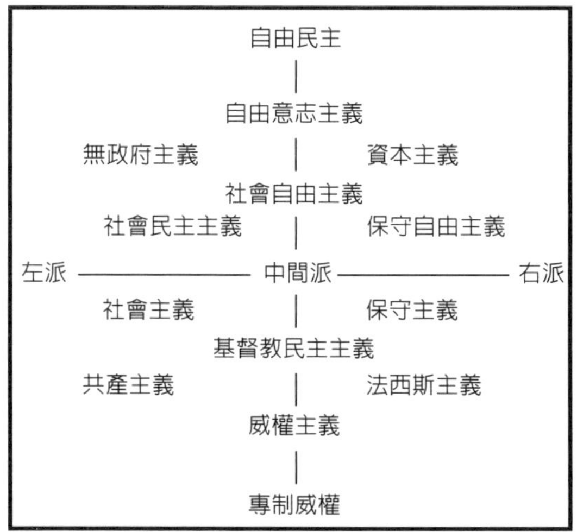

圖 1

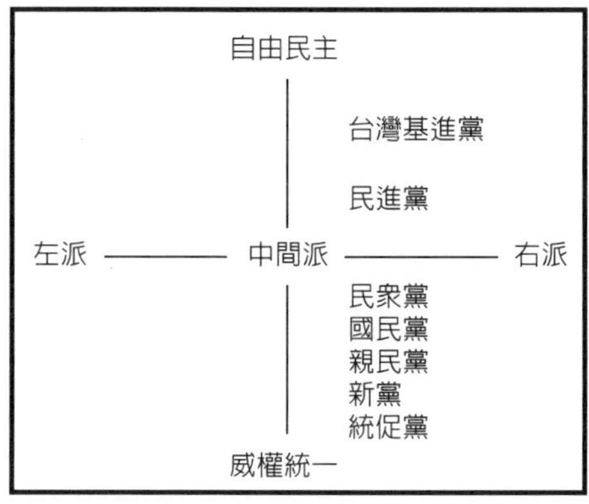

圖 2

延伸思考：怎樣的派系比較好？

北歐國家向來被認爲是相對幸福健全的國度，有著相對理想的社會福利，也有著自由市場，2015 年公布的經濟自由指數，都是落在 70～80 分的區間（大部分自由），其中丹麥排名 11，芬蘭 19，瑞典 23，挪威 27，同一區間的還有美國 12、英國 13、台灣 14、日本 20、南韓 29。而成功的原因是資本主義加上社會福利制度，換言之，一部分是右派，一部分是左派。

6-5 認識資本主義、共產主義、社會主義

思考世界的變化不免要有基本的知識，本節介紹資本主義、共產主義、社會主義及其關聯性。

資本主義（Capitalism）

意指自由經濟市場，私人可擁有資本、財產（生產工具），投資活動是由個人決策左右，而非國家，並以尋求利潤爲目標。

一般普遍認爲，西方世界的封建制度崩潰後，逐漸形成資本主義，成爲主要的經濟模式。最早使用「資本主義」一詞來形容生產制度的人，如：

1. 德國經濟學家維爾納 · 桑巴特（Werner Sombart）在 1912 年《猶太人與現代資本主義（The Jews And Modern Capitalism）》一書使用。
2. 馬克斯 · 韋伯（Max Weber）在 1904 年《新教倫理與資本主義精神（The Protestant Ethic and the Spirit of Capitalism）一書使用。

但資本主義的自由市場，會造成剝削工人、擴大貧富差距等問題。

社會主義（Socialism）

因應資本主義的自由市場，造成剝削工人、擴大貧富差距等問題，產生了社會主義。社會主義是一系列經濟體系，有著各種型態，包括：空想社會主義（烏托邦社會主義）、科學社會主義（共產主義）、民主社會主義、自由意志社會主義、民粹社會主義、蘇式社會主義、中國特色社會主義、國家社會主義、基督教社會主義、伊斯蘭社會主義、阿拉伯社會主義、佛教社會主義等。

早期社會主義思想家提出社會主義，是以合作及社區爲基礎重組社會，改變由市場控制商品的供需關係，放棄資本主義下的競爭模式。此階段的社會主義被批評是不切現實的「烏托邦式」的空想社會主義。而其中**國家社會主義、社會民主主義提到應以福利的方式降低資本主義的問題**。

共產主義（Communism）

共產主義是社會主義的下一階段，共產主義相對於資本主義，是一種共享經濟結合集體主義的政治思想，主張財產共有、無階級的社會。**馬克思認為社會主義是資本主義和共產主義之間的過渡階段，社會主義革命能夠成功和發生，也是因為資本主義社會為革命提供了必要的物質，社會主義需要有發達的資本主義作基礎才能實現**。到了 19 世紀末，社會主義已經成爲建立基於社會共有的新體制的推動力，並站到了資本主義的對立面。

共產主義的源由是社會由原始邁向封建，再邁向資本主義，因階級矛盾，覺醒社會主義，即政府徵收私有財產爲國有化，並漸漸轉變爲共產主義社會。並由無產階級發

動階級革命，來達到共產且無階級的社會。共產主義的標誌爲紅底、鐮刀與鐵槌，參見圖 1，象徵無產階級革命。因此，實施共產主義的國家又稱赤化的國家。

圖 1　共產主義標誌

延伸思考 1：社會主義和共產主義有什麼分別？

社會主義向下分支了許多種主義，如：烏托邦式的社會主義，有提倡社會福利的社會主義，有自由意志社會主義，**難以一一對照。而共產主義的其中內涵是**德國馬克思（Karl Marx）、恩格斯（Friedrich Engels）認爲**所有歷史皆是階級鬥爭史，而工人或無產階級將戰勝資產階級，贏得生產的控制權，並永遠抹去所有階級，成為共產狀態**。換言之，不同的社會主義可理解爲解決資本主義問題的手段不同。

延伸思考 2：工人或無產階級將戰勝資產階級，贏得生產的控制權，會永遠抹去所有階級嗎？

事實上，這也是一個不切實際的理想，至今並無出現過眞正的共產狀態，每一個贏得生產的控制權的國家，都出現了新的階級制。

延伸思考 3：社會主義不好嗎？

社會主義向下分支了許多種主義，不能說全都好或不好，應該要拆開來討論。可以說演變為共產專制的部分不好，但有不可否認，社會福利的部分可減緩資本主義的問題。如：爲了因應資本主義的問題，歐洲及拉丁美洲的部分國家採用社會主義的規劃，例如：大學免費、全民醫保、兒童補貼等社會福利，但各國成功程度不同。其中甚至出現社會主義的領導人，如：委內瑞拉的社會主義制度，但卻令國家陷入困境。

6-6 烏托邦有可能存在嗎？為何有人反烏托邦？

討論烏托邦（utopia）可不可能存在前，先認識什麼是烏托邦？烏托邦是一個理想的群體、社會、法律和政府所組成的構想，由托馬斯 · 摩爾（Thomas More）的《烏托邦》一書中所寫的完全理想的共和國「烏托邦」而來。烏托邦與柏拉圖的理想國有很大的關連性，烏托邦是一個完美的共和國，人民要努力工作，社會沒有亂象，如：貧窮和戰爭，每個人都會在此世外桃源互相幫助。

烏托邦有可能存在嗎？

很明顯的，烏托邦是一個理想國度，是一個人類無法打造成功的理想，人類有太多的天性，使得烏托邦難以成功。就算烏托邦國度可以打造成功，群體和社會、法律、政府都達到完美，但地球的物質、空間有限，最後仍會走向衰亡。可參考老鼠烏托邦的實驗結果，是以失敗收尾。

時至今日，烏托邦常與共產主義做連結，如：經濟烏托邦，利用共產主義的市場經濟模型理論創造無產階級的烏托邦。迄今為止，沒有任何共產主義國家達到了這個階段。由於共產主義的失敗及其不良影響，使「烏托邦」一詞也歸在負面詞彙之中。

為何有人反烏托邦？

如果人類能有效利用高科技，是否就會變成快樂的烏托邦或是伊甸園呢？在此我們可以參考三大反烏托邦（Dystopia）的小說**《美麗新世界（Brave New World）》**、**《一九八四（Nineteen Eighty-Four）》**、**《我們（We / 俄語：Мы）》**。

1. 1931 年赫胥理（Aldous Leonard Huxley）的小說——**《美麗新世界（Brave New World）》**，指出物質生活的不斷演化，並沒有讓全部人類進入烏托邦，反而是因為人類的天性，自然的分化出五個階級，而高階會奴役低階，這並不是烏托邦，而是更野蠻的社會。五個階級分別為「阿爾法（α）」、「貝塔（β）」、「伽瑪（γ）」、「德爾塔（δ）」、「愛普西隆（ε）」。阿爾法和貝塔最高級，在「繁育中心」孵化成熟為胚胎之前就被妥善保管，以便將來培養成為領導和控制各個階層的大人物；伽瑪是普通階層，相當於平民；德爾塔和愛普西隆最低賤，只能做體力勞動工作。而不少社會學者認為，美國有可能往美麗新世界的局面邁進。
2. 1949 年喬治 · 歐威爾（George Orwell）的小說——《一九八四（Nineteen Eighty-Four）》，裡面指出極權主義的領導人利用科技來監控及暴力統治人民，而這已經不是伊甸園。而且這樣的情況已經發生在中國，可參考連結「手機、電視都是監控器，中國『雪亮工程』10 秒看穿你是誰」
3. 1920 年薩米爾欽（Yevgeny Zamyatin, 1884～1937）的小說——**《我們（Mbl）》**，世界第一本反烏托邦小說，裡面提到「世界上有兩個樂園：沒有自由的幸福和沒有幸福的自由」，意指烏托邦永遠不可能存在。

結論

科技日新月異，或許有一天，可以利用人工智慧（AI）到達烏托邦社會的科技高度，但人類天性總會造成社會結構的改變，其結果多以不好收場。或是幾大強國有類似強度的科技彼此對抗，產生新一世代的冷戰，而人民總是成爲吃虧的一方。不管是哪一個局面，最終都沒辦法到達原本想像的烏托邦。

延伸思考 1：烏托邦與伊甸園的比較

伊甸園（Garden of Eden）意指愉快的樂園。伊甸園一詞來自**《聖經 · 創世記》**，伊甸園中耶和華上帝照自己的形像創造了人類——亞當，命他管理伊甸園。伊甸園與共產制度的烏托邦的觀念不同，前者是要認眞工作，後者則是每個人工不工作都是一樣多的共產狀態。

延伸思考 2：伊甸園的後續

有了亞當之後，神又用亞當的肋骨造出夏娃，安置第一對男女住在伊甸園中。上帝原本是要他們在伊甸園內快樂的生活，但後來夏娃受蛇的誘惑，偷吃知善惡之樹（Tree of the knowledge of good and evil）的果實，也讓亞當食用，上帝知道後，怒將二人逐出伊甸園。

偷吃知善惡之樹果實的延伸思考，可以理解爲亞當、夏娃吃智慧之樹的果實後產生了智慧，也產生了諸多慾望，好壞都有。可思考爲，相對不那麼有智慧的人，慾望比較少，所以孟德斯鳩才會說，想要奴役人民的專制政府都極力降低人類的心智。

recombinantrecords.net/ Stuart McMillen

圖 1

資料來源：https://www.slashgear.com/brave-new-world-predictions-are-coming-true-with-hyphens-31578773/

6-7 為什麼許多國家反對共產主義？

由歷史可知，人類的政體起源是獨裁，世界經歷資本主義、社會主義、共產主義，可參考圖 1 觀察演變，最後發現可以避免讓統治者獨裁的方法是民主政體。上一節介紹了社會主義、共產主義的目的是打破資本主義的弊病，讓人民富足，而共產主義更是多了打破階級制。但由歷史可以發現，共產主義除了該理念不可能達到，還會走向獨裁政體。

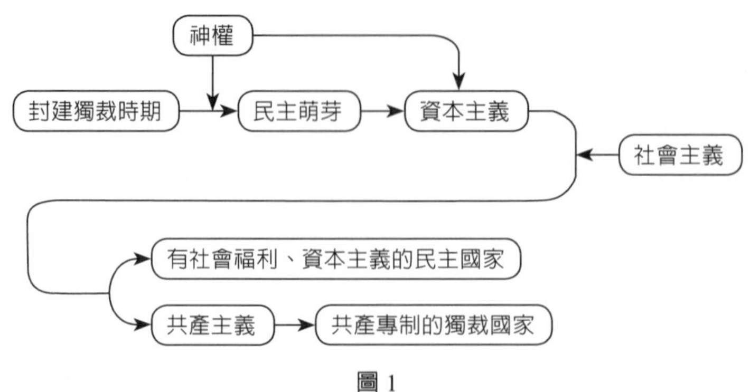

圖 1

資本主義很明顯會讓社會整體經濟變好，但同時也帶來階級制以及諸多弊病，爲了弭平資本主義的剝削和壓迫，需要社會福利以及諸多限制來加以平衡。雖然共產主義的出發點是良性的，試圖創造人人平等、互助的烏托邦，但這是不可能的。因爲人有其天性，難以平等互助，必然有人會懶惰，做的不一樣多卻領一樣多的薪水，使得共產主義難以持久。即使無產階級利用革命推翻階級制，但國家仍需要管理層，而管理層必然是一個階級，此部分的人又容易因權力而腐化，管理者難以達到共產主義的樣貌。**共產主義最終會讓多數人均貧、統治者操控全民的獨裁政體，造成國家的苦難與腐敗**。

歐美花 500 多年逐步民主，深知**社會主義與共產主義**的結果，最終會演變成獨裁政體，因此一直反對共產主義，以免陷入不民主的窘境，以及避免引發新一波的極左派赤化革命（共產化）。許多文章可發現歐美對共產主義的態度，如：

1. 川普說美國永遠不會成爲一個社會主義國家，文中提到川普問民衆：「你們知道社會主義後面是什麼？」，觀衆們大聲回應：「共產主義！」https://www.epochtimes.com/b5/19/12/23/n11740937.htm
2. 川普：不允許共產主義恐怖在美國重現
http://www.epochtimes.com/b5/19/9/28/n11552984.htm

3. 呼籲世界齊反共產主義！川普：「只帶來苦難、腐敗」
https://news.ltn.com.tw/news/world/breakingnews/2563033
4. 社會主義→共產主義
https://socialism12345blog.wordpress.com/%E7%A4%BE%E6%9C%83%E4%B8%BB%E7%BE%A9%E2%86%92%E5%85%B1%E7%94%A2%E4%B8%BB%E7%BE%A9/
5. 英語國家為何對共產主義有免疫力？
https://www.cup.com.hk/2019/04/25/west-marxism-immunity/

歐美的文化著重理性思考、哲學思辨，即便是源自於獨裁國家，但經歷了法國大革命等的民主洗禮，深知獨裁的危害。因此即便是社會主義、共產主義的出現，可能可以解決資本主義的弊病，仍禁不起**理性思考、哲學思辨**的推導，發現極大可能會變成共產式專制的獨裁，故歐美始終沒有走向共產主義。

歐美雖是盛行資本主義的國家，有資本家和勞工階層的分別，兩者固然有衝突，但是關係是「對立」（rivalry），而不是「敵對」（hostility）。西方的文化使人理解到，資方、勞方、國家、工人階級的利益，在關鍵時候是一致的。並且如果有勞資問題，可以藉由其他抗議手段來爭取權益。

除此之外，歐美也受宗教影響而排斥共產主義，基督教也提過「人人都應該吃喝享受，從一切辛勤的工作得到樂趣。這是上帝的恩賜」（傳道書 3:13）、「我就稱讚快樂，原來人在日光之下，莫強如吃喝快樂。因為他在日光之下，神賜他一生的年日，要從勞碌中時常享受所得的」（傳道書 8:15）、「你只管去歡歡喜喜吃你的飯，心中快樂喝你的酒，因為神已經悅納你的作為」（傳道書 9:7），這與共產主義的不工作也享有一樣的薪水，是背道而馳的觀念。

不工作享有一樣的薪水，最終將變成被獨裁者剝削，也與「勤奮的手將會掌權，懶惰的手必服勞役」（箴言 12:24）印證。事實上，基督教促進資本主義與民主政體，本就與共產主義、獨裁政體有一定程度的衝突。我們應該利用歷史經驗，避開獨裁化的因素，認識民主化的因素。

6-8 經濟好就會民主化嗎？還是民主好經濟就會好？

早在 20 世紀末，已漸漸發現經濟與民主的高度相關，由數據可知，參見圖 1、圖 2、圖 3。但到底是經濟帶動民主，還是民主帶動經濟，這是一個值得探討的問題。經濟推動民主的面向：從歷史至今不乏有經濟變好的國家，但沒有走向民主國家仍爲獨裁國家，如：中東國家、中國。民主推動經濟的面向：目前民主國家大多是經濟好的國家，故國家民主化高可能會推動經濟好。

利用邏輯來加以討論——「若國家經濟變好，就會漸漸民主化」、「若國家民主化變高，就會漸漸經濟好」，這兩種敘述句哪一個正確。

「若國家經濟變好 p，就會漸漸民主化 q」

若此句「p → q」成立，可以推論「～q →～p」成立，以及「p →～q」不成立。

1.「～ q →～ p」是否成立

「～q →～p」的語句是「若不民主化的國家，經濟會不好」。專制國家中，中國及石油國家經濟變好。故「～q →～p」不成立，出現錯誤。

2.「p →～ q」是否成立

「p →～q」的語句是「若國家經濟變好 p ，就不會漸漸民主化～q」。中國及石油國家經濟變好，仍爲專制國家。故「p →～q」成立，出現錯誤。

所以「若國家經濟變好 p，就會漸漸民主化 q」的論述有問題。

「若國家民主化變高 p，就會漸漸經濟好 q」

若此句「p → q」成立，可以推論「～q →～p」成立，以「p →～q」不成立。

1.「～ q →～ p」是否成立

「～q →～p」的語句是「若經濟不好，會是不民主化的國家，」。未開發及開發中國家成立。

2.「p →～ q」是否成立

「p →～q」的語句是「若國家民主化變高 p ，就不會漸漸經濟好～q」。由圖 1、圖 2、圖 3 可知此論述不成立。

所以「若國家民主化變高，就會漸漸經濟好」的論述沒有問題。

結論

可以推論經濟好不一定推動民主，而民主較大可能會推動經濟好，也就是民主可以當飯吃。

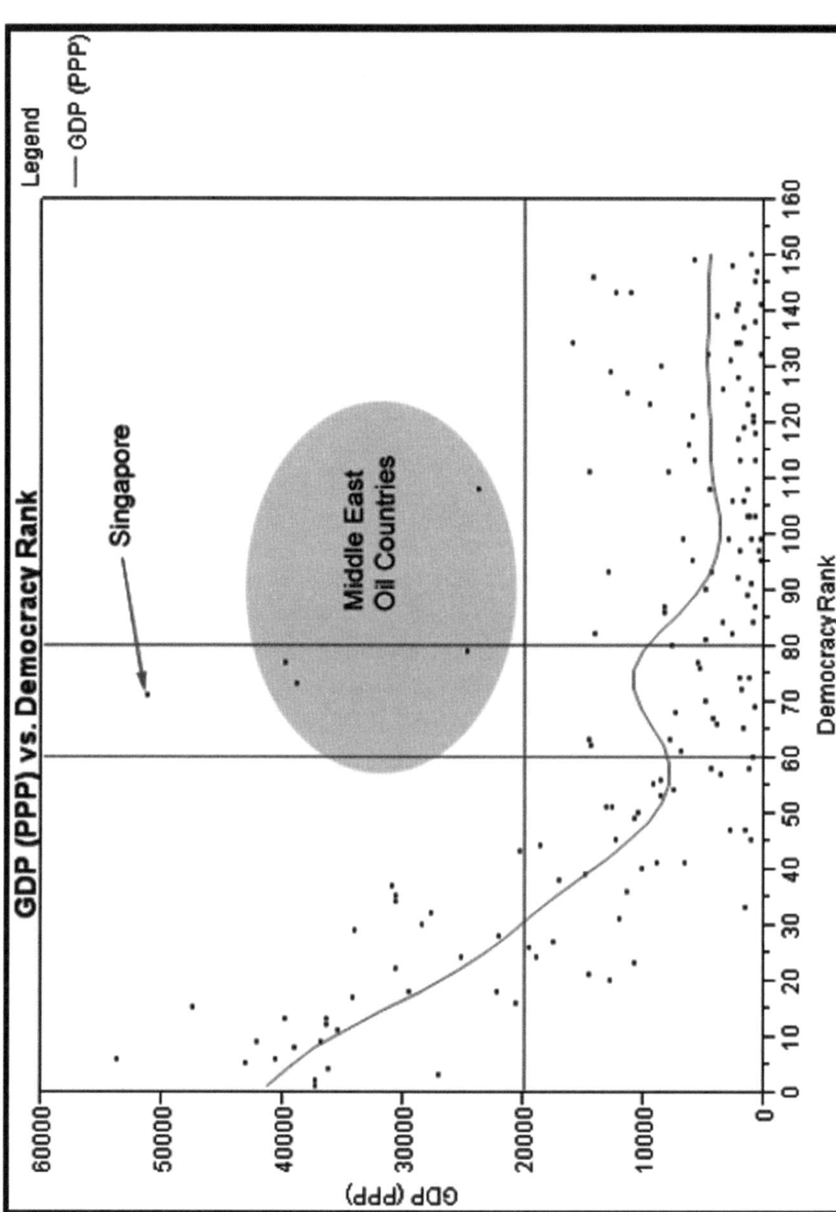

圖 1　2018 年民主與經濟的關係，越民主經濟就越好。橫軸為民主程度，越往右越不民主，越往左越民主。

資料來源：World Audit、EUI 經濟學人，也可參考 https://buzzorange.com/2019/09/27/how-democracy-influence-economy/。

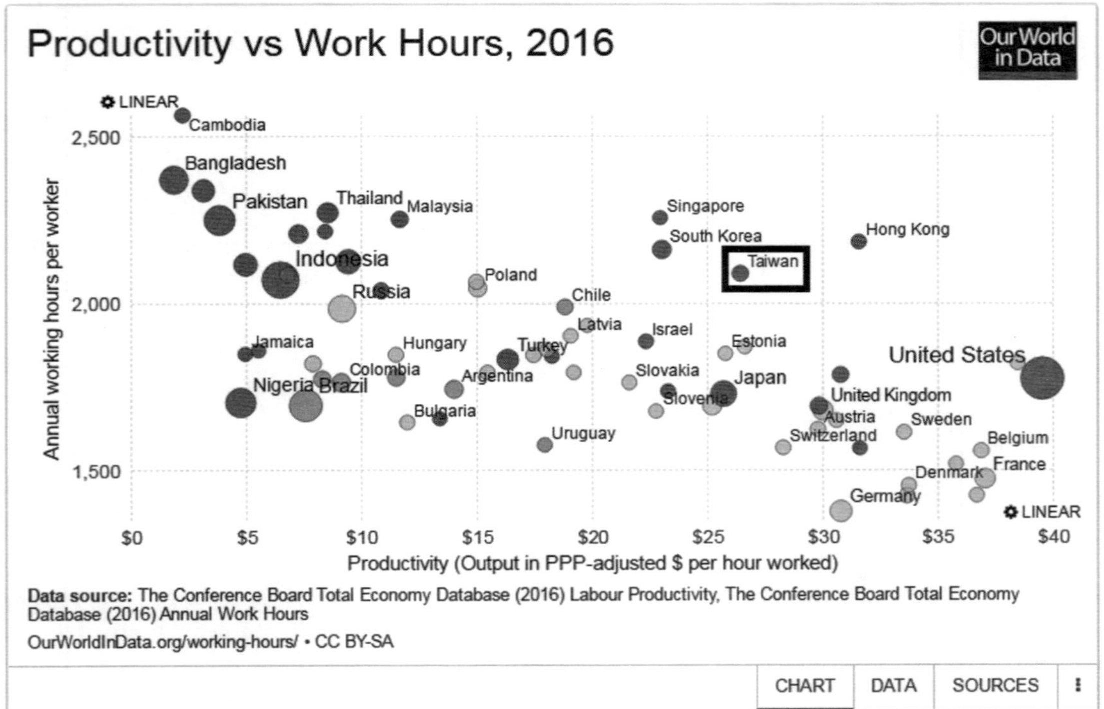

圖 2　工時與產值關係圖，工時越高，經濟越差，而高工時的大多是獨裁國家。

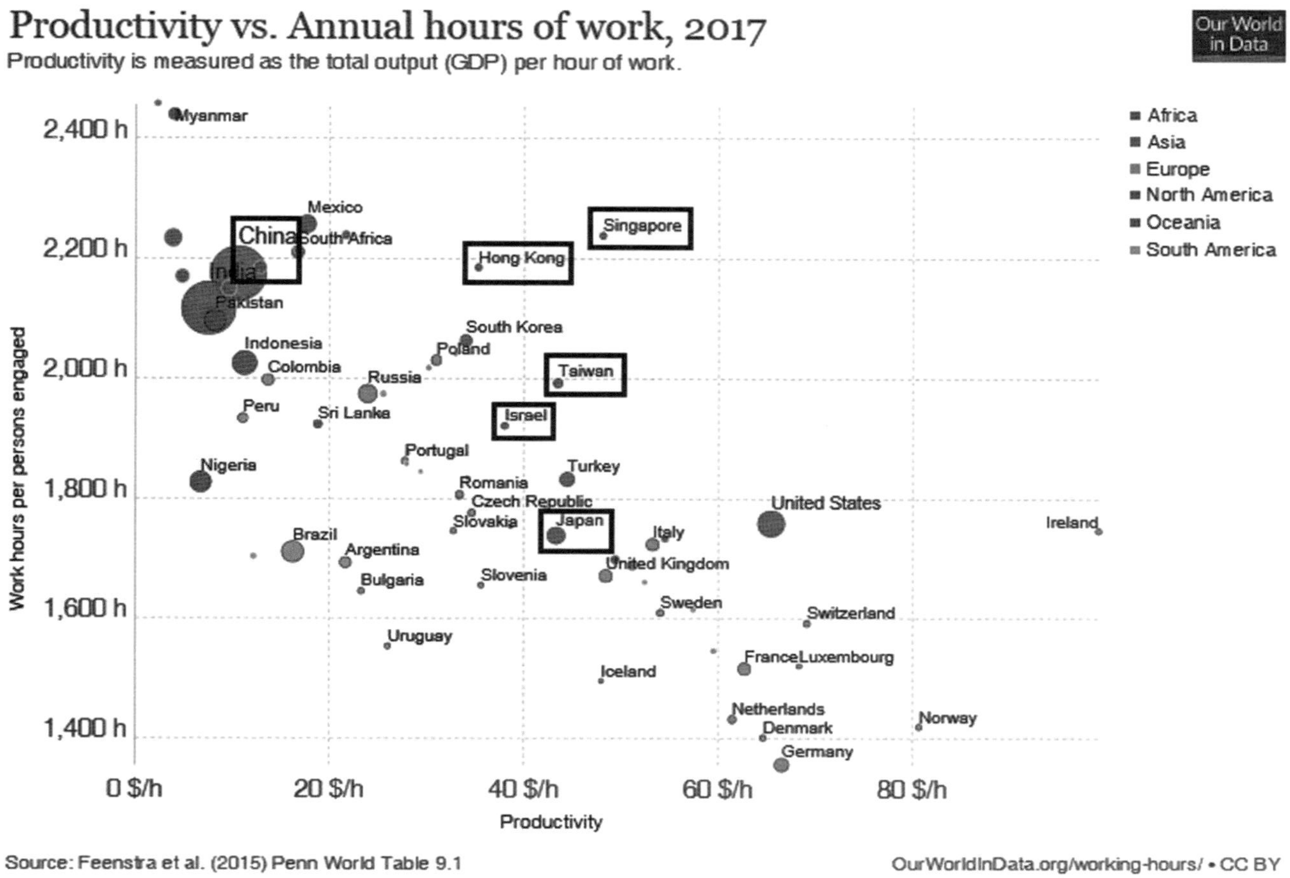

Productivity vs. Annual hours of work, 2017

Productivity is measured as the total output (GDP) per hour of work.

Source: Feenstra et al. (2015) Penn World Table 9.1

OurWorldInData.org/working-hours/ • CC BY

圖 3　工時與產值關係圖，工時越高，經濟越差，而高工時的大多是獨裁國家。

6-9 政治歸政治、經濟歸經濟，可能嗎？

「政經分離」、「政治歸政治、經濟歸經濟、體育歸體育」…… 這些話，從小三通時期起，任誰都不陌生。有人可曾想過「政經分離」的由來與其是否正確呢？

其由來可能是念書時期的「好好念書就好，政治不用懂太多、政治尙黑（黨）」，爲什麼台灣會造就政經分離的文化呢？又爲何認爲政治可以跟任何事情分開且獨立討論呢？推測是歷史與教育因素影響，譬如說：

1. 中國儒教文化的階級制，造就非該階級、甚至非該領域的人都不容置喙，人民不敢隨便議論政治，以免被殺。
2. 儒教強調「窮則獨善其身，富則兼善天下」（孟子 · 盡心上），但實際上，人民一直被掠奪財富，造成了大多數人永遠都是窮人，只好努力獨善其身，富者大多數又加入掠奪者的行列，不肯兼善天下，最終造就自私的獨裁社會。如：迄今爲止，台灣沒有一個富人肯把身後財產贈與社會，但西方社會比比皆是，比爾蓋茲（Bill Gates）、股神巴菲特（Warren Edward Buffett）、賈伯斯（Steve Jobs）[註]等，其中不乏有自己過得簡樸也要貢獻給社會的人。
3. 二二八事件及戒嚴時期造成 1950 年到 1990 年的人對政治異常恐懼，不敢討論，並連帶影響其下一代，告知小孩不要談論政治。

久而久之，就變成念書時期只要盡學生的本分就好，不要談論政治，更不要搞政治，因爲那是大人的事，長大後也不要管政治，因爲要「先顧腹肚、再來顧其他事務」，國家政經之事就交給政府吧。**造就部分剛出社會的年輕人不願意碰政治，也無從碰起，又被家人說只顧自己不顧社會。**

註：56 歲賈伯斯遺孀羅琳裸捐 7,497 億元身家所有財產，不留給後代。她表示：「個人累積大量財富並不對，等於是好幾百萬人的財產，這是不公平的」，同時她指出：「這樣累積財富對社會很危險，不該如此。」https://udn.com/news/story/6811/4385816

延伸思考

已知「又要馬兒好、又要馬兒不吃草」是矛盾的內容，但台灣家庭教育常有「又要馬兒好、又要馬兒不吃草」、「不培養只想一步登天」的矛盾內容。如：

1. 念書不要碰政治，出社會再說怎都不關心社會政治。
2. 要求念書時期不要談戀愛，一畢業再嫌連戀愛都不會。
3. 不曾教台語，也無法提供環境，畢業後再說爲什麼都不會台語。
4. 一直叫人多吃一點，過一陣子後再說太胖。我們應該注意此部分的矛盾說法。

事實上，每個國家都是由政治影響各個面向，沒有國家會把政經分離，因爲它是一體二面。所以越民主先進的國家，政經合一的情況就越高，如：美國、德國等，因爲最基本的認知就是，**「如果國家沒有好的政治型態，人民怎麼會有好的經濟生活」**、**「如果不是為了打造更好的社會，為什麼要賺更多錢，難道是給政府搶嗎？」**。人民有錢後，被政府掠奪的案例，如：馬雲的淘寶。獨裁國家也是政經合一，以經濟養政治，如：中共，中東等。爲什麼台灣將政治獨立出來討論呢？更重要的是應該從客觀數據知道世界的眞相，民主國家才能有效推動經濟，見上一節圖 1、2、3。**故政治型態與經濟息息相關，怎麼可以切開討論呢？**

台灣不可政經分離，而是必須政經合一，更甚至政治先於經濟。每每台灣與中共遇到問題，要求對方「政治歸政治、經濟歸經濟、體育歸體育、XX 歸 XX」，但對方從沒理會過，如：台商、藝人的國家認同問題、體育競賽等，所以連中共都不曾政治與其他事務分離，台灣更不該用錯誤的口號自欺欺人。否則只會延伸出「民主不能當飯吃」的言論，意圖讓人認知民主政治與經濟不相關，進而選擇獨裁，然而這都是不看世界實際數據的說法。

政治影響全部國家事務，沒有好的政治就沒有好的未來。而良好的民主政治，不是少部分人的事務，而是全民的責任。並且要學的不只是民主的形式，還有其本質，並要認識會影響的事務。

美國政治家傑佛遜提過：「**人類的天性是只要苦難尚可忍受，他們是寧願受苦，也不願意捨棄既有的習慣以謀自救**。」反過來說，唯有捨棄既有的習慣，才可能度過苦難。不可以把「政治歸政治、經濟歸經濟、體育歸體育」視爲理所當然的文化。必須追求政經合一，並且要先追求眞正的民主政治，才能改善經濟。

「拒絕參與統治的人，會被更糟糕的人統治。」

——柏拉圖

「在人民完全無權參加政府事務的國家中，人民變成冷血動物，他們迷戀金錢，不再熱衷於國事。人民只會爲某位演員而狂熱。他們並不爲政府分憂，也不關心政府有何打算，而是悠然地等著領薪金。」

——孟德斯鳩

6-10 今朝有酒今朝醉，顧今天不顧明天，好嗎？（一）——了解活著的意義

台灣有半數的人是得過且過，雖不致於到今朝有酒今朝醉的情況，但多數人的想法仍是今天都活不下去，何必談未來。文化中有著「好死不如賴活著」、「螻蟻尚且偷生，爲人何不惜命？」（元 ・ 馬致遠的薦福碑）的講法、莊子泥中之龜的故事：「龜者，寧其死爲留骨而貴乎？寧其生而曳尾於塗中乎？莊子曰：吾將曳尾於塗中。」意思是莊子也想跟烏龜在泥中一樣自由，而不想被供奉。

台灣受到許多苟且偷生、想要長命百歲的文化影響，造就台灣特性近似「顧今天不顧明天」，與西方文化「顧明天不顧今天」不同。所以爭取權益、自由、民主的各種方式在歐洲可行，而台灣不行。作者認爲除了價值觀不同，還與多個面向有關，參見下述：

抗爭的良性循環

歐洲走過獨裁變民主的階段，知道資方、官方權力太大，反而會造成流血革命，與其如此，還不如雙方用各種方法溝通。歐洲將爭取權益視爲民主的一環，因此須保障其權利。爭取後，人民得到權益，政府爲了執行這樣的福利政策，需要增加稅收。但增稅是人民所不願意的，因此政府爲了取信於民，必須要有一定程度的透明度。最終，人民與資方、政府多次的磨合後，造就良性循環，參見圖 1。

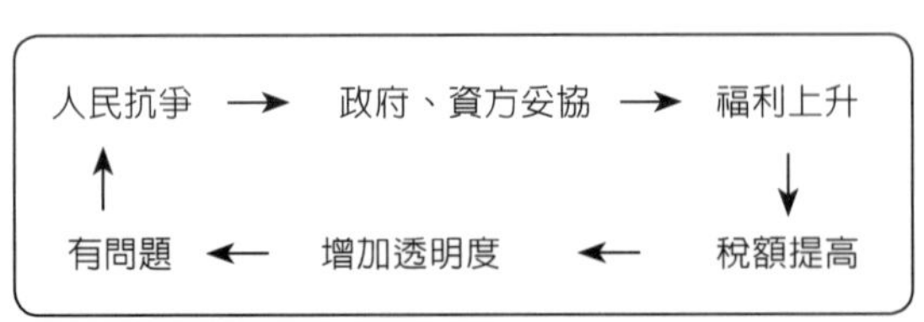

圖 1

目前不必流血抗爭，已有太多國外的資料可供參考，只要提出有建設性的內容，應該就可修法執行。故建議台灣目前若想形成良性循環，政府應該主動增加透明度、福利，否則人民在不相信政府的情況下，沒有人願意多繳稅，進而不會去爭取權益，使得民主國家的手段一直難以執行，進而讓政府有恃無恐。

了解民主才是提升經濟的不二法門

歐洲先進的民主國家對於爭取權益的看法是，「把雞養好了，才能獲得更多蛋的概念」。台灣現階段是壓榨雞、生雞蛋，死了就換一批，因此才會有「別人的孩子死不完」的講法，建議台灣應該正視問題。

了解活著的意義，遠離動物性

愛因斯坦日記曾提及對中國的觀感（註1）：「我發現這裡的男人和女人幾乎沒什麼差別，我不明白中國女性有什麼致命吸引力，能讓中國男性如此著迷，以至於他們無力抵抗繁衍後代的強大力量，就連那些淪落到像馬一樣工作的人似乎也沒有意識到自己的痛苦。特別像畜群的民族，他們往往更像機械人，而不像人。」聖經也曾提到，人應該努力擺脫原罪、脫離動物性，才能眞正的成爲人。脫離動物性可參考聖經「誰知道人的靈是往上升，獸的魂是下入地呢？」（傳 3:21）。

有文章指出，中國人每年看書不到 4 本、台灣人每年約 2 本，比起日本每年約 40 本、韓國 10 本、歐美將近 10 本，不看書實爲不智，應該要充實智慧與心靈（註2）。**作者認為台灣人不愛念書的問題，應是求學時期考試制度的影響，使人為了考試念太多教科書、做太多題目，產生對書不良的制約，導致失去念書的樂趣，許多人不認為讀書是一種休閒。**

台灣人應該思考活在世上的意義，而不是過度於汲汲營營的活著及傳宗接代，人活著應該有目標，而非過於接近動物性，並且應該多看書，陶冶心靈。

敢於了解未知，具有科學的基礎素質

歐洲人對未知事物的研究，不管是否有意義，在各個時代都有人研究，即便可能會浪費時間。但幸運的是，每個時代都有部分人研究出成果，對於歐洲的文化影響就是不做就永遠不會改變，做了就有機會。相對應的也會影響行爲模式，**「有爭取有機會，進而民主」**。

台灣受中國文化影響，而中國的文化大多對未知沒有興趣，認爲沒有用就不願意知道與研究，或是認爲付出了就要有收穫，沒收穫的事情沒有興趣，相當的短視近利。可能原因在於階級制，不研究是爲了避免遭遇殺生之禍。階級制容易使人民窮困，造就大家汲汲營營的活在當下，研究不一定有用的事不如好好工作，進入了惡性循環，參見圖 2。台灣要增加民主，必然要脫離階級制。

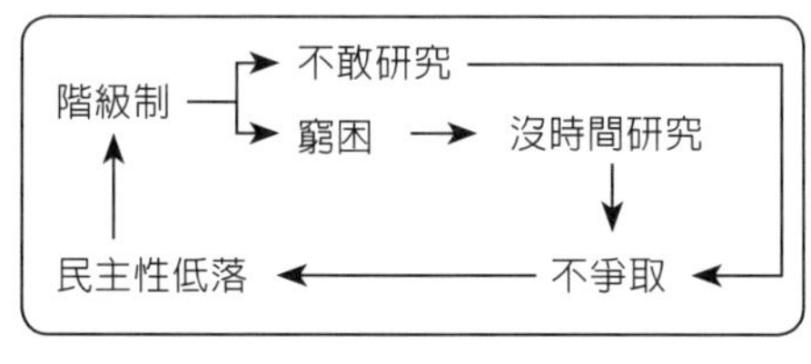

圖 2

註 1：愛因斯坦日記曝光 https://cn.nytimes.com/world/20180615/einstein-travel-diaries/zh-hant/
註 2：你一年看幾本書 https://www.storm.mg/lifestyle/428983

6-11 今朝有酒今朝醉，顧今天不顧明天，好嗎？（二）——不要避談生死

對於死後態度是寄望天堂，而非來世的宗教性質

歐洲對於死後的世界講求天堂地獄，一方面是使人向善，另一方面也使人推動別人也向善，進而進入天堂，免於墮入地獄。推動別人向善的方法，往更大層次來說就是使社會變好，進而產生民主。歐洲有以下的格言：「白活等於早死」（歌德（Goethe）），意指**「沒有意義的活著等同死了」**，故會認眞活者與希望別人也認眞活著，或改善這個社會。更多的格言可參見註(註1)。

台灣由於是儒釋道混合的宗教，有必要分開討論對於生死的態度。

1.儒教：未知生，焉知死，且本質是階級制，就難以有「民主」與「主動爭取權益，而是被動期待上位者的給予」，況且不談死後，人會注重於今世，即便沒有目標，也會希望這輩子活久一點。作者仍記得小時候問人活著的意義，被回答到以後就能找到或知道答案，但實際上是許多人都沒有找到，最後流於動物性，有傳宗接代、可以活著、旅遊等馬斯洛需求理論的基礎部分即可(註2)。

2.佛教：輪迴與西方極樂世界雖勉人向善，但主要在於自身，對於他人與社會的強度不大，故有佛渡有緣人的講法。

3.道教：雖勉人向善，並有「人在做，天在看」的講法，但對於壞人無實際作用，因此道教也難以改善社會。道教注重養生，有著追求長生不老（不死）的概念，變相來說，就是重今生而不重來世。

台灣也許有人聽過，「既然不是一輩子做好事，有信仰，死後未必進入天堂、西方極樂世界，下輩子未必是人，那就只好把握當下」，所以輪迴的概念不容易推動「活著的時候做有價值的事」。故可發現「**不談生死，就容易苟活**」。即便是曾有「死有輕於鴻毛，重於泰山」（司馬遷）、「人生在世，不出一番好議論，不留一番好事業，終日飽食暖衣，不所用心，何自別於禽獸」（蘇轍），也難以改變大多數人的想法。上述可以參考下表。

表 1

	西方	儒教	釋（佛）教	道教
生前	活著要有價值，自身向善後，再推動別人向善，希望社會變好。	階級制、禮。	自身向善。再推動別人及社會變好，但成效不佳。	自身向善。再推動別人及社會變好，但成效不佳。
死後	許多人做好事、奮鬥來進入天堂。	不談死後，可能造成許多人重今生享樂。	西方極樂世界、輪迴，可能造成部分人重今生享樂。	重今生而不重來世。

建議每個人要正視生死，活著要追求有價值的人生、社會進步的局面，不要再避談死亡。正視死亡才能刺激活著的時候做有意義的事情，而非像動物一般活在當下，過一天算一天。

結論

歐洲人「顧明天不顧今天」的理念，可能是推動民主其中的一個元素。我們可以發現西方從許多面向來推動民主，完整的說西方花了 500 年以上，從各個細節修正獨裁的可能性，促進民主化。尤其是哲學思辨、科學、數學、邏輯也會促進民主化，最終文化與民主進入良性循環。台灣許多面向還在文化與獨裁的惡性循環之中。台灣需要對每一個細節去思考，怎樣的民族特性會推動獨裁、怎樣的民族特性會推動民主，再學習西方的核心價值，修正現有的文化，才能高度民主化。

註 1：「人是尋求意義的動物。」——柏拉圖
「宿命論是那些缺乏意志力的弱者的借口。」——羅曼 · 羅蘭（Romain Rolland）
「衡量人生的標準是看其是否有意義；而不是看其有多長。」——佩托拉克（Petrarch）
「人生最終的價值在覺醒和思考的能力，而不只在於生存。」——亞里斯多德
「你若要喜愛自己的價值，你就得給世界創造價值。」——歌德
「讀書能給人樂趣、文雅和能力，人們獨居或退隱的時候，最能體會讀書的樂趣。談話的時候，最能表現出讀書的文雅。判斷和處理事務的時候，最能發揮由讀書而獲得的能力。」——法蘭西斯 · 培根（Francis Bacon）
「人們所努力追求的庸俗的目標：財產、虛榮、奢侈的生活，我總覺得都是可鄙的。」、「我從來不把安逸和快樂看作是生活目的本身—這種倫理基礎，我叫它豬欄的理想。」、「我評定一個人的真正的價值有一個標準，即：看他在多大程度上擺脫『自我』，他又是為什麼擺脫『自我』。」——愛因斯坦
註 2：各教派生死觀，可參考以下連結。
http://elibrary.tjc.org/content/cm/zh/article/HS/2005/4/HSM2005_4_2_JoyID_1797.htm

6-12 每個人都應該強制投票嗎？

每個人都應該強制投票嗎？

台灣投票是一件常見的事，但不是每個人都會去投票，每個人都應該強制投票嗎？還是擁有選擇要投票或不投票的自由？

在台灣目前沒有規定強制投票，換言之，選擇不投票是合法的。但現今已有許多國家強制投票，如果不去投票不只有罰款，甚至可能吃上官司，參考連結 https://www.thenewslens.com/article/14594。截至 2013 年 8 月，有 22 個國家（如：阿根廷、澳大利亞、比利時、巴西、厄瓜多爾、盧森堡、祕魯、新加坡、烏拉圭、瑞士等）規定了強制投票權。我們可以從權利與義務是一體兩面來思考，因此民主有其權利與義務，而**投票是民主的權利也是義務。為什麼這麼說？強制投票也意謂著逼人思考要投誰，換言之，就是參與民主。**

兩黨一樣爛，可以投廢票或是不投

部分人會認為兩黨一樣爛（每個政黨都很爛），故可以投廢票或是不投表達對所有政黨的憤怒，但真的嗎？

第一個問題：要知道政黨不會一樣爛，-100 跟 -1000 不一樣。不可以用模糊的字眼自欺欺人，要認真去觀察每一個政黨的本質，並思考哪個政黨是對國家、人民有益的，才能算是具民主素養的人民。

第二個問題：台灣經歷了近 400 年不民主、被奴役的時間，歷盡千辛萬苦，才在 1996 年可以民選總統直至今天，如果越來越多人投廢票或是不投，台灣將恢復為獨裁的局面，不再有民主，並且失去現在擁有的大多數自由，如：言論自由、上網、宗教自由、媒體自由、旅遊等等，更別提會受到警察的攻擊。

不自由，毋寧死

1775 年，美國「獨立宣言」前一年，宣言起草人之一，美國革命英雄派屈克 · 亨利（Patrick Henry）在一場演講中，以「不自由，毋寧死（Give me liberty or give me death）」鏗鏘作結，參見圖 1，驚醒了數百萬顆猶豫困頓的心靈。「不自由，毋寧死」，意指**不自由，我願意用死亡做為代價，替下一代爭取自由的未來**。國外歷史會講解自由的重要性，以及為什麼要追求自由，台灣應予以重視。台灣曾被白色恐怖統治，應可了解「不自由，活著生不如死」的感受，不希望下一代繼續這樣的生活，故用血淚打開民主的初步局面。但這一代又被錯誤的教育、錯誤的想法矇騙—不投票也是一種選擇，但其實「**不投票就是放棄參與民主**」。

"GIVE ME LIBERTY, OR GIVE ME DEATH!"

圖 1　不自由毋寧死，美國革命英雄派屈克 · 亨利

資料來源：wiki

戶籍地投票是否太不友善？

台灣從初期至今的投票制度設計，就是要求回到戶籍地投票，這對許多學生、外地工作者、兵役是一種障礙，難道是逼人不要返鄉投票嗎？作者保守估計，這樣的影響至少有 5% 到 10% 的人無法投票。

部分人認爲，想參與民主的人就會回去投票，但是民主國家不該設計不利於民主的投票制度。目前**所得稅都可以在非戶籍地收稅**，是否也該考慮讓**總統與非地方選舉效法相同的模式**。只要在選舉前提出「投開票所位置改變」的申請登記，**讓北漂、南漂等投票者親自到鄰近的投開票所投下神聖的一票**即可。否則澎湖來本島工作的人，爲了投票而搭飛機回去，顯然是擾民的行爲，加上可能受天候影響，當天未必有飛機或船班。服兵役的人也應該在服役的營區裡投票。讓全國人民無論在台灣哪個地方，都可以參與國家不受地區限制的選舉。**戶籍地投票的設計使人放棄投票，顯然是政府侵犯人民投票的權利**。民主國家必須讓每一位公民了解民主的重要性，換言之，**政黨應該鼓勵每一個人，尤其是年輕人要參與民主政治**。

註：但居住於國外的人仍要回台投票，因為不可能將投開票所設置到全世界。

結論

作者觀察超過一定年齡（約 40 歲以上），政黨色彩已相當明顯，而年輕人（20～40 歲）大多爲中間選民，這部分人或許會認爲兩黨都沒有照顧年輕人，甚至認爲每個政黨都很爛，故想投廢票或是不投。但如果台灣不民主後，生活會更加難過，而且可以行使的抗議等權利都會消失。因此年輕人中的中間選民，要正確認識民主，不要把自由過度放大。即便是台灣法律仍未強制規定要投票，仍不應該投廢票或是不投。並希望台灣可以正視戶籍地投票讓人放棄投票的問題。

6-13 民調重要嗎？如何做出一分可信的民調？（一）

很多人認爲民調不重要，認爲民調僅代表一部分的人，不足以代表整體，但這樣的想法對嗎？並且認爲民調不可信，部分人認爲民調只對政黨有用，對於一般人來說沒有多大的意義，對嗎？

事實上民調遠比我們認知的更有用，但前提是建立在完整、正確、客觀的民調資料上，正確的使用統計方法，才能讓民調可信。商業界會進行數據分析，但台灣政治界卻對民調選擇視而不見，相當詭譎。2020 年甚至出現總統大選的民調蓋牌。這種擾亂民調的做法，讓大家都不知道社會上的政治傾向，此行爲更是被國外的媒體路透社感到驚訝，參考文章：路透社「韓國瑜叫支持者說謊」。

民調對政黨有用不是一件新鮮事，可以藉此判斷應該推薦何人參選。對於一般民衆也充滿著意義。選舉應該公開各年齡層民調、各年齡層的投票數比率，參見圖 1；對政黨而言才能清楚自己政黨的努力方向，對人民而言也才能知道該政黨被哪一族群討厭或喜好，進而知道該黨偏向哪一族群。

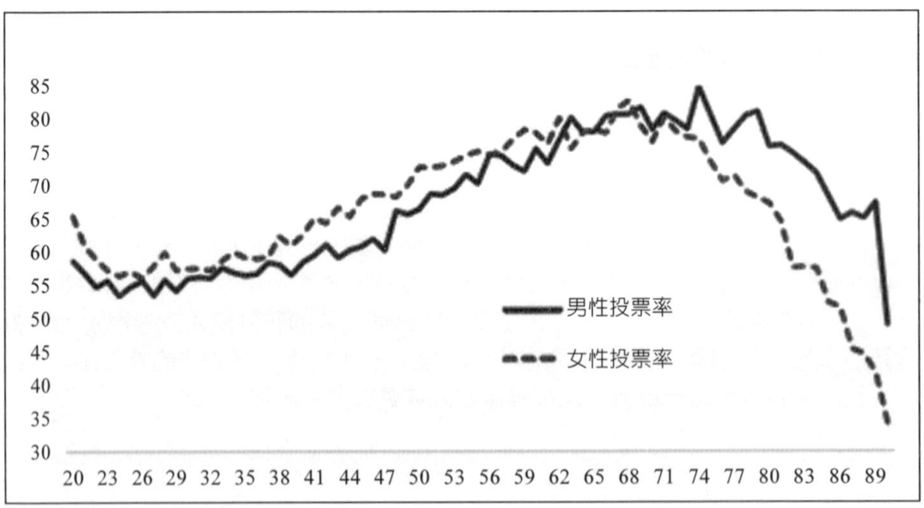

圖 1　2016 年總統副總統選舉之性別與年齡投票統計

註：x 軸爲年齡，y 軸投票率

資料來源：https://www.cec.gov.tw/upload/file/2017-02-17/2632faa8-582d-4e31-85ab-8d5f2ba6d9e3/0e44676e544ec6326a5c6b81497720e3.pdf

台灣民調為何不可信？

台灣瘋選舉不是什麼新鮮事，爲了奪得勝利，參選人總是花招百出。黨內初選總是參選人必須通過的第一關，因此相信你／妳應該曾經接過「電話民調」或是看過電視廣告「唯一支持 XXX」吧。但你知道嗎？台灣從過去到現在所做的民調大多有問題，無論是路邊民調還是電話民調，又或是網路民調，都有問題。爲何如此說呢？不論政黨顏色，你可曾記得有哪一個民調結果與選舉結果接近嗎？答案顯而易見的，可以從選舉結果看到與民調大相逕庭，最後導致大家根本不相信民調。本篇除了探討何謂民調之外，更要進一步的剖析我國民調的問題。

為什麼民調無用？

民調爲何令人難以相信？身爲公民，對於台灣的選舉不僅有「決定權」，更可以在民主自由的環境下表達自己的政治理念與想法，然而近年民調結果往往讓人跌破眼鏡，因爲民調結果與選舉結果差太多，使得民眾不信政府或坊間的民調。並讓很多人認爲「民調是信者恆信、不信者恆不信」的自我催眠，因此不同政黨對於他黨所做的民調皆持懷疑的態度多過「相信」，或者認爲民調只是強化自己與選民間的一種安慰劑；在有心與無心間操作而成的，因此沒有實際效用。

作者認爲，眞正的民調理應透過第三方公正且客觀的民調公司來執行，較爲公允也更値得信賴。然而，有效民調並不好做，因爲要說明母體並隨機抽樣到一定的人數，以及設計出一份合適的問卷，並正確使用統計這個數學工具，才能得到一份不失公允的民調結果。

因此，正確使用統計不僅不會騙人，還能揭露眞實民意，唯有被有心人士濫用統計，才會做出錯誤民調，並刻意扭曲眞相。統計絕不會是英國前首相班傑明 ‧ 迪斯雷利（Benjamin Disraeli）所說的那麼不堪：「世界上有三種謊言：謊言，該死的謊言，統計數字（There are three kinds of lies: lies, damned lies, and statistics）」。**要知道統計是個工具，不會騙人。會騙人的只有人，是人利用統計去騙人。**

民調有哪些問題？

今日的民調與過去的民調在作法上有哪些是需要與時俱進的？認識如何做正確民調前，我們先來看看台灣目前民調的錯誤。台灣的民調大多數情況沒有說明是針對哪一區域做抽樣，或是沒有說明如何抽樣，或是沒有說明樣本數是多少，這樣我們要如何相信這樣的民調是可以接近母體的情況呢？

舉例來說，要做台北支持率的民調，直接說某某某的支持率爲何，殊不知是針對大安區抽樣還是針對全台北抽樣；也不清楚抽樣的方法夠不夠隨機，是否是大安區多抽幾個，而大同區少抽幾個；也沒有說明抽樣的數量，總不能抽 100 人就想認爲是足夠接近全台北人的支持率；最後是問卷的設計夠不夠客觀。

民調較有問題的四大部分

1. 母體不明；2. 抽樣方法錯誤；3. 樣本數量錯誤；4. 問卷設計有瑕疵。

6-14 民調重要嗎？如何做出一分可信的民調？（二）

民調應該怎麼做？

民調是一種統計方法，必須滿足統計的基本精神，參見以下三點：

1. 必須說明母體
2. 使用隨機抽樣
3. 抽樣數量夠多

隨機抽樣且數量夠多才眞的可以代表母體。民調的問卷調查要有意義，不能方法錯誤，失去隨機抽樣的意義，以及不能有誘導式問答，這會導致結果失眞。舉例：想要做全台灣總統選舉人的民調，我們必須針對全台灣具有投票權的人做抽樣調查，而不能只對某一區域做抽樣調查；並且要夠隨機以避免失眞。作者建議應該從有投票權的人的身分證字號中，抽取一定數量來進行調查；抽取的數量應該**基於統計建議的數量**，如：統計 95% 信心水準、誤差在 2% 以內，需要抽取 2,500 人作爲調查，而問卷也要夠客觀；最後才能稱呼此民調結果具有意義。

名詞解釋

1. 何謂母體不明

觀察目前民調內容，絕大多數、幾乎所有的民調都沒有清楚指出抽樣的母體。舉例來說，如果要做全台的民調，但如果不說明母體爲何，會讓人以爲是對某個城市進行抽樣調查，換言之，就是坐井觀天，以少數民意代表「全國人爲了期望民調的結果是可以代表眞實情況，必須全台灣進行隨機抽樣，參見圖 1 左邊，所以一定要說明母體。舉例來說：如果是只做台北民調的國民黨支持率可能會逾 60%，但是如果是做全國民調的國民黨支持率，不大可能還是 60 幾 %。

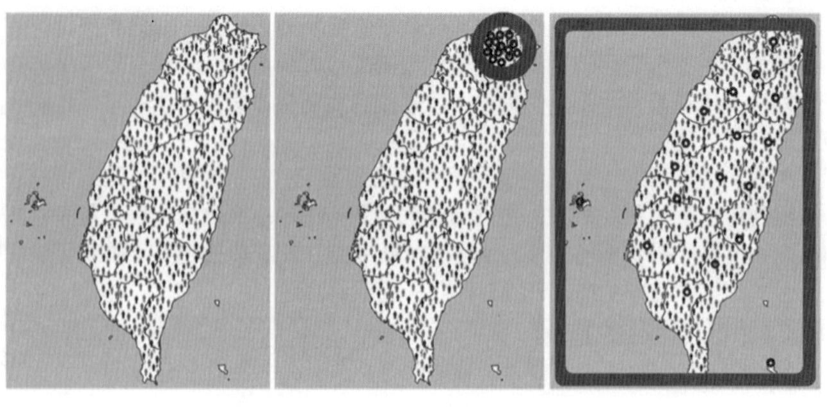

圖 1　左是母體，中是對台北抽樣，右是對全台灣抽樣

2. 何謂抽樣方法錯誤？

希望民調的結果會趨近眞實情況，必須做隨機抽樣。什麼是隨機抽樣？我們以蘋果的圖片爲例。由圖 2 中間、右邊可以發現抽樣的區域應該要夠隨機，也就是夠均勻，才能看出「大致」的情況。由圖 2 中間可以發現**數量越多**，可以越接近實際情況。但如果抽樣的區域太過偏頗，則會看不出眞實的結果，參見圖 3，因此以蘋果圖片來看，僅集中抽樣某一區域就可能誤會該圖只有葉子，而非一顆蘋果。

圖 2

圖 3

換言之，民調如果只在**某一區**對 1,000 人做抽樣，其結果是 80% 支持某事，然後說根據統計方法估計**全台灣**的民調近 80% 支持某事，這是錯誤的統計方法。母體問題及抽樣問題乍看回答的方式很像，但要注意，**太多民調都沒說明母體，僅說有隨機抽樣**，就認爲它隨機的程度足以代表母體，這是不對的。民調結果都應**說明清楚母體為何、如何隨機抽樣**兩個內容，才足以讓人接受民調的結果。

6-15 民調重要嗎？如何做出一分可信的民調？（三）

3. 樣本數量錯誤

由上述「抽樣方法錯誤」的內容可知抽樣數量要夠大，但我們也知道不可能全部都調查，因爲如果全部都調查不僅費時、費力，更需投入不少金錢。但要選多少數量才能足夠精準呢？基本上數量越多越好，統計依據「信心水準」與「誤差」的容許度，能算出最低的隨機抽樣樣本數，**參見表 1**。

表 1

信心水準	誤差 2%	誤差 3%	誤差 5%
95%	2500 人	1112 人	400 人
99.7%	5625 人	2500 人	900 人

統計上 95% 信心水準的意義是，基於常態分布有 95% 的信心，如果隨機抽樣 2,500 人，這個支持率的誤差只會在 2% 以內；如果隨機抽樣 1,112 人，這個支持率的誤差只會在 3% 以內。99.7% 信心水準的意義也是同理。

要注意的是抽樣估算的數量，是由統計基於常態分布所計算，在母體數量大到無法全部調查時，只要抽樣方法夠隨機，並是從母體中抽樣，設定信心水準及誤差接受度，這些抽樣數量的民調內容足以說明母體。

4. 問卷設計有瑕疵

思考調查的方式是否眞的夠隨機。2018 年很常在廣告看板上看到「請支持電話民調」，但是電話民調卻有太多問題，如晚上因爲已經下班了，所以不太可能進行調查；又或是工作一天，晚上聽到民調就隨便敷衍過去。而白天電話民調的對象也不夠全面，因爲白天大多是非上班族，也就是老人或家庭主婦，這樣不夠隨機，就喪失民調的意義。另外沒有處理好手機族的問題，要嘛沒有做手機的民調，要嘛是作了沒注意它的居住地，現代很多人是只使用手機、沒有家裡電話的人。還有電話民調很難判斷受訪者是否具有投票權。所以電話民調的不全面與不夠隨機，都會影響民調的結果。

電話訪問還有另外一個問題存在，就是被問題引導；透過問卷設計僅提供幾個選項讓受訪者挑選，故有容易被問話的人誤導（誘導式問答）。更爲可笑的是電視民調，不管是現場受邀來賓的表決，還是打電話進去的人（會看該節目的人大多與該節目同一立場），這種電視民調根本沒有意義，因爲不夠隨機，被設定立場的人怎麼可以代表全體？

台灣民調的可信度

作者將台灣民調的可信度分爲四大階段：

1. 政黨與坊間不懂統計方法，無法作好的統計報表，母體與抽樣有誤。
2. 政黨與坊間懂統計方法，但有其目的，而不作正確的統計報表，母體與抽樣有誤。
3. 政黨與坊間懂統計方法，也做出正確的報表，但人民不信或不在乎民調數據。
4. 如果現有民調已淪爲政治工具，對人民來說已是可有可無，甚至懷疑結果的正確性。網路時代人民應該自己來做民調，直接網路作民調相關統計內容。

結論

建議直接執行第四階段：人民自己作正確的民調，而非不斷的吃一些垃圾資訊。民調也是民主政治的一部分，民主是國家進步的指標之一，民主是要讓大多數民意得以執行，而不是被少數人用不邏輯的方式控制，這需要一個有效的方法。幸運的是 21 世紀的我們有強大的網路，可以用網路的力量來監督政府，讓其不敢太過離譜。

在 2013 年，芬蘭已經有了**全民直接民主**的意識與接近的方法。他們利用網路來提出並表決出一些議題，並且要超過一定人數比例，再送到一個政府機關審核問題是否合理，最後才到國會議員手中。國會議員並不只是執行一個簡單的同意或反對，而是不論同意、反對都必須說出理由。芬蘭利用這樣的方法來避免國會太過背離民意，太過不合邏輯，這一套**全民直接民主**模式稱爲 Open Ministry。有了領頭羊，世界利用網路讓全民直接民主，避免不合理、不合邏輯的政治形態已經不遠了。對於台灣更是一個重要的啓發，台灣現在處於思考改變的階段，但要如何用一個好方法來執行全民直接民主、讓國家進步，不只需要一個更完善的方法，還需要**大家對於民主的意識更加提升，而不是認為民主只是投票而已**。

如果**直接民主**可以成形且準確，那麼我們可以不用再依賴抽樣的形式，也就是不再需要**民調**來做調查，因爲直接輸入資料後，時間一到全部的情況（母體情形）就馬上出來。以前是因爲沒錢、沒硬體工具（如：網路），所以才要抽樣來推論母體，那麼現在可以**直接民主**了，就不應該再使用容易被濫用的統計方法進行民調。

在 2014 年，作者曾與芬蘭的「直接民主」Open Ministry 的負責人員聯繫，他們有意願分享內容（程式源碼）來幫助台灣更民主進步。但作者與台灣的政府相關人員聯繫後，卻發現了一些問題，**第一是駭客問題，第二是民眾是否能有效操作問題，第三是政府的接受度。基於這些問題，目前「直接民主」仍是遙遙無期，實在可惜**。

目前政府的一些數據分析，因爲錯誤統計量或是統計方法錯誤，導致民衆不信任民調。我們必須要求政府將原始資料公開，除了需要他們作統計分析，也能讓民衆自行分析與比較。

6-16 為什麼要禁止假新聞？不是有言論自由嗎？

我們常會聽到新聞被批評是不經查證的假新聞，但是也有人說這是言論自由，到底未經查證的新聞可不可以算是假新聞，與言論自由又是怎樣的關係？

參考西方國家的想法，西方國家近年來開始重視各種媒體的新聞眞僞，見圖 1，並制定相關規範遏制假消息傳播。因爲他們知道假新聞是**破壞民主**、**反邏輯**、**反智**的事情，要**予以譴責**、**重罰，並要求公開道歉**。參考以下內容了解假新聞。

為什麼要禁止假新聞？

台灣的社群網站、媒體（電視）、報紙、LINE 等，近年來假新聞頻傳，有鑑於此，政府設立新聞澄清專區，希望民眾透過正當管道獲知相關消息。然而，政府仍然低估假新聞危險性。台灣人對謊言很寬容、也很能適應，從塑化劑事件可以看見民族性，很快就忘記假新聞的始末；不只被假訊息操控，更甚至協助散播，如果對散布假新聞的人姑息養奸，將會破壞民主。且部分人們認爲「假新聞」就跟「謠言」一樣，都是由人製造出的，因此只有智者能辨其眞假，而自己如果被騙也沒關係，最後有人出來指錯就好；但如果沒有也無所謂，因爲大家都一樣被騙，這是錯誤的觀念。更不幸的是，新聞工作者也會發生未經查證而散播假新聞。

假新聞的種類繁多，不管是在食衣住行育樂，各行各業都有，一般人比較注意的事情有醫療、食物、保健、瘦身部分等。但最重要的是國家等級時，有各式各樣的敵國放出的假新聞。我們不該支持假新聞，因爲將有許多不良的後果，參考以下案例：(1)2018 年關西機場事件，台灣駐日官員被假新聞影響而自殺，不辨是非的轉傳假新聞的人其實都是幫兇。(2) 宇昌案的抹黑，逼走創造愛滋病雞尾酒療法的何大一。

如何杜絕假新聞，參考**法國對於假新聞的即時性重罰，每一則處以一年的監禁和 75,000 歐元，近 255.5 萬新台幣的罰款**。**新加坡對於假新聞的即時性重罰，處以最高 10 年的監禁和 100 萬的新加坡幣，近 2,275 萬新台幣的罰款**。再參考芬蘭防範假新聞的方法，芬蘭爲了避免假新聞對國家造成動盪，採取的方式是讓民眾有主動思考、可以判斷眞僞的邏輯能力，儘可能地讓每個人不要盲從、被動、全盤相信別人。爲了擁有這樣的能力，**自 2015 年起芬蘭從小學教育做起，期望下一代可以更聰明、邏輯與哲學思辨能力更好來判斷新聞的真偽，而上一代與這一代則是由政府不斷的去防範假新聞，而多年過去其成果斐然，參見圖 2**。

圖 1　IFLA：International Federation of Library Associations and Institutions

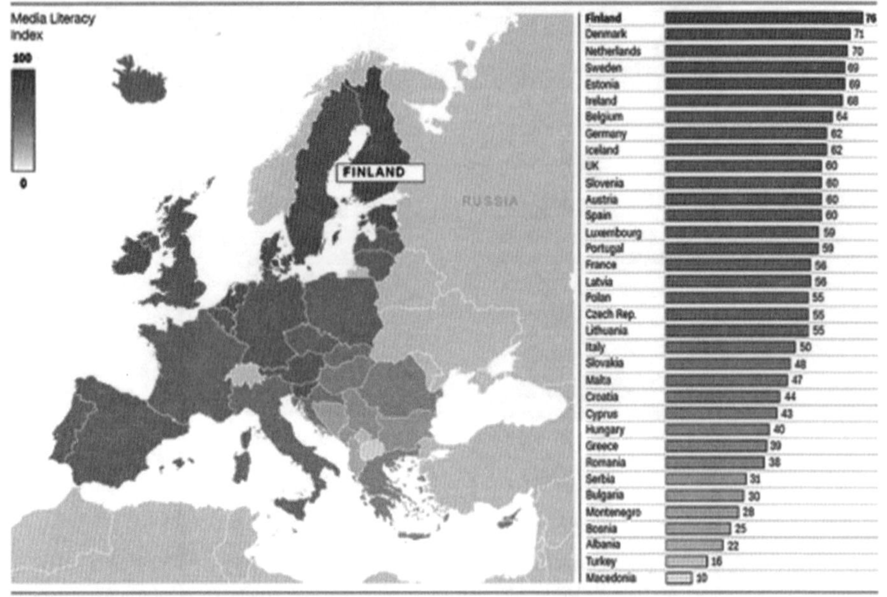

圖 2　取自 CNN，顏色越深，媒體可信度越高，相對應的假新聞程度越低。

參考連結：Finland is winning the war on fake news. What it's learned may be crucial to Western democracy

假新聞具有言論自由？

假新聞是否具有言論自由，參考**《公民權利和政治權利國際公約》第十九條**：「一、人人有保持意見不受干預之權利。二、人人有發表自由之權利；此種權利包括以語言、文字或出版物、藝術或自己選擇之其他方式，不分國界，尋求、接受及傳播各種消息及思想之自由。**三、本條第二項所載權利之行使，附有特別責任及義務，故得予以某種限制，但此種限制以經法律規定，且為下列各項所必要者為限：（一）尊重他人權利或名譽；（二）保障國家安全或公共秩序，或公共衛生或風化。**」由此可以看到言論自由、新聞自由要建立在**《公民權利和政治權利國際公約》第十九條的第三點上，而假新聞本身就違反（一）尊重他人權利或名譽；（二）保障國家安全或公共秩序。**

故新聞應該建立在正確、客觀、完整的事實上，才能擁有言論自由及新聞自由，而假新聞本身是被刻意、惡意操作及扭曲，不應擁有言論自由及新聞自由。在台灣散布假新聞被抓到也是要進行道歉及相關賠償。假新聞若具有言論自由的話，理應不用賠償，既然需要賠償，也就證明散布假新聞有罪。

結論

對任何訊息都要有所質疑，並有主動思考的習慣，要知道假新聞只會浪費時間，並帶來錯誤結果，更會破壞民主。台灣公正且具公信力的機構太少、太小，需建立一套方式來杜絕假新聞。作者認為政府防範假新聞的方式如下列：

1. 即時性、公開性的重罰，如：每一則負責人監禁一年、罰款至少 1,000 萬新台幣，並要揭露惡意散布者的身分。
2. 要求公開道歉，使其記取教訓。
3. 培養民眾主動思考的習慣，以免被假新聞誤導。
4. 須有一套機制防範各網路平台、社群媒體（LINE）的假新聞。

要知道假新聞不具有言論自由，未經查證的新聞不該公布。

6-17 空汙原兇是火力發電嗎？該將火電轉核電嗎？

台灣吹起東北風時，就是中國的空汙到訪之時，參見圖 1。2020 年 1 月初，台中連三天的空氣品質都是紫爆。然而部分人仍認爲只要關閉火力發電廠、解決火力發電廠的空汙、處理汽機車的廢氣，就可緩解空汙問題。但此推論合理嗎？以眞實客觀數據來討論。

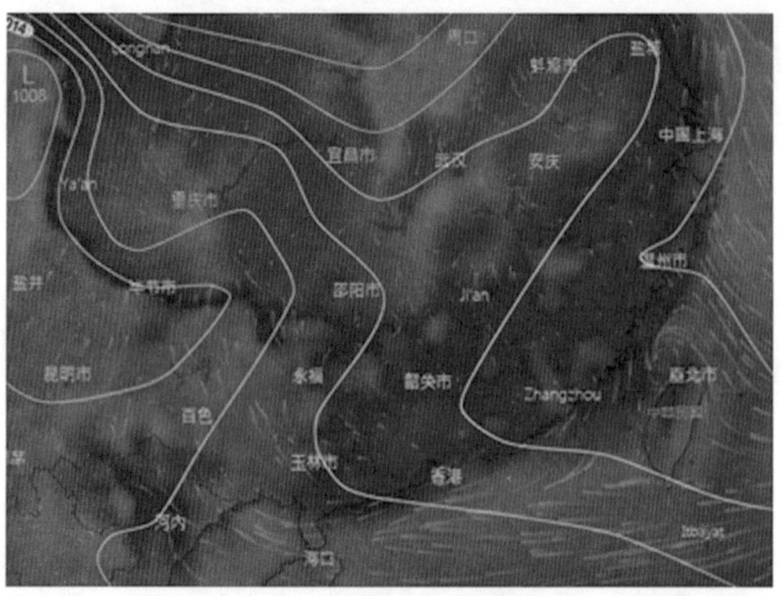

圖 1　2020 年 1 月 6 日星期一 08:00 一氧化碳的流動，取自 WINDY

參考「行政院環境保護署 106 年空氣汙染防制總檢討」的數據，見圖 2，作者並再次整理數據製表，可發現 34～40% 的空汙主因來自境外而非境內，而發電業者所製造出來的空汙僅占整體空汙的 2.7～6.5%，機車空汙也僅占 2.9～3.6%。

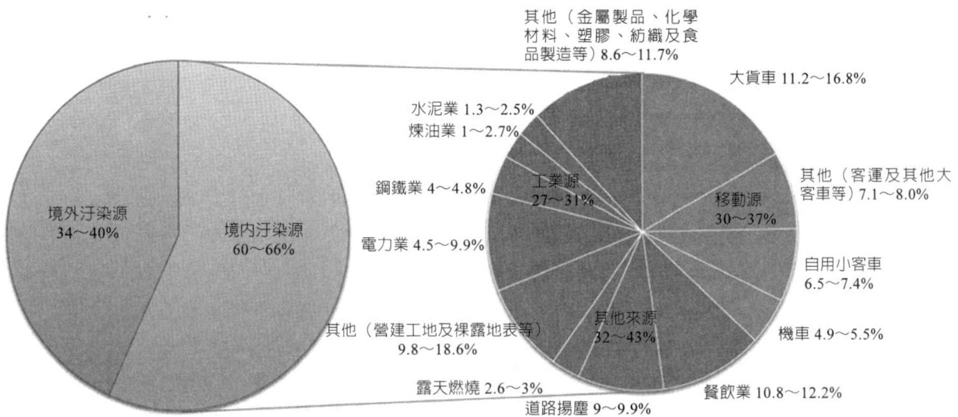

圖 2　106 年度空氣汙染防制總檢討

表 1

	大分類	大分類 占整體比例	小分類	小分類 占整體比例
境外汙染源 34%～40%		34～40%		34～40%
境內汙染源 60%～66%	移動源 30%～37%	18～24.4%	大貨車 11.20～16.80%	6.7～11.1%
			其他（客運及大客車等） 7.10～8.00%	4.3～5.3%
			小客車 6.50～7.40%	3.9～4.9%
			機車 4.90～5.50%	2.9～3.6%
	工業源 27%～31%	16.2～20.4%	電力 4.50～9.90%	2.7～6.5%
			鋼鐵業 4～4.80%	2.4～3.2%
			煉油業 1～2.70%	0.6～1.8%
			水泥業 1.30～2.50%	0.8～1.7%
			其他（金屬製品、塑膠等） 8.60～11.70%	5.2～7.7%
	其他來源 32%～43%	19.2～28.3%	餐飲業 10.80～12.20%	6.5～8.1%
			道路揚塵 9～9.90%	5.4～6.5%
			露天燃燒 2.60～3%	1.6～2.0%
			其他（營建工地及裸露地表） 9.80～18.60%	5.9～12.3%

支持關閉火電的人，爲了因應缺電問題，更是會支持核電。再參考目前核電在總整體發電量的比例，參見圖 3、4，可發現從 2017 年到 2018 年間，核電僅占 9.3～11.4%，而火電（燃油、氣、煤）占 80.2～82.6%。從以上數據顯示，短時間內想用核電取代火電完全不可能，核電廠不知要增加幾座，發電量超過 80% 僅造成 2.7～6.5% 的空氣汙染，如果**將全部的火電廢棄也僅能降低 2.7～6.5% 的空汙，所以將火電轉核電有意義嗎？**

圖 3　107 年發購電量結構
參考資料：台灣電力公司歷年發購電量占比

106 年發購電量結構

圖 4　106 年發購電量結構
參考資料：台灣電力公司歷年發購電量占比

結論

討論重要議題時，應正視實際數據與相關的配套改變的可行性，而非用主觀認知來做事。並要知道散播錯誤消息也是假新聞的一種。

Note

6-18 電影只是一種休閒娛樂嗎？其可以認識歷史、培養民主等素養嗎？

2019 年 9 月台灣上映了有關台灣歷史的電影——「**返校**」，該片重新喚醒台灣人在國民黨威權統治時代的記憶，還可發現電影情節有助大眾認識**歷史，或是部分史實，或了解民主自由等素質的重要性**。我們不難發現，多數人對三國的戰爭其實並不陌生，是因爲我們曾經在歷史課本上讀過嗎？顯然不是，我們大多是靠遊戲、漫畫、小說（三國演義）、電影等方式來加強印象。因此，這樣做法也適用於認識民主、歷史。

台灣人對於民主的核心價值認識太少，更多僅止於民主的形式，如：選舉與投票。作者認爲台灣能學習民主的機會太少，應該利用**經典史實片、戰爭片等影片來反思其重要素質或是相關歷史**，尤其是透過觀賞歐美影片，認識背景與其意義，就可以發現每部影片或多或少有下述涵義，如：**自由、平等、民主、法治、認識歷史**等。故**不該認為戰爭片都是強調聲光效果與血腥暴力，要知道經典史實片、戰爭片可以讓人正確認識歷史、刺激民主素養的萌芽**。（要注意是否爲改編片，有可能是野史，但仍可認識民主、自由的重要性）

台灣認識民主的機會大多來自課本與社會，但台灣的教育只提到民主的形式，對其本質卻所知甚少。以往雖有三民主義，不過實際上大多數人對民主還是不了解，故此方法功效不大；而歷史課本又大多描述中國各政權的獨裁統治，何來民主可言。社會上還可不斷的看到部分人用錯誤的民主觀念汙染下一代，導致台灣民主素養的前進相當緩慢，甚至倒退。

歐美是民主的發源地，不管是 (1) **人民向國家爭取應有的權利**、**(2) 對抗獨裁侵略者**、**(3) 轉型正義，對民主的追求一直沒有停過**。西方除了文化、歷史容易學習民主外，教育更鼓勵大家邏輯思考，質疑錯誤。更重要的是影片相當多，甚至不斷翻拍，原因是什麼？就是要記取教訓，並學習民主等素養。

可參考以下國外電影，認識其背後意義：

1.300 壯士（爲了自由，阻止波斯的侵略）、2. 英雄本色（爲蘇格蘭的自由而戰）、3. 法國大革命（追求民主）、4. 悲慘世界（反抗暴政吏法，此片是史實改編小說）、5. 決戰時刻（又稱孤軍雄心，美國獨立）、6. 安邦定國誌（印地安人與美國的衝突的敘事片。）、7. 諾曼地大空降（二戰期間阻止德軍的侵略）、8. 珍珠港（爲了反侵略，阻止日本）、9. 帝國毀滅（認識希特勒獨裁弊端）、10. 敦克爾克（邱吉爾呼籲人民垮海派船救援敦克爾克的士兵）。

這些影片除了震撼的場面外，必然傳達爲何而戰，台灣人除了認識世界影片，**也應該認識台灣的史實片、戰爭片**，而不是僅限於軍教片，軍教片範圍太狹隘。台灣部分影片介紹史實，但是影片數量太少，播放頻率也很少，上映的年代太晚，難怪大家對於民主等重要素養這麼陌生。台灣影片參見下述：

1.悲情城市（陳述228事件）、2.十月圍城（推翻滿清）、3.賽德克巴萊（爲了文化、自由）、4.返校（敘述白色恐怖、威權時代）、5.後山日先照（貫穿二次大戰終戰時期、二二八事件及白色恐怖）、6.網路影片：台灣人不告訴你的！8分鐘了解228事件始末。

史實片、戰爭片的缺乏，造成多數人不知道台灣歷史。如：國民黨曾與美軍轟炸過台灣，而美軍更是轟炸過日殖時期總督府（現代總統府），參見圖1、圖2，當時造成成千上萬的人傷亡。由於戰後的中華民國政府在歷史教育中大多強調抗日戰爭，掩蓋台灣史，因此台北大空襲未曾在教科書中被提及，很多人不清楚當初是日本，還是美國對台灣轟炸，戰後少數報導或教材，更甚至出現「二戰時日軍轟炸台灣」的錯誤。**如果不能正確認識歷史，必然造成人民對歷史的遺忘或扭曲，並讓政府逃避應面對的過錯。更惡劣是偽造假歷史，如：中國扭曲六四天安門事件。**

圖1、圖2　取自WIKI，台北大空襲，總督府被轟炸，1943年，美國陸軍第14航空隊和中國國民黨航空隊對日本台灣的軍事和工業目標發動了多次空襲。

結論

電影除聲光效果外，史實片、戰爭片可以讓人民正確認識歷史（台北大空襲、白色恐怖）、重要民主素質等，促進人民思考，而且比書本文字更加容易記憶、理解，讓人了解民主的重要性，但要注意是否爲改編或是野史。並且部分史實片、戰爭片是轉型正義的一環。所以我們不該將電影當成一種休閒。

一個不敢讓人民認識正確歷史的國家，可能是近乎獨裁的政體。**身為一個民主國家的公民必須具有自由、平等、民主、法治、認識歷史等重要素養。作者建議歷史課程可以多利用史實片，並解析說明來強化印象，以增加學生上課的意願。**

6-19 可以追究歷史錯誤嗎？過去就讓它過去不行嗎？什麼是轉型正義？

台灣這塊土地上經過太多政體，參見圖 1，有著太多血液融合，每個侵占者都把原先的國籍推翻並洗腦，造成台灣土地上的人產生自我認知障礙，甚至不同族群彼此對立。每到 2 月 28 日，總是有部分人要求政府道歉賠償二二八事件，落實轉型正義，揭露出台灣眞相，其他應該轉型正義的內容，如：白色恐怖、18% 等。但也有一部分的聲音是過去就讓它過去不行嗎？為什麼一直要追究歷史錯誤？

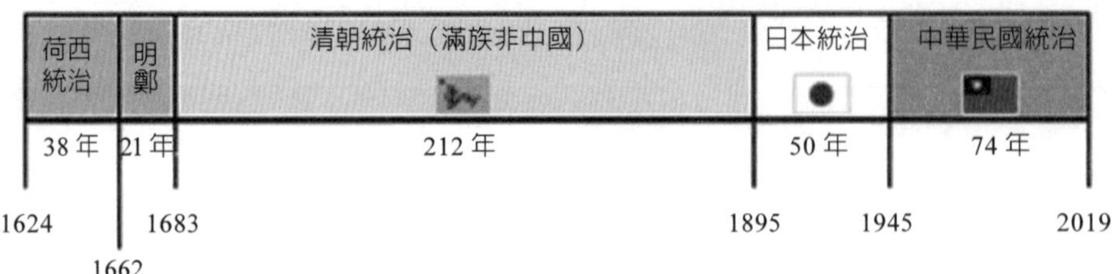

圖 1　台灣土地不同時期的統治者，取自 WIKI

轉型正義（Transitional Justice）

轉型正義是指民主國家對過去獨裁政府時期，實施違法、不正義、違反人權等行為的補償，具有司法、歷史、行政、憲法、賠償等面向。主要是讓人認識歷史眞相，改變體制，避免重蹈覆轍、與族群和解、賠償受害者，並讓迫害者負起責任。

轉型正義的方法：

1. 審判

對迫害者予以審判。分為國際性、國內性的審判。國際性的案例有柬埔寨、盧安達、黎巴嫩、獅子山共和國、東帝汶等。國內性的審判如：伊拉克臨時政府特別法庭對薩達姆 ‧ 海珊的審判。韓國對光州事件的審判，對前總統全斗煥、盧泰愚的審判等。

2. 沒收財產

沒收迫害者不當取得的財富。如：(1) 南韓的親日反民族行為者財產歸屬特別法，將親日派財產沒收為國家財產。(2) 德國透過政黨法追討前東德專政政黨德國統一社會黨之黨產，並延續到德國統一後。(3) 中華民國在民進黨政府執政時，對於中國國民黨黨產爭議、政黨及其附隨組織不當取得財產處理條例、不當黨產處理委員會的立法與作為。

3. 調查真相

調查歷史事件的眞相，並解密機密檔案，對過去犯罪的史實公諸於世。如：(1) 祕魯眞相及調解委員會（Peru Truth and Reconciliation Commission），透過各地地方的辦公點，蒐集了 17,000 受害者的口述。(2) 西班牙的「歷史記憶法」，此案正式譴責獨裁者佛朗哥將軍，給予他執政 40 年間的受害者平反及賠償。

4. 紀念

建造紀念碑及博物館、公園、國定假日等方式，保存過去的傷痛歷史，以警惕獨裁的危害。如：以色列猶太大屠殺紀念館、歐洲被害猶太人紀念碑、台灣的二二八和平紀念公園及和平紀念日。

5. 回復名譽及移除象徵物

扭轉迫害者的正面形象，使形象符合史實。如：(1) 西班牙的「去佛朗哥化」。(2) 韓國的「去李承晚化」。(3) 保加利亞拆除季米特洛夫的陵寢。(4) 蘇聯的去列寧化及去史達林化。(5) 前蘇聯的加盟共和國及全球各地社會主義國家去共化，移除馬克思、恩格斯、列寧、史達林及該國共產黨領袖的相關思想、遺跡、肖像或銅像。(6) 美國社會對拆除羅伯特 ‧ 李等美利堅邦聯人物雕像與廢除哥倫布日的爭議。(7) 台灣的「去蔣化」，移除或拆除蔣中正與蔣經國銅像等。

6. 賠償

對受害者賠償，如金錢賠償；名譽回復、重新安置等。

7. 系統改革

鼓勵敵對族群融合、降低族群分裂、對參與迫害的官職人員革職、機構整肅。如：(1) 捷克 1991 年的《除垢法》，限制曾於威權政府時期任職情治或特務機構的情治人員、線民，或前捷克斯洛伐克共產黨黨工的工作。(2) 前東德的司法人員許多被淘汰。(3) 俄羅斯將莫斯科列寧墓的營繕鉅額開銷由聯邦政府撥款轉為各方捐款。

目前外國已有許多轉型正義的機構，如 (1) 瓜地馬拉：澄清歷史委員會、(2) 南非：種族隔離博物館、(3) 歐洲人權委員會（European Commission on Human Rights）、(4) 美洲人權委員會（Inter-American Commission on Human Rights）、(5) 西亞地區：阿拉伯人權委員會（Arab Human Rights Committee）、(6) 非洲地區：非洲人權和民族委員會（African Commission on Human and Peoples’ Rights）、(7) 聯合國人權理事會。可以充分看到世界對於轉型正義的重視。

台灣目前也有二二八事件紀念基金會、促進轉型正義委員會、總統府原住民族歷史正義與轉型正義委員會、二二八國家紀念館。但這些對於台灣人仍是不夠的，只要屠殺者的雕像不拆除、歷史與機密不公開透明、迫害者沒有得到處罰、被掠奪的財產沒有歸還，那麼只有紀念公園與紀念日是不能撫平台灣人的傷痛。

歷史需要確實的轉型正義（Transitional Justice），才能弭平過去獨裁統治者造成人民的傷痛。因此政府應該正視歷史，落實轉型正義，給台灣及受難者一個交代，也才能解決台灣族群、階級、世代的對立。

6-20 歷史事件可以「功過相抵」嗎？

有時會聽到「功過相抵」一詞，但似乎都沒有認眞地去思考此詞彙是否合理？使用時機是否正確？倒是作者從沒有聽過「功過相抵」的英文，這是否意味著國情使然或是特有文化。

「功過相抵」的來源，出自氓（ㄇㄤˊ：先秦・詩經）：「士有大功則掩小過，故云可以功過相除」，其解釋：功勞和過錯互相抵消。形容一個人所立的功勞和所犯的過錯可以抵消，既得不到獎勵，也不會受到處罰。但是要建立大功，才可以彌補小過。

作者認爲「功過相抵」必須建立在以下三件事情的前提上。

1. 大功才可掩小過，且功與過的認定必須客觀。
2. 功與過是可被量化的事情，才有「功過相抵」的可能性，並且僅僅是獎賞與部分責罰被相抵，也就是**物質層面可以相抵**。
3. 功與過的事實無法抹滅，功是功、過是過，也就是**精神層面不可以相抵**。

換言之，應該說：「功過可以相抵物質部分的獎懲，而精神層面功是功、過是過，事實無法抹滅」。

可「功過相抵」案例

1. 操行成績的「功過相抵」，小功與警告三支，所以在操行成績上維持不變。
2. 業務員在第一季創造業績，獎金 A 元，但在第二季造成虧損，要賠償損失部分 A 元。但與第一季獎金相抵後，等同於上半年度不賺不賠。
3. 小明與家長約定考試不及格要處罰、超過 90 分有獎賞。而第一次考試考不及格，要被家長處罰，但是與家長約定好下次會考到 90 分以上，這次能否先不處罰，家長同意，而下次也確實做到。所以「功過相抵」後，是不處罰也沒獎賞。

不可「功過相抵」案例

1. 情境假設：有一台車（A 車），含駕駛載有 3 人，開車的人遇到突發狀況，開車打滑了，在不得已的情況下，擦撞到別台車（B 車），導致 A 車的人安全，而 B 車的人產生傷亡。而 A 車駕駛可以用「功過相抵」來免除罪責嗎？顯然是不可以的。A 車駕駛是對 A 車的人有功，對 B 車的人有過，即便兩相權衡之下，可能是 A 車內的人給予紅包感謝，剛好彌補對 B 車的傷亡的費用，但仍然不能說可以「功過相抵」，因爲根本是兩回事。功與過已成既定事實，在物質上是拿 A 車人的獎賞去賠償 B 車，而精神層面則是完全沒有可以相抵的空間。但常會有類似的事情被試圖打迷糊仗含混帶過去。
2. 小孩子在家裡搗蛋，打破東西後，跟父母親說：「可不可以看在我每天都乖乖的自己穿衣、洗澡、吃飯，很乖沒有惹其他麻煩，所以這次不要處罰我」。**將本份當作功勞，試圖「功過相抵」，這種事情一再的在各情況中發生。**

3. 在台灣有時會看見財大氣粗的情況，犯了錯認爲賠錢就可以了事，但卻沒想過賠錢只是一個必要的行爲，過錯事實並不會因此被弭平；這也是「功過相抵」的濫用，因爲已經習以爲常的認爲：賠錢後是「功過相抵」，就不再有任何問題。但是賠的錢眞的足夠弭平一切嗎？如：酒駕撞死人，加害者賠錢了事，但是對於受害者家屬根本不足以生活，而部分加害者會認爲賠錢後就結束了。

「功過相抵」該不該存在

作者強烈建議不要用「功過相抵」一詞，若要用，要注意「功過相抵」的時機，必須正確使用，才不會被濫用、誤用。因爲沒有這句話，該賠的部分、該獎賞的部分還是會抵消，但一旦有這一句話的存在，**卻常常會被誤用在精神層面可以「功過相抵」，進而被打迷糊仗**。更糟糕的是拿對 A 的功，去聲稱已經彌補在對 B 的錯，其在精神與物質上根本不成比例、或甚至不夠。更有甚者，將本份應做的事情稱爲功，認爲功可以與過相抵。

歷史上就發生不該功過相抵，卻被功過相抵的事件。其中與台灣人最直接相關的歷史就是「功在黨國」與「二二八事件」兩者可以「功過相抵」、或「功大於過」，救了自己人，殺了台灣人，然後不管台灣人感受，沒有公布眞相及眞誠的道歉，認爲也已經國賠了，也立了二二八紀念公園，而且也有十大建設的功勞，爲什麼每年還在吵？作者認爲有下述的問題：

1. 財大氣粗道歉方式，都賠錢了，還想怎樣的心態？
2. 賠償的錢眞的足夠嗎？
3. 拿本份當功勞的想法，對嗎？
4. 賠償的錢的來源是國家，換言之是納稅人的錢，不是加害者的錢，形同沒有懲罰，這樣可以稱爲有賠償嗎？

受難者遺族看到二二八紀念公園與中正紀念堂相距不到幾公里，要人情何以堪。**只要保持著「功過相抵」的心態，並且錯誤使用，歷史的錯誤就不會結束**。

結論

歷史不能功過相抵，應該怎麼做？歷史需要轉型正義（Transitional Justice），才能弭平過去獨裁統治者所造成人民的傷痛。政府不能用功過相抵一詞帶過，有功之人領得應有獎賞，但得到傷痛之人卻活該倒楣，「功過相抵」絕對不是一件正義的事情。**政府應該正視歷史，落實轉型正義，給台灣及受難者一個交代**。

6-21 希臘經濟泡沫化的原因，台灣要做為借鏡

自2010年希臘經濟瀕臨泡沫化，直到2018年都仍未解決，而其中導致經濟出問題的原因是「一套極度優渥的退休年金制度」，參見表1，過度優渥的退休制度如同「毫無節制地寅吃卯糧，上一代吃下一代」，而**最終改變錯誤的退休年金制度，並且朔及既往的調整**，才能緩解經濟問題。對此台灣應該引以爲鑒，避免複製希臘的錯誤。

表1　希臘的退休年金制度

	2009	2013
（公務員）年金所得替代率	95.4%	53.9%
最低年金	400歐元	360歐元
退休年齡	62歲	65歲
計算退休年金給付年資	最後5年	全部工作生涯

台灣年金改革時（調整18%），軍公教會抗議「政府沒誠信」、應該要有「信賴保護」、「不能朔及既往」；而勞工階級、下一代的年輕人則會要求「公平正義」、「信賴保護也要建立在轉型正義之下」，抗議「不年改就是造成階級對立、世代剝奪」。先看2013年的情況，退休前所得6.8萬，退休後所得7.2萬，以及年改前的軍公教勞退休金的比較，參見表2。若考量各職業的平均壽命，實際上勞工壽命會比較短，所以表2的差距就會更大。我們應該參考先進國家的所得替代率，以打造正確的退休制度，見表3。

表2　年改前的軍公教勞退休金

	軍	公	教	勞
平均月退俸	49,488	55,451	70,542	13,537
平均一年可領	59.4萬	66.5萬	84.7萬	16.2萬
平均可領年數（全體平均壽命是80歲）	37年（43歲退休）	25年（55歲退休）	27年（53歲退休）	15年（65歲退休）
平均終生可領	2,197萬	1,663萬	2,285萬	243萬
勞工的幾倍	9倍	6.8倍	9.4倍	–

表 3

國家	所得替代率
台灣	75% 到 95%
美國	上限 59%
英國	30.26%（合夥型計畫）或 51.72%（Nuvos）
日本	50% 到 70%
法國	75%
德國	71.75%
澳洲	65%
加拿大	55%
希臘	泡沫化前 96%，現在 54%

台灣近年來年金改革處理

2005 年，前總統陳水扁就曾經宣示持續推動 18% 的改革。2013 年，前總統馬英九對年金的處理方式是以「多繳、少領、延退」為核心的概念，為年金找出路。但「延退」可能會導致退休潮的退休金缺口變更大，對於多繳的人是否公平。2017 年，總統蔡英文點明「年金制度是自助與互助制度，並不只是你的年金或我的年金，而是我們的年金，也是我們子孫的年金，更是不能倒、也不會倒的年金，可見年金改革不是藍綠問題也不是政治競爭，而是為了未來國家長治久安，不分黨派領導人都必須要做的事情。就算再困難，年金改革也一定要做，我們一定要成功，越晚改，改起來越痛。」

結論

由希臘經濟泡沫化事件，台灣應該學習到年金退休機制的重要性，希望政府可以在軍公教與勞工之間找到平衡點，對年金進行「轉型正義」，來達到雙方要求的「公平正義」與「信賴保護」。否則會一再造成階級與世代的對立，一旦年金機制崩潰，台灣經濟泡沫化，屆時就無法挽救。

「個人不能因過去世代的作為而受到包含債務與法規在內的道德束縛。」、「沒有任何社會可制訂永久性的憲法或法律，地球永屬生活於其上之世代。」、「所有的憲法，以至所有律法，自應於 19 年後屆滿失效。若行使更長久的時間，則成為強迫性，而非權利性的作為。」、「呼籲消除國債。他相信當前的世代毋須在道義上償還前人之負債。他說道，承擔這樣的債務為『慷慨作為，而非權利上的問題。』」

——美國總統傑弗遜

6-22 全民所得應該看 GDP 嗎？

每年政府都會發布 GDP 平均所得，但總令人感到憤怒，因爲與眞實情況差距相當大。實際上平均根本沒有用，早在 10 年前其他先進國家（如：美國、歐洲等國）就已不用平均來討論所得，由圖 1 可知美國討論所得不是用平均，而是用中位數。眞正的統計學者都認爲，不可用平均來討論所得。應該看怎樣的統計內容來討論所得呢？**答案就是直接看曲線圖、或是觀察中位數。**

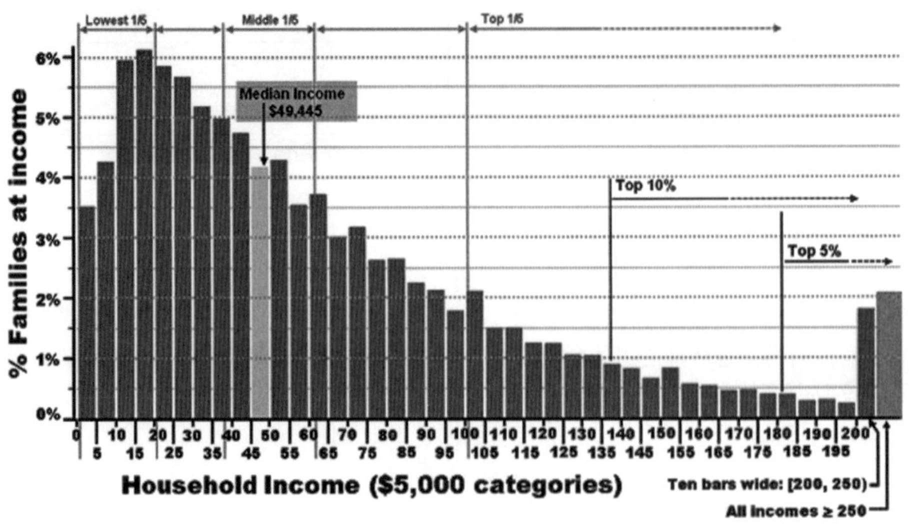

圖 1　美國所得 – 人數分布圖

資料來源：美國政府（Bureau of Census）

根據主計處 105 年個人可支配所得情況，見圖 2，其相關資料可做出圖 3（本文均依據主計處資料做出相關內容，其中可支配所得組別間距拉大，在曲線上依比例平分人數）。只是有部分人實際上擁有資產卻沒報所得，這些人無法表現在圖表上，所以圖表只能呈現一部分的現況。可以發現平均大概是落在排序的 70～75% 位置，會讓 Q1 到 Q2 的人感覺此數值與自己的所得差距太大，會認爲 GDP 平均是個不切實際（沒用）的數值；而中位數（Q2）是在排序的 50% 位置，相對來說，會讓人覺得是比較實際的數值。

第 6 表　所得收入者人數按性別及可支配所得組別分
Table 6. Numbers of Income Recipients by Sex and Disposable Income Groups

民國 105 年

可支配所得組別	人數 Total	可支配所得組別	人數 Total
總　　計	*14,766,214*	540,000～559.999	348,234
未滿 160,000 元	831,954	560,000～579,999	303,302
160,000～179,999	326.864	580,000～599.999	304.643
180,000～199,999	328,242	600,000～619.999	297,518
200,000～219,999	321,917	620,000～639.999	262,650
220,000～239,999	367,686	640,000～659,999	258,094
240,000～259,999	440,395	660,000～689.999	328,497
260,000～279,999	463.807	690,000～719,999	287,711
280,000～299,999	491.990	720,000～749,999	256,791
300,000～319,999	586,385	750,000～789,999	330,839
320,000～339,999	571,867	790,000～829,999	265,594
340,000～359,999	579,686	830,000～879,999	289,541
360,000～379,999	586,414	880,000～939,999	304,123
380,000～399,999	577,259	940,000～999,999	248,702
400,000～419,999	494,934	1,000,000～1,069,999	218,448
420,000～439,999	484,535	1,070,000～1,149,999	194,171
440,000～459,999	440,769	1,150,000～1,249,999	187,053
460,000～479,999	439,045	1,250,000～1,399,999	168,037
480,000～499,999	385,988	1,400,000～1,799,999	239,385
500,000～519,999	392,356	1,800,000～2,499,999	135,071
520,000～539,999	353,034	2,500,000 元及以上	72,584

圖 2　所得收入者人數按性別及可支配所得組別分

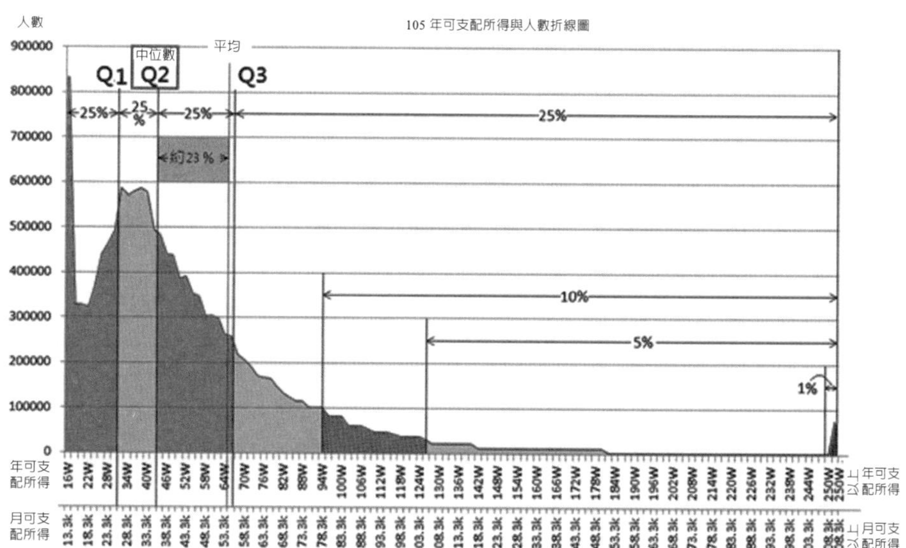

圖 3　105 年可知支配所得與人數折線圖

6-23 槍枝該不該合法化？（一）

槍枝該不該合法化一直是爭議性的問題，先觀察可以合法持槍的國家：美國、德國、英國、法國、加拿大、瑞士、冰島、丹麥、芬蘭、義大利、荷蘭、以色列、哥倫比亞、巴拿馬、智利、玻利維亞、南非、摩納哥、阿根廷、挪威、墨西哥、巴西、菲律賓、巴基斯坦等。有二十多個國家可以合法持槍，並且可以發現多數爲民主國家，參見圖 1。但仍應思考其優缺點，再行定奪。

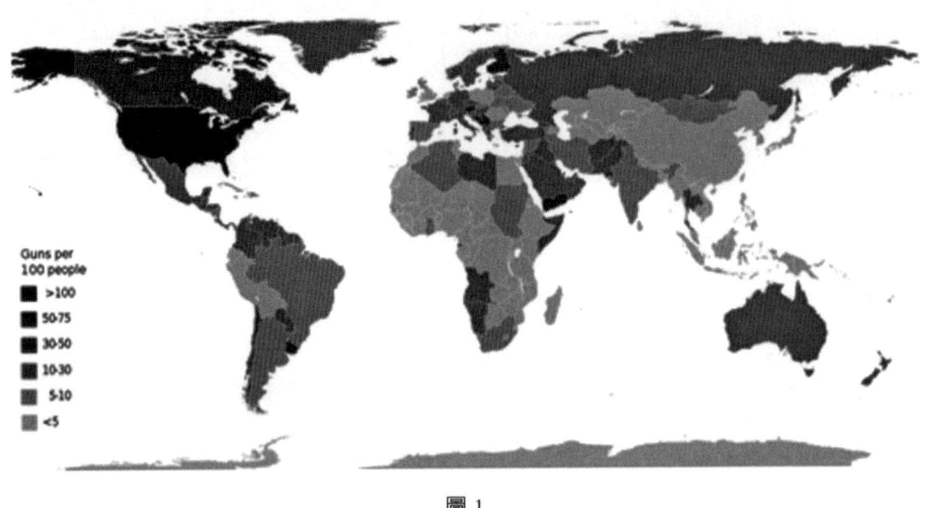

圖 1

合法持有槍械的優點

可保護自己、家人、朋友、財物、女性則可以更有效的自保，以及產生糾紛時可能會預設對方有槍而降低暴力衝突的情況，但也有可能直接上升爲槍枝傷人的事件。從圖 1 可知，可持槍的州約半數的犯罪率是小於每 10 萬人中 300 人，而不可持槍的州的犯罪率是大於每 10 萬人中 500 人。

槍枝合法化除了上述內容外，還有什麼優點？柏拉圖認爲「人的靈魂具有三個部分：理性、勇氣與欲望；國家也具有三個部分：哲學家、士兵，人民」，至今我們應將此段內容與民主做一個新的結合，建立民主需要一定的知識與武力，保持民主亦然。

冷兵器時期，人民尚可以用農具、廚具等對抗刀、弓、長槍、戰馬等，甚至在熱兵器初期的單發式槍械，人民尚可以用人海戰術去推翻政府。但在此時此刻，政府有各式各樣的熱兵器，如槍枝、坦克、炸藥等，人民甚至連冷兵器時期的武裝都沒有，談何讓政府有所警惕？除非是軍閥倒戈，帶領人民要對抗政府，否則是相當難以與政府對抗，因此在現代應需要讓槍枝合法化。

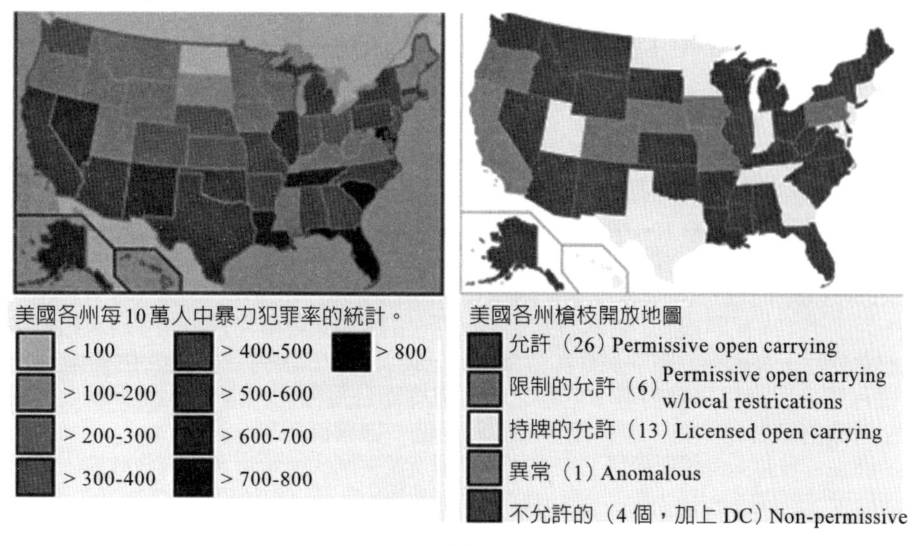

圖 2

思考西方世界槍枝合法化的由來，以及參考西方歷史法國大革命、英國光榮革命、美國獨立，已知推翻政府必然是政府與人民期許差距過大，無不是如此。人民最終的訴求都是民主，而它們如何**保持民主的活性，也就是讓人民永遠不相信政府，讓政府有所警惕，更甚至部分國家讓人民擁有一定的武力——槍枝合法化，政府就更加不能為所欲為**。

參考《美國獨立宣言》起草者，托馬斯 · 傑弗遜總統（Thomas Jefferson）名言：

1. 自由之花需要經常用愛國者和暴君的鮮血來澆灌。
2. 如果一個國家期望在國民無知的情況下卻擁有自由，那麼這種期望無論在歷史上，還是未來都絕不會實現。如果我們打算抵禦無知和捍衛自由，每位美國人都有責任了解一件公共事務的來龍去脈。
3. 禁止持有武器的法律。只會解除那些本來就不打算或沒有決心要犯罪的人的武裝，這樣的法律只會讓受害者變得更糟，讓行兇者更強；它們相當於鼓勵兇殺，而不是阻止，因爲一個沒有武裝的人更可能被一個武裝的人襲擊。

6-24 槍枝該不該合法化？（二）

延續上一節，參考《美國獨立宣言》的內容，文中提到：**「政府的正當權力，來自被統治者的同意。當政府濫用職權、強取豪奪，足以證明將人民置於絕對專制統治之下時，人民有權利，也有義務推翻這個政府，並為他們未來的安全建立新的保障。」**

參考美國憲法修正案第二條（參見圖 2）：公民普遍有持槍權利。紀律良好的民兵是保障自由的安全所必需，因此人民持有和攜帶武器的權利不得侵犯。人民有別於政府，人民持有和攜帶武器有別於政府軍警持有和攜帶武器；保障自由州有別於保障聯邦。

兩百多年來，民間據此一直擁有武器。人們在拓荒中跟野獸和強盜鬥爭時，已知持槍的重要性。美國獨立戰爭民兵和游擊戰，已使各州人民普遍認識到**公民普遍有持槍權利是公民權和州權的基本內容之一，是捍衛公民權和州權的最後手段，是對產生暴政的威懾和制約，是保衛自由與和平的一道鋼鐵防線**。

由圖 1 可看到，美國對於民主的方式是希望全體美國人有智有武的監督政府，甚至必要時可推翻政府，所以美國開放槍枝合法化，讓人民可以有效箝制政府。

圖 1　A well regulated Militia, being necessary to the security of a free State, the right of the people to keep and bear Arms, shall not be infringed.（紀律良好的民兵隊伍，對於一個自由國家的安全實屬必要；人民持有和攜帶武器的權利，不得予以侵犯。）

合法持有槍械的缺點

1. 持槍傷（殺）人事件、持槍搶劫、校園可能有精神病患持槍殺人事件等，壞人有槍比率比一般人還多，參見圖 2。
2. 槍枝合法化的優點會隨時間地點而改變；換言之，100 年前的武力對等而監督政府是可執行的，但現在武力可能永遠不對等，目前可能不再是優點。

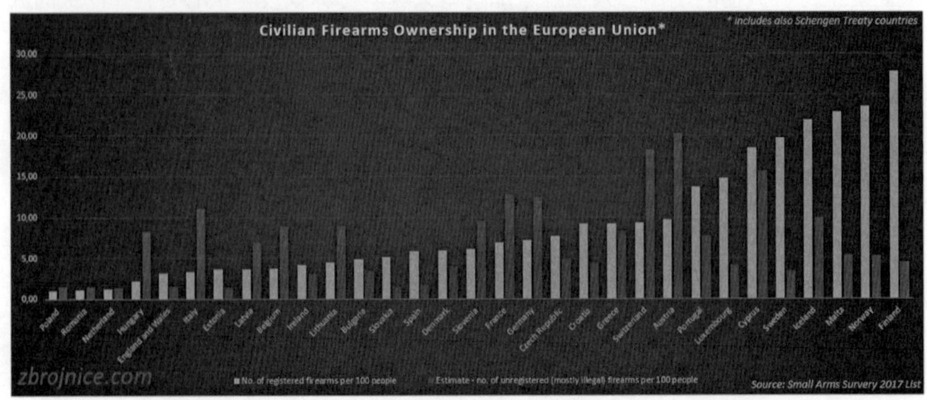

圖 2　各國槍械比率，左邊長條是合法持有槍械比率，右邊為非法。

結論

我們應該思考與討論：槍枝傷人事件與民主，應該看重哪一個？槍枝合法化與不合法哪一個利大於弊。

1. 槍枝合法化：保護自身，也有讓國家民主化的傾向。但必須接受槍枝傷人的情況，並由其他方面來降低槍枝傷人事件。
2. 槍枝不合法：放棄武力對等來監督政府，由別的方式來監督民主，以及放棄其他優點，如：女性自保、保護自己及朋友、財物。

槍枝合法化有其優點，但要考慮其是否過時、也要因地制宜，並要考慮其缺點是否會相當致命，應該多方思考並找出平衡點。

「在文明國家，碰到了眞理就會六親不認，這是西方國家文明進步的主因，如果碰到了人情，眞理就會轉彎，這就是中國人社會至今仍然野蠻落後的原因。」

——台灣小留學生家長協會（祕書長）黃育旗（Johnny Y.C. Huang）

6-25 房屋該符合居住正義，還是自由經濟市場？

以前有飢荒，而時代進步，農業利用機器，大多數國家可以供應糧食給每個人，即便是人口增加，也是可以讓大多數人有飯吃。而房子應該也是類似的問題，工法進步，可以蓋得出夠高的大樓，材料也未必缺乏，爲什麼房屋相對以前更貴、更難買，上一代可能是不吃不喝 10～20 年買屋，現在卻要 40～50 年。爲什麼房屋的價格並沒有隨時間下降呢？

台灣建屋有著諸多土地限制：建蔽率、容積率、容積移轉、公設比率，使得不能無限多蓋來壓低價格。文化上也把房子視爲商品，但屯房稅、交易等諸多稅不高（如：日本持有稅是台灣的 42.5 倍，美國是台灣的 25 倍），使其可以輕易囤積房子，進而造就價格上揚。而在房價高飛的情況，人們轉向租屋市場，而租屋市場需求變高，價格也隨之上揚後，租屋一輩子等於買屋，人們還是轉回應該買房。惡性循環後，買租屋的價格就逐年一直上揚，參考房價變化、買租屋比率之圖 1、圖 2。台灣文化存在「有土斯有財」的想法，存在著買屋可自用或租別人房子收租的想法。太多因素使房價上升，當所得跟不上房價時，那麼買不了房子就可預期。

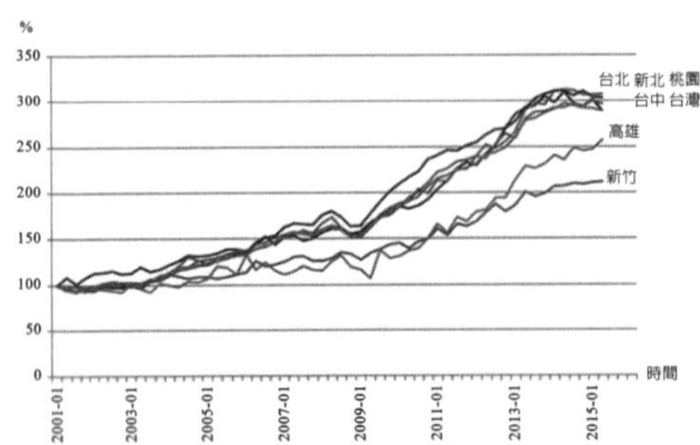

圖 1　參考自信義房屋的房價指數，2003 年到 2015 年雙北市房價指數漲了將近 3 倍

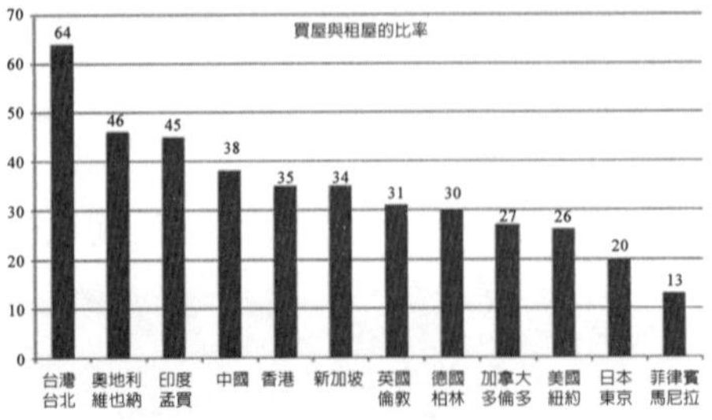

圖 2　各國房價與房租的比率，參考 Global property guide。

回過頭思考，房屋應不應該是一個商品？由上述可發現，如果將房子視爲商品，似乎不利於社會發展，但是又存在交易，難道不該符合自由經濟市場嗎？事實上，還有一個模糊地帶，民生用品受限於政府與法律管理。觀察其他國家如何處理房子的問題，如：房價、買租等。

1. 依照美國聯邦政府的計算，居住成本應該不超過全家所得的 30%。而台灣底薪約是 25,000，而租屋近 10,000，台灣居住大不易。
2. 德國政府認爲，住宅是人民生活的「必需品」，就跟飲水、食物、衣服一樣，它不可以像一般商品一樣，炒作到非常高價，造成一般民衆無法擁有，認爲炒房＝

犯罪。而它們的處理方式是拉高房子的稅，使人不想屯房、炒房，並且政府設公宅，有一定品質；而房東也受到諸多限制，必須對房子的房客負責，不得亂拉抬房租，漲租金必須合理，否則會被告，使人願意長期租屋。

3. 歐洲其他國家重視人權，以社會福利方式來解決居住問題，類似德國的方法，而不會房價高飛，以免進一步演變爲流血衝突。**並且存有「社會資本主義」的概念，認為房屋是民生用品，而不該是「自由市場」的商品，政府要介入控管。**

結論

台灣正在走向老年化社會，沒有房屋一定程度上造成許多人不願生孩子。政府應該好好正視居住正義，才能解決少子化問題，經濟流動才會順暢。**當房子不是民生用品，而是被視為商品時，會導致年輕人窮忙，不再信任政府會解決居住正義，進而對政治冷漠**。台灣已經是空屋率高、房價高的畸形市場，怎麼會有商品庫存一大堆賣不掉還變更貴的情況，政府應該找出最佳化的解決方案，而非放任惡性循環。

延伸思考

「有土斯有財的買屋想法」與「沒房子難以結婚，反而造成不生、不孝的局面，因爲不孝有三，無後爲大」，文化希望人孝順，又增加相當大的難度，是否相當矛盾？

相關資料

「建蔽率」、「容積率」是什麼？https://www.searchome.net/article.aspx?id = 37035

何謂容積移轉？https://ubct.kcg.gov.tw/SC/

房價指數，http://www.sinyi.com.tw/knowledge/HPI_season.php/5812/2

買租比，http://www.globalpropertyguide.com/most-expensive-cities

居住成本不應超過所得 30%：http://www.chinesedaily.com/focus_list.asp?no = c1369120.txt&catid = 2&lanmu = C01&readdate = 5-2-2015

德國：房屋不是商品，是人權，德國房價爲何十年不漲？借鏡德國房市政策：炒房 = 犯罪

6-26 提高總產值，只能低產值、高工時嗎？

在台灣，每個出社會的年輕人都曾想過——爲什麼會的技能比上一代多，卻活得比上一代差，工時長、薪水少，到底是不夠努力，活該被罵草莓族，還是有別的問題？誠然一部分人渾渾噩噩，但大多數人還是認眞工作，但是薪資總跟不上物價、房價等。觀察工時與時薪的關係，參見下述圖 1 及表 1。

表 1

國家	中文名稱	GDP	年工時	時薪	週工時
Germany	德國	48989.5	1363	35.9	26.2
Netherlands	荷蘭	51284.6	1430	35.9	27.5
France	法國	41489.9	1472	28.2	28.3
United Kingdom	英國	43073.9	1676	25.7	32.2
Canada	加拿大	44025.2	1703	25.9	32.8
Japan	日本	41540.6	1713	24.3	32.9
United States	美國	57591.2	1783	32.3	34.3
Korea	韓國	27539.0	2069	13.3	39.8
Mexico	墨西哥	18579.4	2255	8.2	43.4
Taiwan	台灣	22453.0	2034	11.0	39.1
AVERAGE	平均	27672.7	1980	14.0	38.1
MEDIAN	中位數	24956.2	2004	12.4	33.5

資料來源：OECD

GDP：https://data.oecd.org/gdp/gross-domestic-product-gdp.htm

工時：https://stats.oecd.org/Index.aspx?DataSetCode = ANHRS

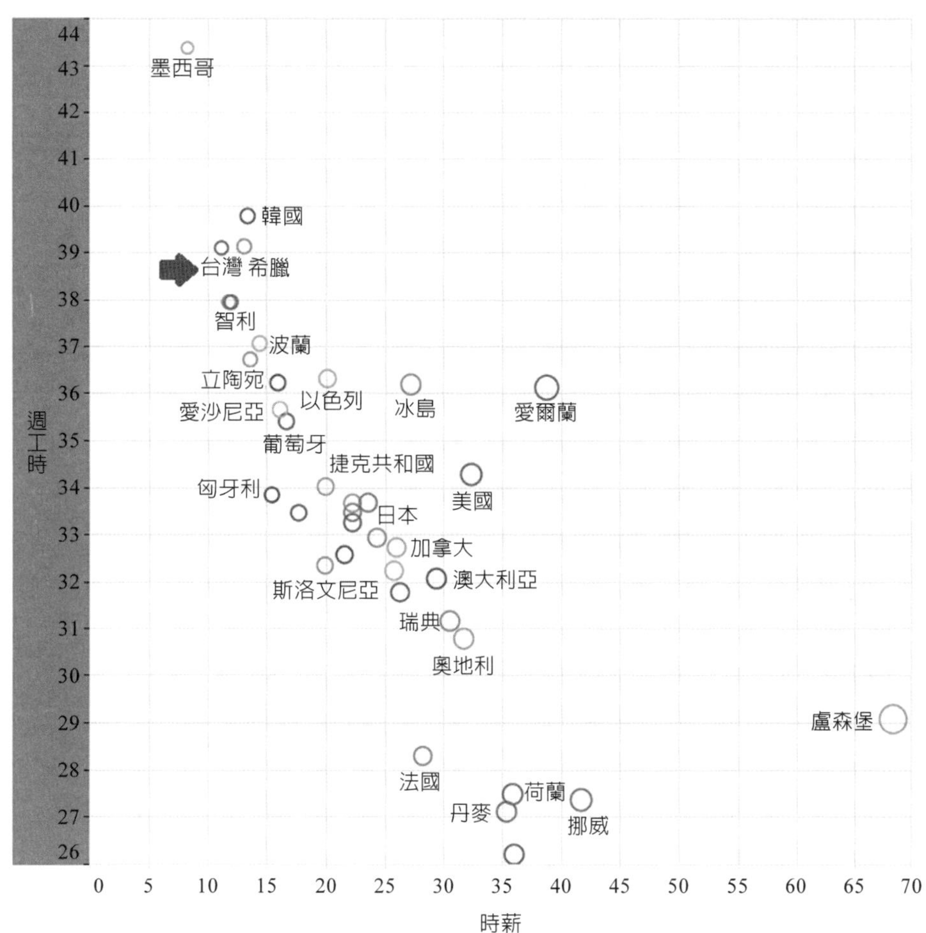

圖 1　時薪（美元）與週工時（小時）關係圖

由以上資料可發現，工時高反而產值低；但工時低反而產值高，越是先進國家越是如此。如：德國工時最低，但 GDP 相當高。依作者的認知是，台灣多數企業都在做沒有創意的事情，導致低產值，所以要用**「高工時、低產值」**來彌補總產值。如：占出口外銷 60% 以上的資訊代工（OEM / ODM）。所以應該思考先進國家，爲什麼可以做到**「低工時、高產值」**？

參考蘋果的例子，蘋果的關鍵技術大多掌握在自身，而其他硬體部分由台灣大量製作，蘋果賺走 80% 毛利，台灣廠商只賺到 3% 毛利，因此蘋果用的是創意產生高產值，而其創意也造就品牌的**價值**。所以先進國家的方法在於創意，有用心做出高品質產品。故要做到有創意的高品質產品，才能夠達到**「低工時、高產值」**。台灣在亞洲之中，教育程度相當高，有一定機會走高科技產業，只要有 30% 的人可以利用所學、發揮創意，相信可以做到低工時、高產值，進而提高薪資。

台灣不該因爲低產值就想用時數去補回總產值，這是錯誤的想法。台灣的文化充斥著**「薄利多銷、以量取勝、勤能補拙、貨比三家不吃虧、Cost down、俗又大碗、追求 CP 值」**的想法，不認爲自己有能力可以做得很好，所以就做不是很好的東西，再用數量來彌補，而用數量彌補時需要大量人力，而人力不足時則導致工時上升，這就是大家爭論不休的工時問題的**最大主因**，也就是陷入惡性循環的迴圈，參見圖 2。

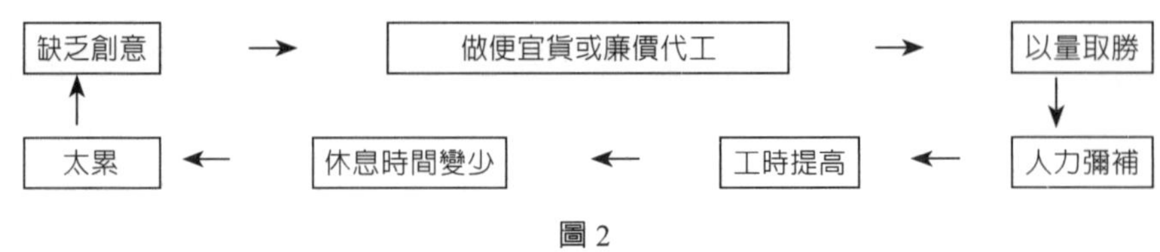

圖 2

反觀德國的企業文化是低工時、高產值的工作環境，要求做得好，不粗製濫造，**不相信便宜有好貨**，而是堅信**一分錢一分貨**，好到一定地步，再外銷來使 GDP 上升。所以台灣的高工時、低產值是文化使然，要拋掉不好的企業文化，做出有創意、高品質的產品，才有可能降低工時、增加產值，好讓目前這些爭論不休的工時問題停止。

台灣產業自 1980 年代，以高科技代工爲主，當時毛利率有 10 到 15%，但到了現在，不到 0 到 3%。顯而易見，高科技代工已經行不通。台灣產業必須向先進國家學習，然後找出一條最適合台灣的轉型道路。目前各國已有更便宜的人力取代台灣，如：越南、柬埔寨，台灣如果現在不改變，經濟將繼續下滑，繼續惡性循環，繼續爭吵勞工問題。

上一代或資方不應該過度依賴過去成功經驗，時代會改變，不同的產業經營方向也要改變。台灣部分人**不相信或不知道世界上有低工時、高產值的事實**。如果繼續用高工時、低產值來衝高總產值，台灣的經濟終將會被時代所淘汰，年輕人則會繼續活得比上一代差。

Note

6-27 兔子不會思考獅子吃飽沒，那下位者應該替上位者著想嗎？

林語堂曾說：「中國就有這麼一群奇怪的人，本身是最底階層，利益每天都在被損害，卻具有統治階級的意識。在動物世界裡找這麼弱智的東西，都幾乎不可能。」換言之，下位者不需要替上位者著想。動物界不會看到被掠食者擔心掠食者是否吃飽，進而獻身者。但人類世界濫用同理心，**上位者利用話術，要求或教導下位者需要替上位者著想**。

過往一定聽過，老師那麼兇、亂體罰人、打人，若是投訴他，有同學會說到時候沒有成功，全班都會倒楣，不如一起忍耐吧！或是會聽到，你也替老師想想，他管理班級、工作那麼辛苦，替他著想吧，不要投訴他。同樣的情況也可以延伸到威權時代的官僚與警察系統之於人民的情況。在社會事件上，也會聽到車禍撞死人，撞死人的車主哭訴說自己還有家庭要養，可否判賠少一點。這些都是**要求下位者要有同理心替上位者著想**，這聽起來相當不公平。

弔詭的思想造成更多的社會、文化影響。下位者對上位者有同理心，下位者容易變成奴隸。因為上位者不理解、不想了解奴隸的生活困苦，只擔心下位者的聯合抗爭。因此在錯誤前提下，教導下位者應該要有同理心，造成下位者的分化，極少數是會抗議的奴隸，以及大部分只在乎自己目前生活的奴隸。

這些奴隸不願抗爭、不願冒險，只想要短暫的安逸，比會認真生存、逃離天敵（掠奪者）的一般動物還不如。但是如果有人抗爭成功，爭取到權利，這些人會毫不猶豫地對這些權利分一杯羹，並美其名當初我沒有搗蛋、告密。並踩在道德點上指責人應該平等，在一起當奴隸時，你不能過得比我好，大家要一樣慘；爭取成功後，大家要一起好，你要有同理心幫我一把。

錯誤的思想，造就只要權利、不要義務的人。簡單來講就是怕壞人，欺負心軟的人。

引述西方哲學家的言論

「在人民完全無權參加政府事務的國家中，人民變成冷血動物，他們迷戀金錢，不再熱衷於國事。人民只會爲某位演員而狂熱。他們並不爲政府分憂，也不關心政府有何打算，而是悠然地等著領薪金。」

——伏爾泰

「人們已經習慣於依附、舒適、安樂的生活，再也沒有能力打碎身上的枷鎖，爲了維護自己的安寧，他們寧願帶上更沉重的枷鎖。」

——盧梭（Jean-Jacques Rousseau, 1712～1778）

「大多數人內心，與生俱來有善與惡、勇與怯的種子，這是人的天性；後天如何成長，則取決於教養與環境。」

——拿破崙

「最無可救藥的是身爲被奴役的人，還以爲活在自由之中。」

——歌德

由上述可知西方的價值觀，認爲下位者（人民）必須要參與上位者（國家）的事務，以免被專制統治，並且認爲人類特有的天性是只要苦痛仍在忍耐範圍，就會選擇繼續忍耐，但當超過忍耐極限時，卻往往已經抑制不住問題。西方重視教育環境，認爲不該一昧的退讓，以免被上位者灌輸錯誤的觀念。因爲已經歷被過度奴役的時代慘狀，知道被奴役的人會誤以爲自己是快樂的籠中鳥。

有必要重新解讀同理心的意義與對象，存在上下位的情況時，不應過度放大同理心，上位者應對下位者有同理心，而非下位者對上位者有同理心。如下位者對上位者有同理心，惡性循環之下，會造就不民主的國家。

6-28 AI 的高度發展後，無條件基本收入作為配套可行嗎？

從歷史來看，每一次的產業變化都會衝擊社會結構，如：工業革命衝擊農業。到如今，AI 經由機器學習後越來越聰明，可以做的事情越來越多，未來會受到衝擊的不是一個產業，而是許多產業都會受到衝擊，如：運輸業、醫療、教學、工業等。而受到衝擊的產業勢必會用 AI 來取代人力，降低成本，進而造成許多人沒有工作，也就是失業率上升，到時該如何因應？

未來高科技 AI 必然會衝擊產業，導致許多人沒有薪資，然而我們不能等發生才想辦法處理，目前已經有許多人呈現沒有工作的狀態，世界對高失業率仍沒有提出好的解決方案。部分國家提出無條件基本收入（Unconditional Basic Income，簡稱 UBI）[註1]，希望可以藉此解決社會問題。但這樣的方案眞的可行嗎？如果到更 AI 化的時代，這樣的方案還能繼續嗎？

無條件基本收入設計的起源來自世界人權宣言第二十五條：「人人有權享受其本人及其家屬康樂所需之生活程度，舉凡衣、食、住、醫藥及必要之社會服務均包括在內；且於失業、患病、殘廢、寡居、衰老或因不可抗力之事故致有他種喪失生活能力之情形時，有權享受保障」，經濟、社會及文化權利國際公約第十一條：「本公約締約各國承認人人有權爲他自己和家庭獲得相當的生活水準，包括足夠的食物、衣著和住房，並能不斷改進生活條件」。

有部分人認爲，無條件基本收入是唯一可以眞正幫助窮人的社會福利，在現行社會福利體制下，不論如何排富或是資產審查制度，都會有補助門檻的問題與貧窮陷阱的效應，或不知道如何申請補助，或不知道是否符合資格，或是讓不需要或不符合資格的對象取得補助，而導致眞正需要的對象無法獲得，受補助的群體還會有被歧視與標籤化的問題。

無條件基本收入是一種無條件被保障的收入，目前有五個標準（取自 WIKI）：

1. 定期發放，而不是只給一次。
2. 以金錢方式支付，讓個人可以自行決定自己的需求，而非食物或其他物資。
3. 以個人爲主體，而不是家庭、組織、單位等。
4. 普遍性，發放給全民，沒有資格審查。
5. 無條件，不以工作勞務付出，或展現工作意願做爲條件。

目前認同「無條件基本收入」方法的人，判斷人類勞動由高度智慧機器取代後，沒工作的人仍然可以享受生產成果的最佳措施。而反對者認爲，無條件基本收入會讓人們失去工作的意願，從而使整個經濟衰退。而作者認爲「傲慢、貪婪、色慾、嫉妒、暴食、憤怒及怠惰」是多數人類的天性，人類會因怠惰、嫉妒這幾個天性，就使「無條件基本收入」破滅。如：有做事的人忌妒不做事的人，而不做事的人變得更爲怠情。也使人質疑發放基本收入所需的財政來源，如果要增稅，是否會導致物價上漲。

目前也有許多研究指出，基本收入不會使人們失去工作的意願，反而更熱愛做事情。作者對此仍然存疑，因爲研究的對象，並不是大到國家等級。也因各國文化有所差異性，未必每個國家都適用。芬蘭已經對部分區域的人執行最低薪資的實驗，但有文章指出「芬蘭無條件基本收入實驗結果如何？快樂但還是沒工作？」(註2)，所以可發現 UBI 在現代只解決或減緩部分問題，如：沒工作者的生存問題，或是沒工作者造成的社會動盪，但要了解到 UBI 的社會的影響是正面還是負面，目前仍沒有結論。

如果將環境假設爲電影《美麗新世界》的高度 AI 化的生活情況，每個人都可以活下去，姑且不討論階級制度，有一階級（伽瑪）的人不用工作，可以每天醉生夢死，也可以認眞生活，但絕大部分人仍然不會主動做對社會有意義的事情，所以基本收入在高度 AI 化階段的世界可能有問題。

AI 的高度發展後，失業率會產生怎樣的變化？部分人士認爲會如同高度工業化時代一般，失業率會先上升後下降，失去既有工作的人會轉向新型態的工作。但作者認爲，AI 的高度發展後必然會讓失業率上升，因爲進入 AI 時代，未必會發生類似進入高度工業化時代的情況，目前沒有任何新型態工作可以做爲預防因應 AI 大幅產生失去的工作人口。作者認爲這兩個情況產生的失業人口差距相當大的，即便有新型態工作也彌補不了缺口。

若以無條件基本收入作爲配套，作者認爲是不可行的方案。要解決失業率並讓每個人有最低生活需求的錢財，還是必須使用其他的方法。可以參考更多北歐國家的社會福利制度、補助制度，以德國爲例，失業後政府會提供補助救濟金，讓你維持原本一定比例的原本生活，根據情況不同，會補助 60% 以上不等(註3)。補助時間最長可到兩年，而失業者必須在兩年內找到工作。德國的高額補助是源自於稅制高，稅制高又源於政府財政透明度使人民足夠信服。

作者認爲要解決失業率，仍然是要讓人民有工作所得，而不管是哪一種型式的工作。到了 AI 取代人力時期，還是要有另一種型態的工作讓人民有工作所得。至於無條件基本收入這種類似烏托邦的理念，目前仍沒有定論，且實驗樣本數太小，作者不認爲 UBI 是一種好方法，還存有許多問題，畢竟烏托邦不可能存在，若使用類似烏托邦的方法，豈不是顯得自相矛盾。

「假使你不願自殺，你最好找點工作做」。

——伏爾泰

註 1：無條件基本收入（Unconditional Basic Income），又稱為全民基本收入（Universal Basic Income）、基本收入（Basic Income）。

註 2：芬蘭無條件基本收入實驗結果如何？快樂但還是沒工作 http://technews.tw/2019/02/16/finland-basic-income-trial-left-people-happier-but -jobless/

註 3：看一看！德國失業金有多好！https://www.secretchina.com/news/b5/2015/04/19/ 573669.html

雪崩時，沒有一片雪花覺得自己有責任。

——伏爾泰

我們一定要選邊站。中立只會幫到壓迫者，而不是受害者；沉默只助長施暴者，而非受暴的人。

——埃利 · 威塞爾（Eliezer Elie Wiesel，1986 諾貝爾和平獎得主）

第七章
哲學思辨使西方文化由獨裁走向民主

7-1 認識歷史（一）

為何西方文化由獨裁走向民主？作者認為受下述影響：邏輯、理性、科學、哲學、地形、宗教、歷史、教育等，其中彼此有關聯性，應該從中認識並學習，才能有助於台灣的民主化。

認識政體在歷史上如何轉變

<table>
<tr><th>時間</th><th>歐洲</th><th>中國</th><th>時間</th></tr>
<tr><td rowspan="4">前 350～
前 5 世紀</td><td rowspan="4">史前時期</td><td>黃河文明</td><td>前 70～前 30 世紀</td></tr>
<tr><td>夏、商</td><td>前 20～前 10 世紀</td></tr>
<tr><td>周</td><td>前 10～前 8 世紀</td></tr>
<tr><td>春秋</td><td>前 8～前 5 世紀</td></tr>
<tr><td rowspan="4">前 5～5 世紀</td><td rowspan="4">古典時代</td><td>戰國</td><td>前 5～前 3 世紀</td></tr>
<tr><td>秦</td><td>前 3 世紀</td></tr>
<tr><td>漢</td><td>前 2～3 世紀</td></tr>
<tr><td>五胡、晉、南北朝</td><td>3～6 世紀</td></tr>
<tr><td rowspan="4">5～15 世紀</td><td rowspan="4">中世紀</td><td>隋</td><td>6～7 世紀</td></tr>
<tr><td>唐</td><td>7～10 世紀</td></tr>
<tr><td>宋</td><td>10～13 世紀</td></tr>
<tr><td>元</td><td>13～14 世紀</td></tr>
<tr><td>15～17 世紀</td><td>文藝復興</td><td>明</td><td>14～17 世紀</td></tr>
<tr><td>17～18 世紀</td><td>啓蒙時期</td><td>清</td><td>17～20 世紀</td></tr>
<tr><td>18～21 世紀</td><td>近代、現代</td><td>中華民國／中華人民共和國</td><td>20～21 世紀</td></tr>
</table>

1. 史前時期

(1) 西方：希臘文明之前，人類由動物的本能驅使，聚落也是武力至上，再向權力靠攏，逐漸形成獨裁的情況。此時的西方宗教有猶太教，或是多神論等。

(2) 中國：此時中國約在春秋之前（黃河文明、夏、商、周、春秋），其宗教以天為主，也就是道教，文化是在春秋時期開始百家爭鳴。

2. 古典時期（西元前 5 世紀～西元 5 世紀）

(1) 西方：此時期希臘文明漸漸構築出民主的雛形——元老院，但只是狹義的民主，此時的民主是在少數人手上，而非全體人民。埃及、羅馬未有民主，且是多神論宗教，而後基督教在歐洲冉冉升起。

(2) 中國：此時約在戰國時代到南北朝（春秋、戰國、秦、漢、五胡、晉、南北朝），其宗教以道教為主，東漢時期佛教傳入中國，文化由百家爭鳴轉為儒教獨大。此時中國的信仰也可稱為三教——「儒、釋、道」。

3. 中世紀（5 ～ 15 世紀）

(1) 西方：此時的歐洲以羅馬帝國為主，王權與神權（基督教）的關係從對立到互助，起因於康斯坦丁大帝在西元 313 年開始信奉基督教，開啓了君權神授、政教合一的政體，將基督教列為國教，以利於管理人民，與征戰各國。

除王權外，一般民眾的文化也因基督教產生了貴族文化與騎士精神。其中最為特別的是奉獻文化，一般的宗教難以產生無私的奉獻與守護，但基督教做到了，如：騎士的守護精神，傳教士身心靈的無私奉獻（如：南丁格爾（Florence Nightingale）、馬丁路德、馬偕、史懷哲）、民眾的貢獻歷時 600 多年的科隆大教堂（1248～1880）。也可在聖經中發現到「要愛你的鄰人」、「愛神的，也要愛自己的弟兄」，也可在路邊的傳教士聽到願主賜福你，即便你不信基督教，無不在顯示基督教的特有奉獻、大愛精神。

(2) 中國：此時約在南北朝到明朝（南北朝、隋、唐、宋、元、明），其宗教仍以道、佛為主。此時中國的信仰為三教——「儒、釋、道」，部分人提出三教合流，三者初期互相獨立，之後相互影響、融合，最終形成了一個整體。

中國並無產生類似西方貴族文化或騎士精神的守護或奉獻理念，最接近是墨家思想的兼愛，但並沒有成為主流。基督教曾提過「你們處世為人，不要貪愛錢財」（希伯來書 13:5），也曾聽過西方有錢人無償捐出財產，如：比爾蓋茲，但中國幾乎不曾出現。

中國、台灣大多數人沒有好處的事情怎有人願意去做，也就是文化特性相當現實。更別提許多人自以為聰明的合法鑽漏洞占人便宜，如：台灣好市多層出不窮的免費佐料濫用與打包、30 天使用無條件退貨（美國亦然）、免費停車位；華人在美國參加宴會買衣服，之後退貨，變成免費使用，等等貪婪情況難以造就奉獻文化。儒教也提倡以德報怨、何以報德，以至於更難以出現奉獻文化。亞洲比較接近歐洲的奉獻文化是日本武士道精神，但日本武士道的對象是領主。

(3) 西方宗教與中國：1293 年宣教士孟德高維諾（John of Montecorvino）拜見忽必烈，被允許在蒙古帝國宣教，開始羅馬天主教（當時稱也里可溫教）在華傳教的歷史。直至 1368 年，朱元璋建立明朝，也里可溫教隨著蒙古帝國結束而在中國結束。

7-2 認識歷史（二）

4. 文藝復興時期（14～17 世紀）、啓蒙時期（17～18 世紀）

(1) 西方：由哥白尼、伽利略、牛頓等哲學家、數學家、物理學家，提出日心論、使地心論受到衝擊，最終理性、科學、邏輯抬頭，影響到神學的內容。並產生大量哲學家，使整個文化受到啓蒙，哲學家利用數學、邏輯思考數學及社會等等內容，最終使歐洲大部分獨裁的政體逐漸轉變爲民主。其中最有名的是法國大革命[註1]、光榮革命[註2]。法蘭西思想之父——伏爾泰，他研究君主立憲的政治制度和英國社會習俗、洛克等學者的理論和牛頓的物理學成果，形成反對封建專制主義的政治主張和自然神論的哲學觀點。

(2) 中國：此時約在明朝到清朝（明、清），其宗教仍以道教、佛教爲主，文化是儒教獨大。此時中國的信仰爲三教——「儒、釋、道」。

(3) 西方宗教與中國：明朝直至 16 世紀，耶穌會重啓羅馬天主教在華傳教。如：1583 年，羅馬天主教耶穌會傳教士利瑪竇（Matteo Ricci）[註3]、羅明堅（原名米凱萊 · 魯吉里（Michele Ruggieri））來到肇慶傳教，1601 年傳教士開始接觸北京及沿海地區，其中亦包括台灣。

註 1：法國大革命（1789～1799）讓法國政治體制發生衆多轉變，統治多個世紀的絕對君主制與封建制度在三年内土崩瓦解，傳統君主制的階層觀念及天主教會統治制度被**自由**、**平等**、**博愛**等新原則推翻。1792 年 9 月 22 日，法蘭西第一共和國由國民公會宣告成立，之後復闢帝制、再度共和，一直到 1958 年共經歷了 5 次共和，直到現在一直是民主國家。

註 2：光榮革命（Glorious Revolution）是英國政體改變，發生於 1688 年到 1689 年，沒有流血事件的產生並建立起君主立憲制。光榮革命與法國國王路易十四的大同盟戰爭密切相關，可以被看作該戰爭的一個組成部分。英國受法國的影響，從而發現帝制的問題，如：君王的迫害宗教、向英國工商業競爭對像法國靠攏等。最終英國進而建立君主立憲制。

註 3：利瑪竇對中國的評論，中國具有許多陋病，參見下述：

(1) 小心翼翼用諒解的詞句，提出自己的論證。
(2) 根深蒂固的中國中心論，把國家誇耀成整個世界，並稱做天下。導致中國人對海外世界徹底的全無了解，認為整個世界在他們的國家之內。並認為其他都是小國、蠻夷。
(3) 中國中心論進而產生朝貢體制，但也發現納貢者得到更多。他認為中國人知道是一場騙局，但不在乎欺騙。或者說，他們在恭維他們的皇帝，方法是讓他相信全世界都在向中國朝貢，但實際上則是中國向其他國家朝貢。
(4) 中國中心論產生過度的文化優越感，以致於不能相信要向外國人學習，並相信只有中國才有真正的科學與知識。
(5) 中國人害怕且不信任外國人，嚴禁與外國人來往已成為一種習慣。
(6) 他認為古老的文明可能走到一定的盡頭，但是無論在中國建立什麼樣的政體，或者強加給它什麼樣的政體，這個民族的基本特徵是不會改變的。

作者認為利瑪竇的精闢見解，直到 2020 年仍是如此。

參考自：利瑪竇眼中的中國人，具有劣根性，向全世界進貢還自鳴得意
https://kknews.cc/history/l2vljl2.html

5. 近代、現代（18 世紀以後）

(1) 西方：歐洲在 18 世紀後經歷了工業革命、一戰、二戰，其中獨裁國家大多解體，如德國、俄國，而法國更是經歷五次共和，美國甚至發動獨立戰爭，脫離英國成爲新國家。大多數先進國家以民主制度爲主，而宗教多以基督教與天主教爲主。

(2) 中國：此時中國是清朝到中華民國／中華人民共和國，其宗教仍以道教爲主，文化是儒教獨大，此時中國的信仰爲三教——「儒、釋、道」。但中國受西方民主文化影響，推翻滿清的帝制獨裁，進入民主共和階段。值得一提的是基督教的教義，並沒有如佛教一般融入「儒、道」成爲新宗教思想——「三教合一」。其原因可能是一神論與多神論的關係，有著根本差異。

小結

由西方歷史可知西方的民主是起於希臘時期的寡頭政治，相對於現在民主觀念已經不同，下一次民主化是發生在文藝復興、啓蒙時期，下一篇將會進一步介紹，西方文化如何由獨裁走向民主？

參考資料

世界歷史年表 https://kknews.cc/zh-tw/history/8e3zpe.html

中國朝代 https://zh.wikipedia.org/wiki/%E4%B8%AD%E5%9B%BD%E6%9C%9D%E4%BB%A3

歐洲歷史 https://zh.wikipedia.org/wiki/%E6%AC%A7%E6%B4%B2%E5%8E%86%E5%8F%B2

圖 1　取自維基百科，自由引導人民，尤金 · 德拉克洛瓦（Eugène Delacroix）為紀念 1830 年法國七月革命的作品。

7-3 民主化的因素

1. 歐洲如何民主化

(1) 歷史：已知壓迫越大，革命越多，越容易讓王權放棄獨裁，進而民主。而後未來的人學習歷史，知道獨裁的弊端，越來越民主。

(2) 邏輯、科學、理性的抬頭：讓哲學家更有效利用這些內容來描述自然界，並思考神學、是否有神職人員錯誤解讀或是胡說八道，降低神權的威權部分。也降低政教合一的權利集中情況，最終使民主素質提升。

(3) 人文哲學：邏輯、科學、理性的抬頭，也造就人文哲學的土壤，使其思考民主的重要性與好處，獨裁的弊端。

(4) 地形：歐洲地形破碎，使革命者有更多的生存機會，進而革命成功。

(5) 教育：自希臘時期起，教育不斷培養人的邏輯性，如：自由七藝中的文法（語言／非形式邏輯）、修辭（文史素養）、辯證（形式邏輯／演繹邏輯）、算術（數學／演繹邏輯）、幾何（數學／演繹邏輯）、天文（與數學有關）、音樂（與數學有關）可發現教育重點就是邏輯、理性、哲學思辨，也就是民主基礎。

(6) 糧食：糧食作物，水稻、小麥、玉米與馬鈴薯，而地瓜也可以緩解一定程度糧食問題。歐洲自 16 世紀從南美洲帶回馬鈴薯、玉米、地瓜緩解歐洲糧食問題，進而讓人民多出一部分時間在非農作上，進而學習知識。

(7) 馬斯洛需求滿足（Maslow's hierarchy of needs）：延續上一個討論，馬斯洛需求理論指出，下述需求大多數人都是層層推進，a. 生理需求，b. 安全需求，c. 社交需求，d. 尊嚴需求，e. 自我實現需求，f. 超自我實現。而歐洲在不同階段都有人可以執行對社會有所幫助的自我實現需求，如：阿基米德、伽利略。

(8) 歐洲人的民族性是邏輯、反思與挑戰、渴望自由等。

(9) 宗教要解釋聖經，會被要求一定程度的合理性，進而提升哲學思辨。

種種影響之下，造就了西方的民主文化。

2. 中國為什麼難以民主化

中國沒有民主，甚至打壓民主，因爲歐洲方法絕大多數沒辦法做到。

(1) 歷史：中國蒙蔽過往歷史，或是不完整，使人民不知獨裁的危害。

(2) 邏輯、科學、理性的抬頭：中國因王權的影響難以理性。

(3) 人文哲學：中國因王權的影響難以發展。

(4) 地形：中國革命者生存機會不大，難以改革成功。

(5) 教育：中國缺乏理性教育，崇尚八股。儒教重階級制，更加難以民主。

(6) 糧食：中國人民大多吃不飽，進而難以自我提升。也可發現改朝換代的原因大多是因爲糧食問題，解決後又回歸原樣，朝代改變無非是想要改變政體解決糧食問題，與歐洲不同。土豆、玉米、紅薯約 16 世紀末傳入中國。

(7) 馬斯洛需求滿足（Maslow's hierarchy of needs）：多數人不敢執行對社會有所

幫助的自我實現需求，以免冒犯王權而死亡。

(8) 中國人的民族性，不像歐洲人有邏輯、反思與挑戰、渴望自由等特性。即便有也是少數，很容易被抹煞。被專制獨裁的影響形成制約，認為不可反抗專制，從小到大、從家庭到環境、一代傳一代的惡性循環，如同大象認為可以被木樁控制。過度動物性，貪生怕死，苟活偷生，傳宗接代做為人生目標，對於**「不自由，毋寧死」**的概念非常薄弱。

(9) 階級制、文化使人民習慣接受而非思考，難以提升哲學思辨。

3. 歐洲與中國，兩者王權與宗教的關係異同

不難聽到歐洲中世紀政教合一更腐敗、獨裁，為什麼還能民主？基督教對於民主扮演了什麼重要角色？作者認為討論基督教對於民主的影響，應先認識不同時期的狀態，(1) 起始：不分族群傳教。(2) 被迫害的基督教。(3) 政教合一。(4) 分裂的基督教。

可發現基督教的信徒的對象，不分族群，成為中下階層的信仰，而後被王權壓迫，隨後與王權結合，與王權互相角力，最後更是有各個教派的分裂，真正的變成全民的信仰。也正因一路走來的起點，人民一直看到王權的角色立場不斷轉換，並發現獨裁的弊端，並可以被動搖，此為民主化可能條件之一。而政教合一、君權神授後，**神權大於王權**，神職人員的威權與獨裁情況做為反面情況刺激民主化，再加上理性、邏輯、科學、哲學等精神抬頭，最終整個歐洲走向民主化。

上文最重要的內容是**歐洲神權大於等於王權**，此是民主化的另一個重點，因為神權的施行，仍是由神職人員處理，神職人員本質上是人，人民可以監督、反思，受到太多神權壓迫後會反彈，進而調整。而這一面向不會只針對神權，連帶王權也備受挑戰，多種民主因素使歐洲一步步成功民主。同樣的，中國也有類似政教合一，為何沒有達到民主？由於中國三教並行，因此分開討論。

(1) 道教是多神論，並且有祭天祭祖的儀式，近似於習俗，而對於王權是互相獨立，幾乎不大有影響，人民更有不靈驗就砸壞道觀、廟宇的情況，因此道教難以讓人民了解到民主的重要性。

(2) 佛教在中國的情況則是勉人行善，修行於自身，對於社會民主性的提升不大，王權也會避免佛教勢力過大造成動搖進而打壓，人民也有不靈驗就砸壞佛寺、廟宇的情況。

(3) 儒教重階級制是王權用獨裁方式來統治人民的最好工具，本身對於民主就是打壓。由上述可知**中國王權大於等於神權**，人民也沒有機會學習並發展民主的思想，在加上第三點提到的中國缺乏各種民主化因素，也就難怪中國由上而下的喜歡獨裁，上位者善獨裁、下位者不敢反抗獨裁。

結論

民主化的因素相當多元，有些是先天因素，有的則是後天因素，但可以發現邏輯性與凝聚人心的重要性。

參考資料：中世紀基督教的多重面孔 https://kknews.cc/zh-tw/history/29nx3ee.html

7-4 基督教與歐洲民主化的關係

基督教讓人民自主的民主意識緩慢提升，替歐洲民族特性塑型

作者認爲，基督教除了讓個人身心靈修行，也讓人民的自主意識緩慢提升，參見以下各階段人民的變化。

1. 人民屈服王權，族群大多對立，存在階級制
2. 人民屈服王權，族群相對不對立，存在階級制
3. 人民屈服王權，族群相對不對立，相對不存在階級制
4. 宗教動搖王權，族群相對不對立，相對不存在階級制
5. 人民反抗王權，族群相對不對立，相對不存在階級制

各階段的說明：

1. 人民屈服王權，族群大多對立，存在階級制

西元前人類族群的天性源自動物本能，會自發的向獨裁靠攏，最終形成了王權、各族群對立及階級制。

2. 人民屈服王權，族群相對不對立，存在階級制

西元元年左右，基督教做爲一個古老的宗教，脫胎於猶太教，但是耶穌基督卻打破宗教的族群隔閡，對於傳教不再限於猶太人，而是每一個人。此時的基督教也被王權打壓。

3. 人民屈服王權，族群相對不對立，相對不存在階級制

西元元年到 4 世紀，宗教打破階級制。並且君士坦丁大帝（Constantine the Great）開啓政教合一，君權神授，將基督教做爲國教，讓王權這一階級的人也全面性的加入基督教。自此階級制被挑戰。

此階段可參考聖經「若有一個人戴著金戒指，穿著華美衣服，進你們的會堂去；又有一個窮人穿著骯髒衣服也進去；你們就重看那穿華美衣服的人，說：『請坐在這好位上』；又對那窮人說：『你站在那裡』，或『坐在我腳凳下邊』，這豈不是你們偏心待人，用惡意斷定人嗎？」（雅各書 2:2-4）」神對每個人一視同仁，都是有原罪（註）的人，都是人。而人應該努力擺脫原罪、脫離動物性，才能眞正的成爲人。脫離動物性可參考聖經「誰知道人的靈是往上升，獸的魂是下入地呢？（傳 3:21）」。而中國的宗教並沒有特別提到類似內容。

註：原罪的內容有：傲慢、強欲、色慾、嫉妒、暴食、憤怒及怠惰。原罪是翻譯錯誤，應該翻成不良的天性，或者理解為人性本惡，用「罪」一詞會令人聯想真的有罪。

4. 宗教動搖王權，族群相對不對立，相對不存在階級制

中世紀（5～15 世紀）君權神授的時期，神職人員可以指責王權，讓人民知道王權是可以被挑戰，人民不再過度敬畏王權。此內容更甚至發展爲美國獨立宣言起草人傑弗遜提到的：「美國的民主，是建立在人民對政府的不信任上。」大家不會陌生，在**威權時代常聽到：「要相信政府」**。因此可做出推論，「**民主 = 不信任政府；威權、獨裁、專制 = 相信政府。**」

5. 人民反抗王權，族群相對不對立，相對不存在階級制

文藝復興時期（16 世紀）之後，理性主義抬頭，神權的威權也被人民挑戰，進而延續到王權，最終人民開始反抗王權，歐洲各地陸續成功民主。

小結

基督教替歐洲民族特性塑形，敢勇於獻身反抗王權，並且內部也出現宗教改革，最終使得西方人的哲學思辨提升並民主化，觀察圖 1：基督教比例與民主化程度的關係圖，本書 7-5、7-6 會介紹其他宗教與民主化的關係圖。

可以發現基督教崛起，有一部分可以歸功於君士坦丁的政教合一，而後基督教推動了民主，**故作者認為應該稱呼君士坦丁是世界民主之父**。

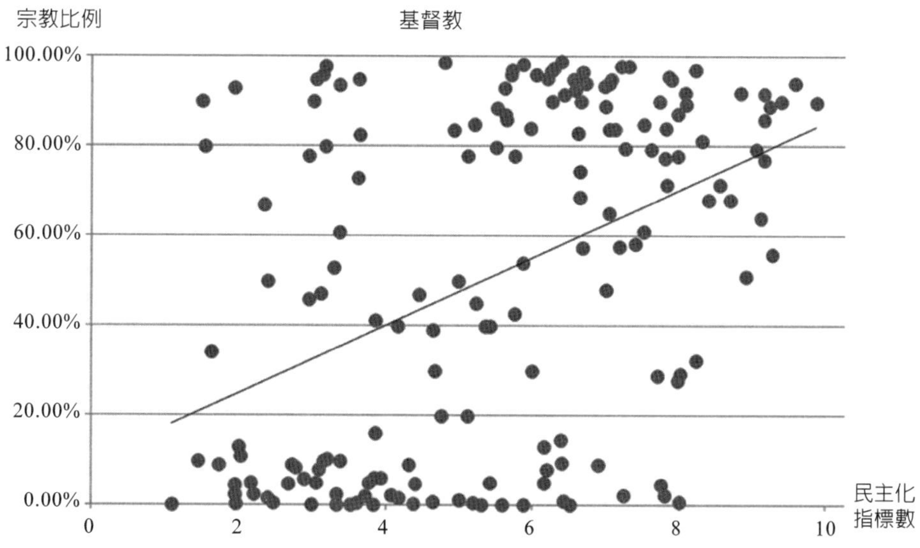

圖 1　各國基督教比例與民主指標數關係圖、趨勢，可看到基督教比例越高，民主化越高。

7-5 民主與各宗教的關係

已知基督教對於民主有一定的影響力，觀察下述圖表了解民主與各宗教的關係。比對後可發現，基督教、猶太教民主指標數高，伊斯蘭教國家、印度教、佛教、中國宗教民主指標數低。

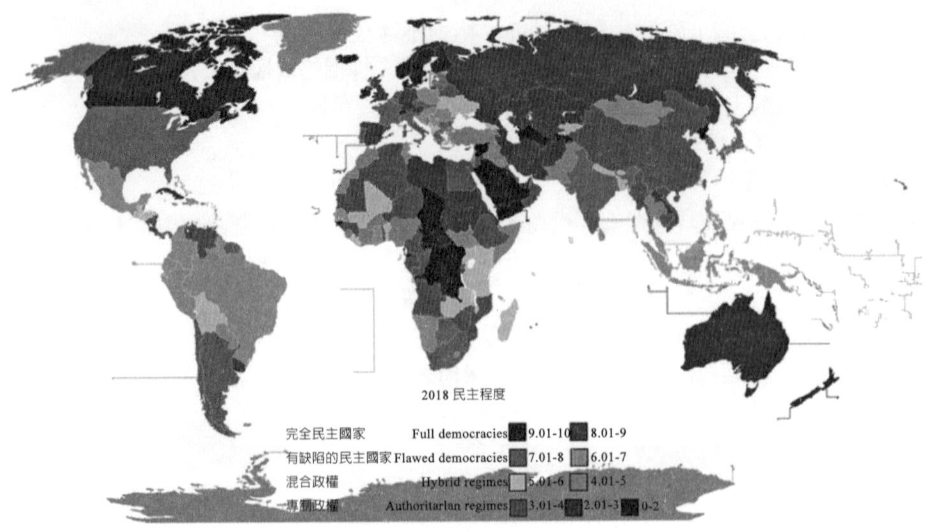

圖 1　2018 年民主化指標數圖像化，取自 WIKI

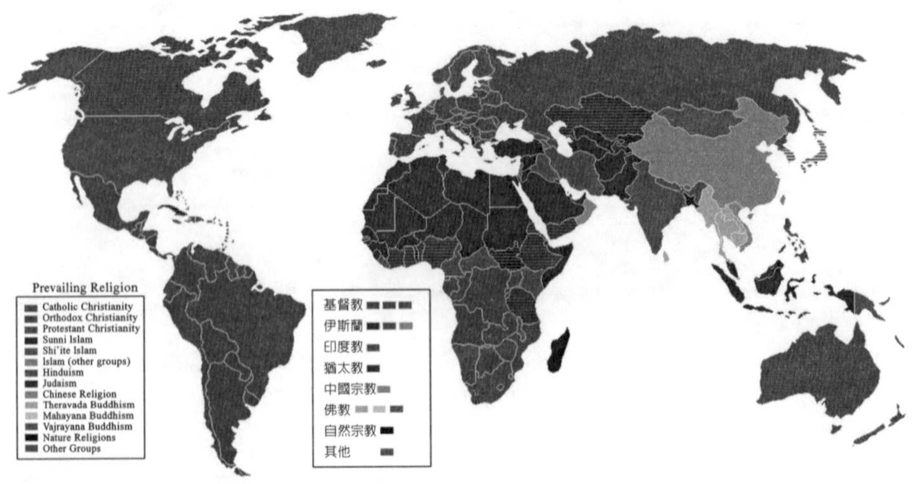

圖 2　宗教世界地圖，取自 WIKI

從客觀數據上來看民主指標與宗教的關係，參見下述圖表：

表 1

排名	國家與地區	得分	類型	基督教	伊斯蘭	佛教	印度教	其他	無宗教
1	挪威	9.87	完全民主	89.9%	1.8%	0.5%	0.5%	0.6%	6.7%
3	瑞典	9.39		90.0%	3.0%	0.2%	0.1%	0.3%	20.0%
6	加拿大	9.15		77.1%	2.0%	3.6%	1.0%	9.5%	17.0%
8	芬蘭	9.14		86.0%	0.2%	0.1%	0.0%	0.2%	13.5%
9	澳洲	9.09		64.0%	1.7%	2.1%	0.7%	0.9%	19.0%
10	瑞士	9.03		79.3%	4.3%	0.3%	0.4%	0.3%	15.4%
13	德國	8.68		68.0%	3.9%	1.0%	0.1%	1.4%	55.0%
14	英國	8.53		71.6%	2.7%	1.2%	1.0%	8.0%	15.5%
19	西班牙	8.08		89.5%	2.3%	0.0%	0.0%	0.2%	17.4%
21	韓國	8	部分民主	29.3%	0.1%	65.0%	0.0%	0.7%	46.9%
22	日本	7.99		0.8%	0.1%	96.0%	0.0%	3.0%	0.0%
25	美國	7.96		78.0%	1.0%	2.0%	0.4%	2.5%	15.1%
29	法國	7.8		84.0%	0.0%	0.0%	0.0%	0.0%	0.0%
30	以色列	7.79		2.3%	16.0%	0.1%	0.1%	78.1%	3.4%
32	中華民國	7.73		4.5%	0.3%	-	0.0%	95.2%	0.0%
41	印度	7.23		2.3%	13.4%	0.8%	80.5%	3.0%	0.1%
47	阿根廷	7.02		94.0%	1.5%	0.1%	0.0%	3.0%	1.2%
65	印尼	6.39		9.5%	87.2%	1.0%	2.2%	0.1%	0.0%
73	香港	6.15		13.0%	3.0%	10.0%	0.1%	0.2%	70.0%
84	烏克蘭	5.69	混合政權	96.1%	0.5%	0.1%	0.1%	2.5%	0.0%
107	泰國	4.63		0.7%	4.0%	95.0%	0.0%	0.1%	0.0%
109	巴勒斯坦	4.39		4.7%	83.5%	0.0%	0.0%	11.7%	0.0%
110	土耳其	4.37		0.2%	99.8%	0.0%	0.0%	0.0%	0.0%

排名	國家與地區	得分	類型	基督教	伊斯蘭	佛教	印度教	其他	無宗教
118	緬甸	3.83	專制政權	6.0%	4.0%	90.0%	0.5%	1.5%	0.0%
125	柬埔寨	3.59		0.5%	3.5%	95.0%	0.3%	0.5%	0.4%
127	埃及	3.36		10.0%	90.0%	0.0%	0.0%	0.0%	0.0%
130	中華人民共和國	3.32		2.5%	1.5%	15.9%	0.0%	7.6%	73.6%
139	越南	3.08		8.0%	0.1%	85.0%	0.1%	0.0%	1.2%
143	阿富汗	2.97		0.1%	99.0%	0.2%	0.4%	0.3%	0.0%
144	俄羅斯	2.94		78.0%	14.0%	1.5%	0.5%	0.0%	4.0%
150	伊朗	2.45		0.5%	98.0%	0.0%	0.0%	1.0%	0.4%
159	沙烏地阿拉伯	1.93		4.5%	100.0%	1.5%	4.5%	0.0%	0.0%

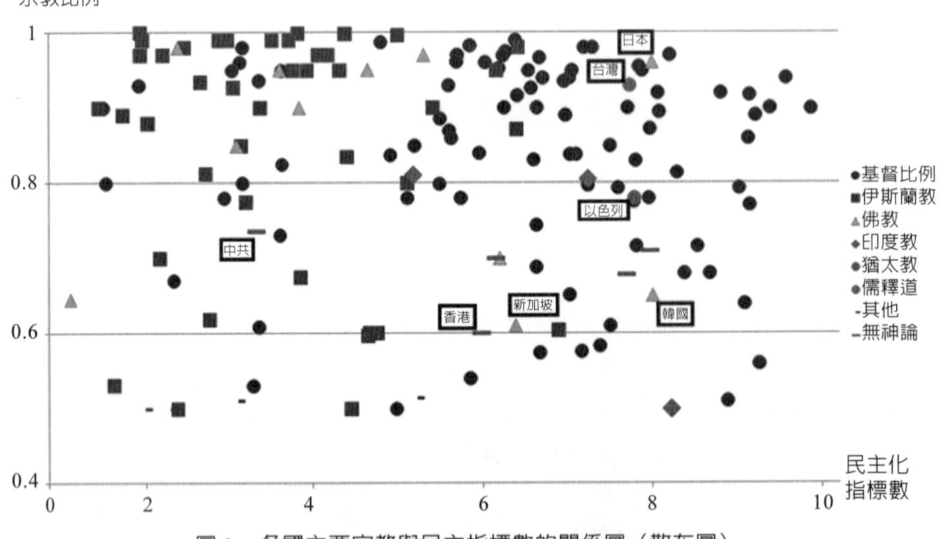

圖 3　各國主要宗教與民主指標數的關係圖（散布圖）

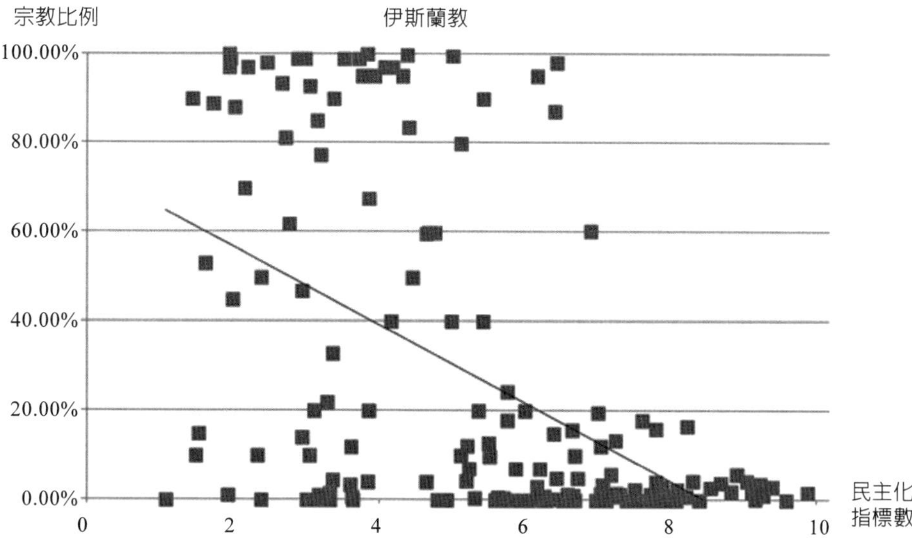

圖 4　各國伊斯蘭教比例與民主指標數關係圖、趨勢，可看到伊斯蘭教比例越高，民主化越低。

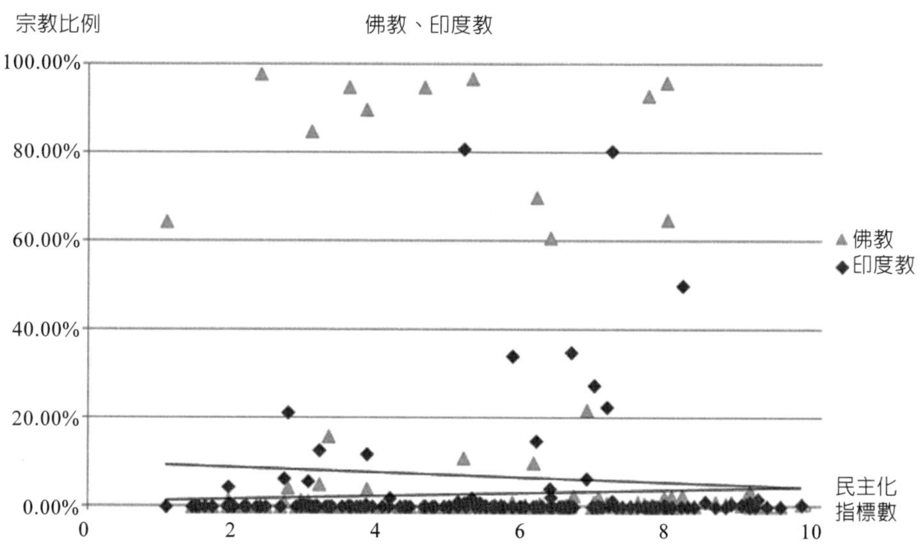

圖 5　各國印度教、佛教比例與民主指標數關係圖、趨勢，可看到比例高低與民主化無關。

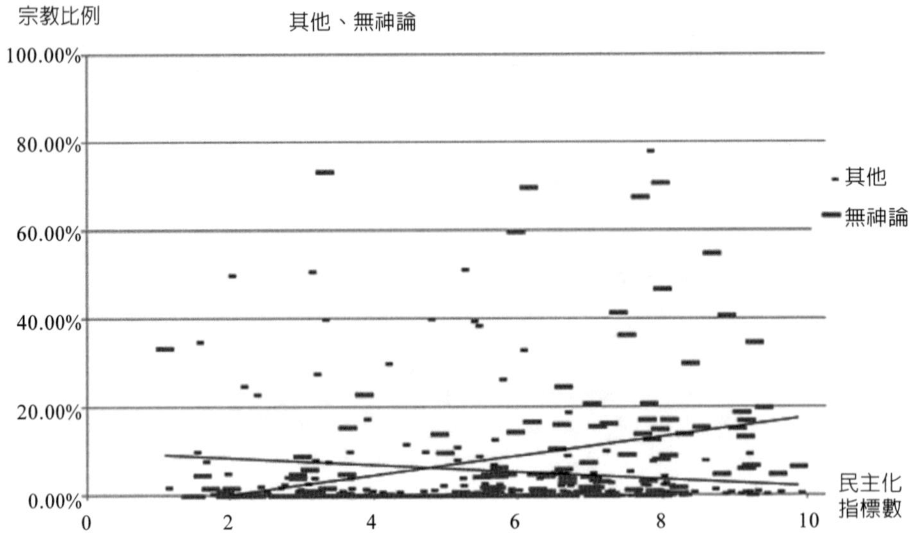

圖 6　各國其他宗教、無神論比例與民主指標數關係圖、趨勢，可看到比例高低與民主化無關。

小結

1. 基督教比例高的國家，民主化高。
2. 猶太教比例高的國家，民主化高。
3. 伊斯蘭教比例高的國家，民主化低，接近獨裁。
4. 印度教比例高的國家，民主化低，接近獨裁，重階級制。
5. 佛教比例高的國家，民主化不一定，無助於民主或不民主。

　概念上延伸

6. 儒教比例高的國家，重階級制，接近獨裁，民主化低。
7. 道教比例高的國家，民主化不一定，無助於民主或不民主。

由上述內容無怪乎中國沒有民主、台灣難以民主，目前的民主是反獨裁及理性思維、參考歐洲民主化政體的好處，無關於宗教。

參考資料

民主指數 https://zh.wikipedia.org/wiki/%E6%B0%91%E4%B8%BB%E6%8C%87%E6%95%B0

各國宗教 https://zh.wikipedia.org/wiki/%E5%90%84%E5%9B%BD%E5%AE%97%E6%95%99

Note

7-6 民主、基督教、資本主義的關係

基督教與民主及富裕都是高度相關，有極大可能基督教與民主社會演變爲資本主義，再讓社會人民富裕。而爲什麼獨裁難以資本主義？因爲獨裁國家可以對商人相當大程度的爲所欲爲與掠奪，進而破壞資本主義。

本書 7-4、7-5 已知基督教與民主高度相關，而民主會推動資本主義讓人民富裕，參見圖 1，並由此圖也可以看出**民主的確可以當飯吃**。再延伸思考中世紀歐洲的社會制度大多由王權建立，政教合一後，神權也影響社會制度。神權會影響王權修正社會制度，也有可能兩者想要更有錢，王權是爲國家，神權是爲了神的榮光，希望人民可以做出更多的奉獻，如：教堂。

因此必然需要建立一個有效的制度，來讓人民富裕。因此可以認知基督教能推動資本主義，再讓人民回饋基督教。可參考**馬克斯 ‧ 韋伯所著《基督新教倫理與資本主義精神》**一書，裡頭提及基督教推動資本主義。

由圖 2 認識**基督教、民主、資本主義、人民富裕的**四者關係。所以這也可能是爲何歐洲國家大多選擇民主，可以更加富裕。此圖的四個元素，是由基督教爲起點，一旦缺乏此循環，將**無法**成立。因爲世界除基督教國家外，沒有一個國家由獨裁轉爲民主，故可以推論在獨裁的影響下難以形成民主、資本主義、富裕的良性迴圈。

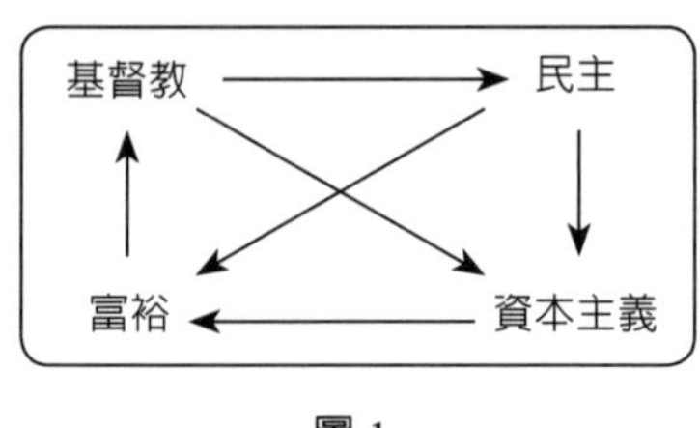

圖 1

II.1 As productivity increases working hours decrease

Productivity increases also entailed decreasing work hours per week. This relationship – in the cross section – is shown in the following data visualization.

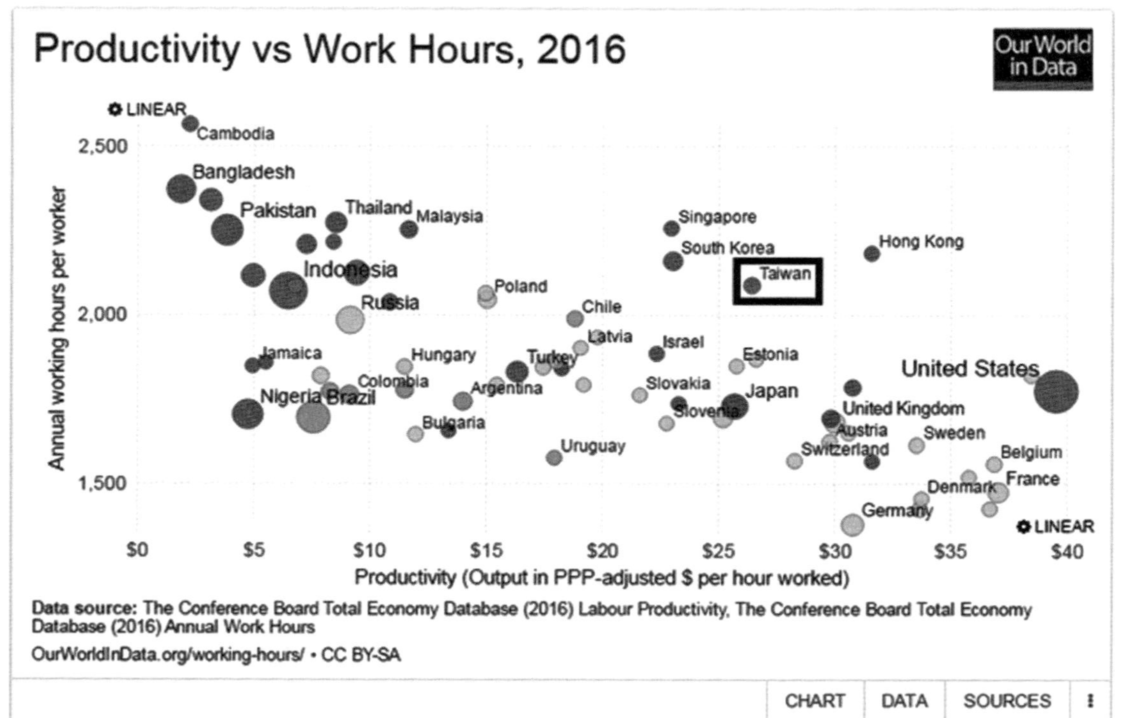

圖 2　工時與產值關係圖，工時越高經濟越差，而高工時的大多是獨裁國家。

7-7 奉獻精神，或許不該有連任制度

7-1 已提到台灣難以出現奉獻文化，其原因是大多數人不相信人會無私奉獻，換言之，沒有好處的事情怎有人願意去做，也就是文化特性相當現實，儒教也提倡「以德報怨、何以報德」，以至於難以出現奉獻文化。

缺乏奉獻精神的社會可能會讓民主難以出現，民主社會需要一個受人民監督的政府。基本上，民主不應製造過大的階級隔閡，既然人民願意做出一個相對高於人民的階級，用選舉讓人去擔任該位置，相對應的不會讓所得上面有著過大的差異，但也不是共產主義一般，每人都是一樣的薪資，仍會給予足夠薪資（略高於一般民眾），畢竟要人承擔決策、風險等事務，就應該給與正常對應的薪水。也就是說，需要**有奉獻精神的人去擔任此職位**，如同以往學校（小型社會）的班長、副班長，需要奉獻精神的人擔任，其福利未必比其他人高過太多。

數學家柯西（Cauchy, Augustin Louis 1789-1857）提到，「**人總是要死的，但是，他們的功績永存**」。應該將其對應到政治上，要有**幹一任就把事情做好的決心與態度**，而不是這一任爲下一任打算，連任後再做，那請問這一任是否有部分時間，還是二分之一時間，甚至更多時間拿去競選下一任，這些時間不用做事嗎？或許有些政客會說下一任我就會做，但這跟明日復明日的延宕態度有什麼差別？小時候一定聽過「今日事今日畢」，但社會上過多的明日、以後就會做的事件，令人感到矛盾無比。人民選某人是要此政治人物在這一任解決問題，而不是下一任才解決。若是要下一任再解決，又何必制定一任的任期時間是 4 年，直接定 8 年不是更好，還可省下競選時間好做事。**如果政治人物貪戀權與利、沒有奉獻精神，不想在一任做好事情，這些都是缺乏奉獻精神，更可說是違反民主**。

政治人物做事行事風格應該是能做先做，與一般人有差距。思考常見做事的順序，不難理解急又重要的事情要先做，不急又不重要最後做，參見圖 1；而重要卻不急的事（左上）與急卻不重要的事（右下），則有許多人有不同的見解，作者的想法是要先做重要卻不急的事（左上），因爲它隨時有可能變急，因此順序會變成圖 2。但這樣的想法仍顯粗糙，應該加入一個維度—所需時間，所需時間短的應該先做，參見圖 3。或是利用樹狀圖，參見圖 4。

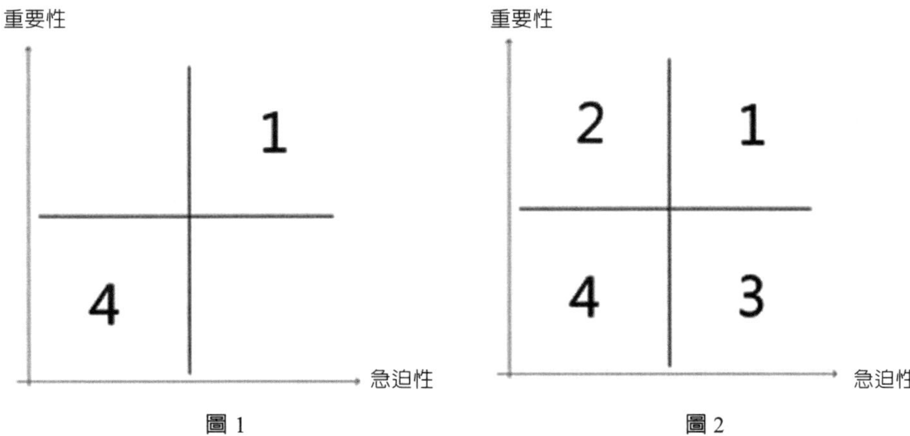
重要性
1
4
急迫性
重要性
2
1
4
3
急迫性

圖 1　　圖 2

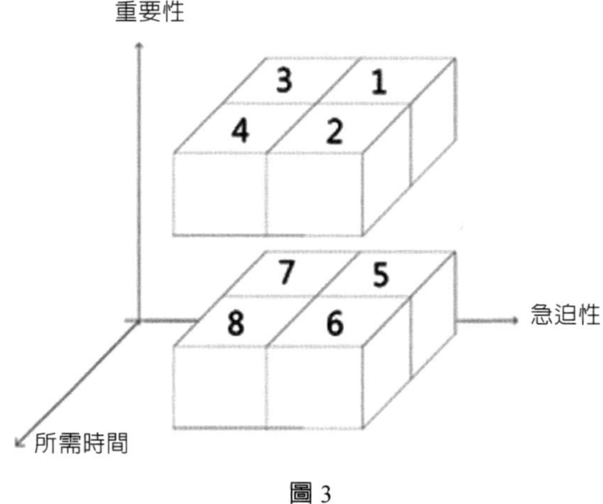
重要性
3
1
4
2
7
5
8
6
急迫性
所需時間

圖 3

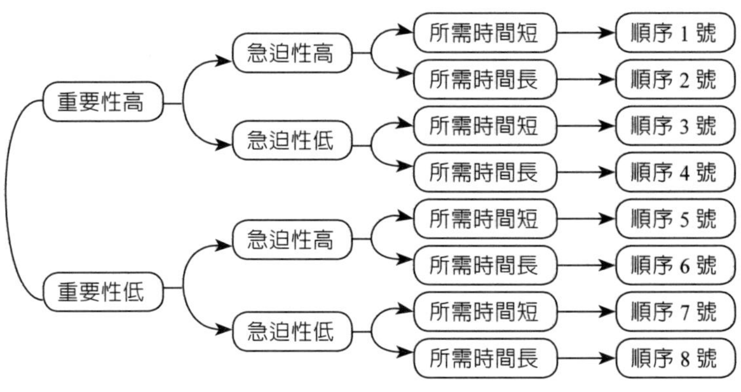
重要性高
重要性低
急迫性高
急迫性低
急迫性高
急迫性低
所需時間短
所需時間長
所需時間短
所需時間長
所需時間短
所需時間長
所需時間短
所需時間長
順序 1 號
順序 2 號
順序 3 號
順序 4 號
順序 5 號
順序 6 號
順序 7 號
順序 8 號

圖 4

政治人物做事應該與一般人不同，每件事情都備受關注，重要的事情相對來說更容易受到多方拉扯。除了已經定案的要趕快去做，其餘的事情因為受限於任內時間有限，應該要能在任內解決就任內解決，畢竟下一任未必會繼續。所以，**政治人物**的樹狀圖應該改變為圖 5，並且**要善用時間資源可以併行處理的就處理，進行一定的調整，而不是只想做長期任務，好大喜功，甚至是整天想做下一任，應該完成當初政見一定的數量，並定期公布政策完成度**。否則不免讓人覺得都沒做事，或是只做幾件事，而且還有可能只照顧到某部分族群，而非全民。

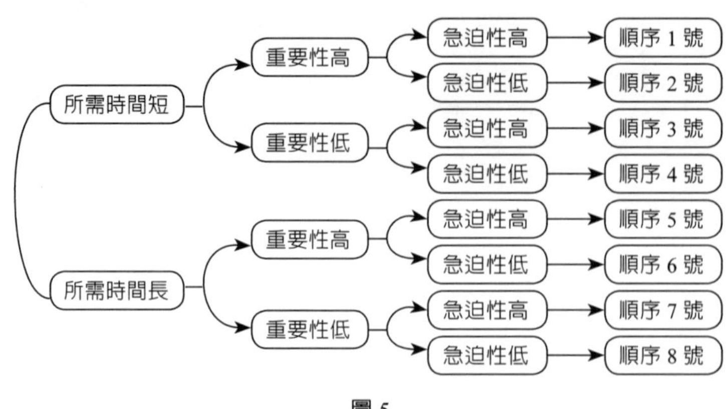

圖 5

一個國家想要更民主，政治人物要有足夠的民主素養，其中值得一提的是奉獻精神，不要老想著連任，能做的事先做，並且要公開透明化自己政策完成度，因為人民選一個地區長官、乃至總統，都是希望該政治人物完成自己提出的政見，也才眞的有人民參與的感覺，否則人民選出來的人，政見大多做不到，這叫做民主嗎？這叫做人民搬石頭砸自己腳，選一個不幫自己的人。

作者建議政見應該提出時間表，並且政見處理時間不同的比例應該不同，如：前朝重要政見延續占 20%，4 年內可完成政見占 50%，8 年內政見占 20%，其他占 10%。否則如果一個人開了 90% 都是 8 年政見，那要如何做事，難道都沒有當務之急的事嗎？若能有這樣的規範，才能杜絕政治人物過度開芭樂票。

同時作者建議，不管是哪一個單位的人，身為政治公衆人物或是教育部的人，都要有幹一任，或是至少做好哪些事的決心，而不要老想著下一任或是明哲保身，要有破釜沉舟做好一件事情的心態，台灣才能一步一腳印的進步。

Note

7-8 台灣如何民主

民主化的因素很多，邏輯、理性、科學、哲學、地形、宗教、歷史、教育等等，早期最難以克服的是地形問題，而台灣的交通及媒體的便利，可稱做一定程度克服地形問題。將上述大略分成幾個分支點，討論一個人如何有民主素質。

1. 先天基因決定的邏輯性、理性，可由教育來有效提升。
2. 認識歷史、哲學思辨，可由教育來有效提升。
3. 思考民主，可由教育來有效提升。
4. 接觸幫助民主化、具有奉獻精神的宗教—目前由客觀數據來看，宗教與民主化程度相關性高的僅有基督教與猶太教。

由以上內容可做出下圖，假設達到一個條件可得到 1 分。

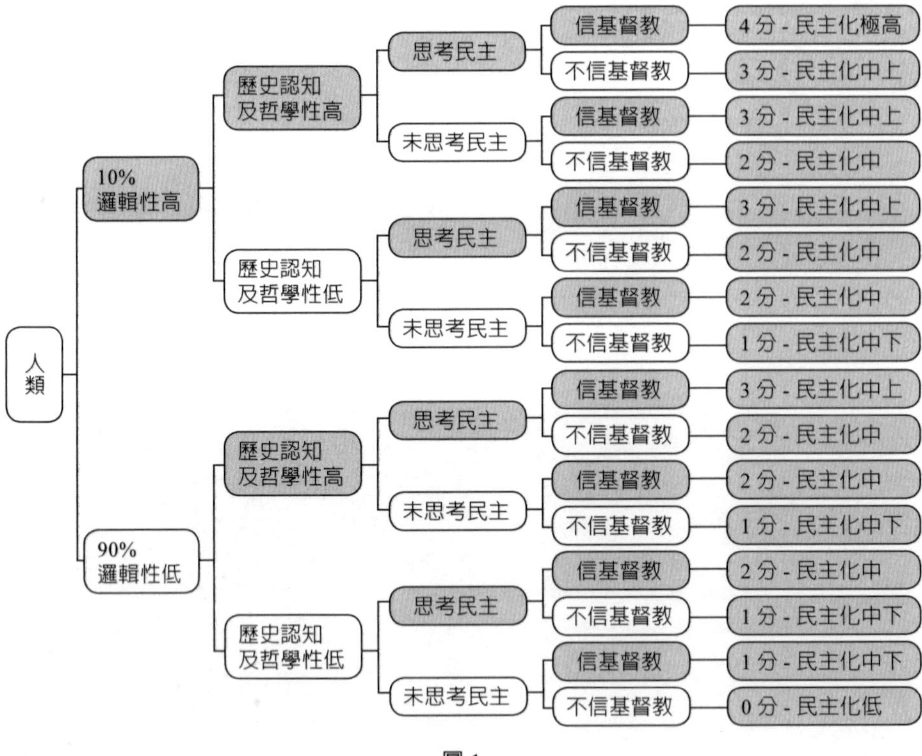

圖 1

由於邏輯性高主要是由基因決定，雖教育也可以有效幫助提升，但大多數的教育其實不能完全做到，甚至會降低，因此社會上邏輯性高的人不多。故可以直接觀察圖片中下半部的影響因素。

1. 歷史：取決於教育對歷史的透明度，嚴格來說，是取決於政府的民主化程度，變成了一個先有雞還是先有蛋的循環論證，但人民仍可以在網路時代藉由網路認識眞正的歷史，或是教育部有人願意頂著風險讓人民認識歷史，或是政府落實轉型正義，或是認識西方民主化的歷史，才能提升人民的民主化程度。
2. 思考民主：可利用教育提升，同樣的，也可以藉由網路認識民主的意義，才能提升人民的民主化程度。
3. 宗教：應該認識有助於民主的宗教，而目前可以參考基督教的內容，以提升人民的民主化程度。

影響民主的要素很多，除去先天個人因素外，文化與社會、環境、家庭種種都會影響國家的民主程度。可以從困難度強弱上找出一條讓台灣更快民主的路。

1. **轉型正義與司法改革**：正視台灣歷史之後，才有機會改正教育的內容。
2. **教育**：學習正確的民主觀念、參考法國的哲學思辨過程、西方哲學家的言論、數學、邏輯、科學的理性觀念、西方民主化的歷史等等。要知道科學對大多數人沒什麼實際生活用途，只能使用科學的成品。應該認識到科學對精神層面的應用，也就是培養理性思維，而不只是在乎科學的應用價值。

   對於西方歷史，不應該只有淺薄的認識歷史事件發生的時間點，應該著重於爲什麼發生、改變了什麼，也要認識哲學與數學、科學、理性思維的角色重要性及其內容，才能眞的從西方歷史知道西方爲什麼民主。**目前只從流水帳的西方歷史學習，那是學習不到民主的靈魂，其學習到僅只是形式而已。換言之，如果對於提升精神層面的內容（民主），也是抱持著「只想要學習船堅炮利的技術，不想學習其科學精神」，最終也是會一敗塗地**。
3. **宗教**：台灣的主要宗教是儒釋道三教合一，儒破壞民主，釋與道無助民主或不民主，並且難以凝聚人民向心力。應認識到君士坦丁如何推動基督教的發展，羅馬原是多神論，諸神黃昏後，轉向基督教的一神論，其中君士坦丁並非打壓原本宗教，而是雙軌並行，讓人民各信各的，最終人民漸漸選擇對自己有利的、偏向民主、可以凝聚人心對抗王權的基督教。

   作者無意干涉宗教自由，但仍建議將基督教的一些中性，且有助民主化內容介紹讓人認識，或是重新認識墨家思想「兼愛、非攻」，降低階級制的影響，才能讓台灣真正的民主。
4. **奉獻精神**：國家想要更民主，政治人物要有足夠的民主素養。最重要的美德是奉獻精神，也就是不要老想著連任，能做的事先做，才能使民主社會更加順利。可以參考本書 3-5。
5. **培養誠實**：台灣打破說謊引以爲榮的文化，說謊的極致就是假新聞，而假新聞會破壞民主，應該杜絕說謊文化，可以參考本書 3-1、3-2、3-3、6-16。

結論

西方文化由獨裁走向民主，作者認爲是以下內容導致，邏輯、理性、科學、哲學、地形、宗教、歷史、教育、說謊文化等，其中彼此有關聯性。有關於先天個人基因、地形的影響外，後天還有文化教育等情況。少數人可以由數學、邏輯、科學等理性內容認識並推動民主，但多數人應該怎麼做，才能一步一步民主化？

作者認爲應該先做轉型正義，再推動正確的教育，如：邏輯、統計、哲學思辨、西方歷史等理性內容。最後再逐步**融合奉獻精神、凝聚人心、不說謊到文化之中**，或是認識可以幫助民主的基督教，台灣便可以加速民主化的腳步。

「假如上帝確實不存在，那麼就有必要創造一個來。」

——伏爾泰

「由演繹推導與統計歸納的結論，皆可發現基督教對世界的民主貢獻。」「上帝存不存在是另一件該討論的問題，但以上帝之名的宗教的確推動了民主。」「上帝藉基督教的手，將民主的理念給了人類。」

——波提思

Note

沒有一定的目標，智慧就會喪失；哪兒都是目標，哪兒就都沒有目標。

愚者之所以成爲愚者，在於固守己見而興奮莫名。

——米歇爾・德・蒙田

第八章
附錄與哲學思辨課題

8-1 哲學思辨生活上有哪些邏輯類型問題？

生活上有些問題可直覺發現不合邏輯，有些則不容易。但如果利用邏輯，可以清楚的判斷該推論的正確性。以下介紹不合邏輯的言論，請大家多思考生活上是否也曾經犯下類似的錯誤。以下部分類型參考自劉福增教授的**《邏輯思考》**一書。更多內容可參考作者所著**《台灣人一定要懂的邏輯》**。

1. **人身攻擊**：不就事論事，以該對象的其他事情來攻擊對方，並做下此事情的推論。如：小明愛吃東西很胖。小美餅乾不見，她指責小明胖又愛吃，一定是他偷吃東西。
2. **人身牽連**：類似人身攻擊，卻沒有那麼直接，而是基於該對象的背景或是立場，予以評論。如：小華非常大男人主義，小英討厭大男人主義，有關小華的言論她都不予以接受。
3. **相似非難，你也是一樣，互揭瘡疤**：意在把兩者間的層級拉近，用類似的事情來反擊，讓這次問題模糊或是降低處罰，但都是沒有就事論事，也不代表自己是對的。如：弟弟打破了杯子，卻說哥哥上次打破碗，媽媽也沒處罰哥哥，所以這次也不能處罰自己。
4. **訴諸群情**：煽動而非去解釋該事情是否正確。如：許多人使用了某品牌的保養品之後，都認爲有效，所以你也應該趕快加入使用。
5. **訴諸權威（權威迷思）**：相信權威說的內容，但卻不經思考的全信。要知道權威的話具有一定的公信力，但不代表他會永遠都是對的。如：我很棒，信我就對了。他很棒，信他就對了。
6. **訴諸無知**：因爲沒人反駁，便認爲自己是對的。如：有人認爲月亮會發光，而沒人反駁他，於是他覺得自己是對的。
7. **訴諸憐憫**：博取同情。如：搶劫被抓，請求原諒，哭訴原因是小孩肚子餓。
8. **訴諸暴力**：用威脅言論、武力來達到目的。如：不給我錢就打你。和平統一就不武力犯台。
9. **乞求爭點，循環論證，先有雞還是先有蛋**。爲什麼這麼胖？因爲愛吃。爲什麼這麼愛吃？因爲胖。
10. **複合問題，文字陷阱，文字瑕疵**：一句話中包含兩個以上的問題，其中一個是明顯的問題，並隱藏著另一個問題。但回答後，卻拿答案當隱藏問題的回答。如：捐血車上的護士問說有沒有固定的性伴侶，你回答沒有。
11. **偶例，偶有特例不適用**：普遍認知的事情，應用到不適合執行的情形下。如：缺錢買毒，搶劫殺人被關，大喊每個人生而自由平等，還我自由。
12. **逆偶例**：與偶例方向相反。不適合的情形下，應用普遍認知的事情。如：麻醉劑容易成癮，所以開刀不要用麻醉劑。
13. **假因**：有兩種型態。(1) 推論出錯誤原因。如：馬路溼，一定是因爲下雨。

(2) 因為兩事件的連續發生，便把是前者當作是原因。如：A 車車禍倒地，昏迷一陣子，B 車停下予以協助，但 A 車認為是 B 車撞他。

14. **稻草人**：用曲解的意思來評論對方。如：阿寶的生活滿足，被人認為很有錢。
15. **片面辯護**：只講好不講壞，或是只講壞不講好。如：有人提倡應該將公娼合法化，可以降低強姦，並增加稅收，但沒提到不良影響及教育衝擊。
16. **一語多義**：由文字產生的誤會，或在不同關係中，將兩段話串連。如：牛排不好吃；是不美味，還是不方便吃，語意不明。如：時間就是金錢。健康就是最大的財富。所以健康就是有時間。
17. **一句多義**：拆字句讀問題，連綿詞。由斷句，或針對對象不清楚，而產生的情況。如：下雨天留客天留我不留。
18. **強調，雙關**：用重音、再讀一次、破音字、同音、不同字體、標點等方式，產生不同的語意。如：來游泳池清涼一夏的標語。
19. **輕率推廣**：只用少數幾次的情形，就推論全部都是一樣。如：醫學上某藥對 30 個病人用藥，其中有 25 個病人有效，所以認為此種藥對大多數人都有用。
20. **合稱**：物體中小物件推論到大物件產生的問題。如：一杯海水是無色的，大海也是無色的。
21. **分稱**：合稱的相反方向，物體中大物件推論到小物件產生的問題。案例：鳥類會飛，所以雞會飛。

註：**輕率推論、合稱及分稱的差異**
輕率推論是個體推論個體。合稱則為物件的小到大、分稱是大到小。

22. **套套邏輯**（tautology）：套套邏輯是所謂的重複語句，也就是第二句話與第一句話意思相同。如：你浪費一分鐘，就是過去了 60 秒。
23. **拿問題本身做為回話**：A 對 B 說：「我在書裡找不到答案」。B 回 A 說：「你就在書中找看看。」
24. **被要求自己找自己的錯誤**：此情況有兩個類型，一為合理，另一為不合理。前者案例是老師對學生說：「你的論點是錯的，可從某本書找答案」。後者案例是反駁別人時，應該找證據來證明自己是正確的，因為沒有人會找證據反駁自己，如同告人是自己舉發對方罪證，而非要別人證明自己有罪。

結論

以上是台灣常見錯誤，希望讀者可以多加注意平常是否也犯了類似的問題。

8-2 演繹邏輯（一）

演繹邏輯是判斷前提的句子到結論的句子，這兩句的推論正確性？而這兩者會是怎樣的關係？

1. 認識前提與結果的關係

例題 1：猴子與會爬樹，兩者的關係，參見表 1 及圖 1。

表 1

1.	猴子，會爬樹。	確定這句話是對的。 延伸下列三句。
2.	猴子，不會爬樹。	一定錯誤。
3.	不是猴子，會爬樹。	可能正確，也可能錯誤， 因為貓咪、豹也會爬樹。
4.	不是猴子，不會爬樹。	可能正確，也可能錯誤， 狗、馬就不會爬樹。

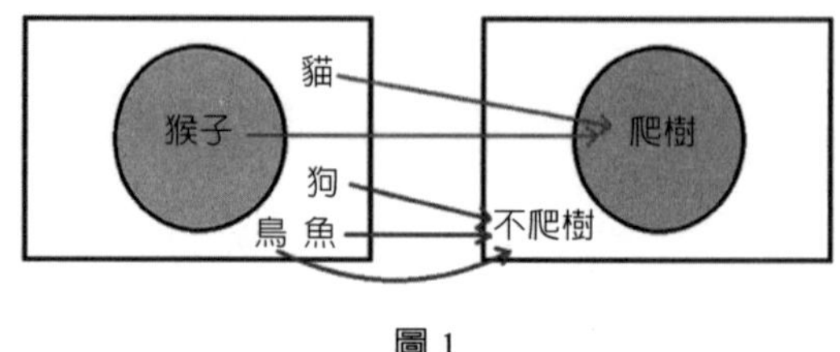

圖 1

所以，可以很清楚的知道兩件事情：

1. 不是猴子，會不會爬樹，都是有可能的。
2. 不爬樹的，一定不是猴子。

例題 2：人與死，兩者的關係，參見表 2 及圖 2。

表 2

1.	人，最後會死。	確定這句話是對的。 延伸下列三句。
2.	人，最後不會死。	一定錯誤。
3.	不是人，最後會死。	可能正確，也可能錯誤， 因為貓、狗也會死。
4.	不是人，最後不會死。	可能正確，也可能錯誤， 石頭就不會死。

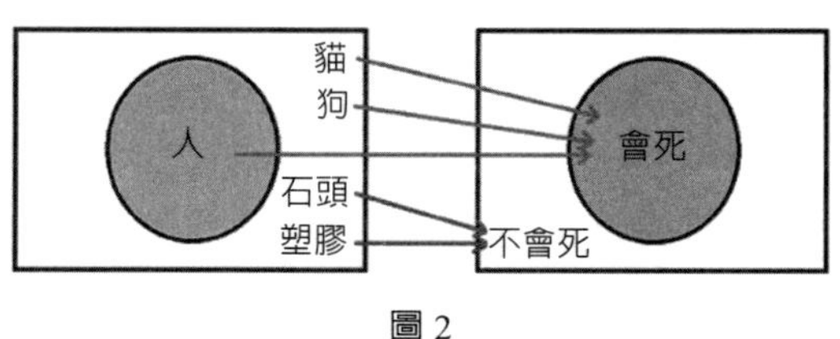

圖 2

所以，可以很清楚的知道兩件事情：

1. 不是人，最後會不會死，都是有可能的。

2. 最後不會死的，一定不是人。

例題 3：用數學的講法，前提是 p，結論是 q，認識若 p 則 q 的關係，參見表 3。而「前提 p 結論 q，正確」，稱作「若 p 則 q，成立」。

表 3

1.	猴子→會爬樹。 人→最後會死。 前提 p →結論 q。	正確。
2.	猴子→不會爬樹。 人→最後不會死。 前提 p →結論～q。	錯誤。
3.	不是猴子→會爬樹。 不是人→最後會死。 前提～p →結論 q。	可能正確，也可能錯誤。
4.	不是猴子→不會爬樹。 不是人→最後不會死。 前提～p →結論～q。	可能正確，也可能錯誤。

註：符號「～」是否定。

如此一來，就認識「前提到結論」的 4 個情形的結果。接下來討論這 4 個情形何者可用、何者產生混淆。

2. 討論否定前提為前提無意義

討論否定前提爲前提，其結果都有可能發生。

例題 1：猴子，會爬樹（p → q，成立）。不是猴子，可能會爬樹（q → p，成立），也可能不會爬樹（q →～p，成立）。

例題 2：人，最後會死（p → q，成立）。不是人，最後可能會死（q → p，成立），也可能不會死（q →～p，成立）。

所以討論否定前提（～p）爲前提是沒意義的，因爲都有可能。

8-3 演繹邏輯（二）

3. 因果關係

(1) 因果關係反過來講，正確性為何

已知前提到結果 p → q 的情況爲表 1。

表 1

1	因為下雨，所以馬路溼。	p → q	正確。
2	因為下雨，所以馬路不溼。	p →∼q	錯誤。
3	因為沒下雨，所以馬路溼。	∼ p → q	可能是潑水，也可能錯誤。
4	因為沒下雨，所以馬路不溼。	p →∼q	可能正確，也可能錯誤。

用結果作爲前提來推論 q → p，見表 2。

表 2

1	因為馬路溼，所以下雨了。	q → p	可能正確，也可能錯誤。
2	因為馬路不溼，所以下雨了。	∼q → p	錯誤。
3	因為馬路溼，所以沒下雨。	q →∼p	可能是潑水，也可能錯誤。
4	因為馬路不溼，所以沒下雨。	∼q →∼ p	正確。

可以發現「用結果作爲前提來推論（倒果爲因）」的討論無意義。馬路溼，可能是下雨，也可能不是下雨。

(2) 因果關係如何反過來講

由表 1、2 可知，「因爲下雨，所以馬路溼（p → q）」必然讓「因爲馬路不溼，所以沒下雨（∼q →∼p）」成立。所以「p → q」恆成立「∼q →∼p」。並參考下述：

1.「猴子，會爬樹。」恆成立「不會爬樹，一定不是猴子。」

2.「人，會死。」恆成立「不會死，一定不是人。」

(3) 重點

由 (1) 與 (2) 可知如何反過來講。當「若 p 則 q 成立」，反過來說，是「若∼q 則∼p 成立」，不是「若∼p 則∼q 成立。」

4. 為什麼會出現「反過來說」就說錯的情況

因爲「p 到 q」被認知爲「p 等於 q」，以符號表示就是「$p \rightarrow q$」，誤會成「$p = q$」，其原因是因爲我們都曾聽過這樣的語句：「因爲下雨，所以馬路會溼」，而通常就會緊跟下一句「馬路會溼，是因爲下雨了」，很明顯的「$p \rightarrow q$」與「$q \rightarrow p$」一起建立，這是嚴重的錯誤邏輯。

要知道「馬路會溼，可以是有人潑水」、「馬路會溼，也可以是下雨」，故要以結果爲前提時，必須說，「馬路會溼，**可能**是因爲下雨了」。

眞實世界中「$p \rightarrow q$」與「$q \rightarrow p$」同時成立的情況不多，如：

1.「四邊形四個角是直角，是正方形」。等同於「四邊形中的正方形，四個角是直角」。
2.「小華比小明高，也可說是小明比小華矮」。等同於「小明比小華矮，也可說是小華比小明高」。

可看到作者用的文字是「等同於」而非「反過來說」，因爲必須建立起「反過來說」的意義是，當「若 p 則 q 成立。」反過來說，是「若～q 則～p 成立」。中文不是一個好的科學語言，有幾句話容易讓邏輯觀混亂，如：「換句話說」、「反過來說」，最後都變因爲 $p = q$，所以 $\sim p = \sim q$，這是錯誤的邏輯觀念。

5. 判斷語句正確性

已認識基本邏輯觀念，可利用邏輯來判斷句子的正確性。

例題：已知蓋核能有電，所以不蓋核能就沒電。第二句正確嗎？見表 3。

表 3

蓋核能發電，有電。	$p \rightarrow q$	正確。
蓋核能發電，沒電。	$p \rightarrow \sim q$	錯誤。
不蓋核能發電，有電。	$\sim p \rightarrow q$	可能正確，也可能錯誤。
不蓋核能發電，沒電。	$p \rightarrow \sim q$	可能正確，也可能錯誤。

此題的推論是以否定前提爲前提，這是無意義的講法，是錯誤的強調手法，只能說「沒電，一定是沒蓋核能發電」。

6. 連續因果關係（又稱三段式論證），見表 4

表 4

人是動物，	動物會死。	所以人會死。
$p \rightarrow q$	$q \rightarrow r$	$p \rightarrow r$

由表 4 可以很簡單知道，連續因果關係。

8-4 演繹邏輯（三）

7. 小結

(1) 邏輯，是判斷前提到結論的推論是否正確。

(2) 在任何的情況下，假設「前提 p →結論 q，正確」，並可延伸出下述：

a. 以否定前提為前提，無意義。

因為「～p → q。可能正確，可能錯誤。」

「～p →～q。可能正確，可能錯誤。」

b. 以結果為前提（倒果為因），無意義。

因為「q → p。可能正確，可能錯誤。」

「q →～p。可能正確，可能錯誤。」

c. 要了解「反過來說」如何敘述。

當「若p則q成立（p→q）」，反過來說，是「若～q則～p成立（～q→～p）」；而不是「若～p 則～q 成立（～p →～q）」，這是以否定前提為前提無意義。

(3)「p → q」不是「p ＝ q」，不可以有「p → q 成立」，所以「～p →～q 也成立」的講法。

(4) 連續因果關係，已知 p → q 及 q → r，所以 p → r。

(5) 不能以直覺判斷任何事情，容易出錯，最好經過完整邏輯推理才正確。

8. 利用邏輯的證明方法

利用邏輯的證明方法，p 是前提，q 是結論，～p 是否定前提，～q 是否定結論。參見表 1。

表 1

1. 直接證法	p → q，當其成立時就是正確
2. 反證法（proof by contradiction）	利用～q →～p，所以是 p → q 正確。
3. 找反例	找出反例的情形，證明錯誤。推導該題目所敘述不成立。
4. 數學歸納法	確定 n = 1　成立； 假設 n = k　成立； 若能推導 n = k + 1 也成立，則該數學式成立。

結論

當了解上述內容後，可以避免說出總總的言語錯誤，也避免被錯誤言論誤導或被恐嚇，也降低爭吵的可能性。使用中文太容易聽到「以否定前提為前提」的討論，或是「以結果為前提（倒果為因）」的討論，或是「p → q」是「p ＝ q」的討論。最後引起爭執，指稱對方考慮不周延，可能有錯誤，但對方卻堅持說可能對，所以可行。殊不知用邏輯看，一目瞭然的發現在討論沒意義的事情。

最大的問題是使用中文的人，**常把因果關係當等號關係**，如：下雨地溼，當作下雨＝地溼，不下雨就不地溼。媒體、政治人物習以爲常的犯錯，導致一代代的人不斷惡性循環，所以要使用正確的邏輯才能培養出理性素養，並且避免被言語恐嚇，以爲錯的是對的。

8-2～8-4 主要是讓大家知道邏輯的概念，與常見語法錯誤。而有關箭頭內容、以及專業的名詞：充分、必要、命題、否命題、逆命題、逆否命題，以及更複雜的具有交集或聯集的推論：$p \cap q \rightarrow r$，如：狗與貓都會奔跑，在此不作介紹。另外，利用邏輯的證明內容，因爲比較偏向數學計算，這邊不深入討論。

註：在討論邏輯時，此句話為正確、成立時，英文會用 truth 或 T 來代替。此句話為錯誤時、不成立時，英文會用 false 或 F 來代替。此句話為可能正確可能錯誤時，是一個未知情形時，英文會用 unknown 或用 undecided 來代替。英文因為此單字，所以可以更明確的認識到有未知的情形。

中文用「可能對、可能錯」的說法，容易被人誤會也有可能對，所以是對的，但實際情形是未知，而不能拿來討論。

舉例

1. 因為下雨，所以馬路溼。此句話正確、或可說成立、truth、T。
2. 因為下雨，所以馬路沒溼。此句話錯誤、或可說不成立、false 或 F。
3. 因為沒下雨，所以馬路溼。此句話因為潑水可能正確。
4. 因為沒下雨，所以馬路不溼。此句話正確。

   由 3 與 4 可發現，在中文使用上，「可能正確」容易產生混淆，並將下雨→馬路溼。變成下雨＝馬路溼，所以不下雨＝馬路不溼。故用以下思考方式才妥當。
5. 因為沒下雨，所以馬路溼。此句話是未知情形，或說 undecided。
6. 因為沒下雨，所以馬路不溼。此句話是未知情形，或說 undecided。

   要強迫記憶，當 $p \rightarrow q$ 正確時，討論 $\sim p \rightarrow q$，是未知、沒意義。

8-5 認識哲學家的名言，並學習自我哲學思辨

法國啓蒙時期重要的三大哲學家：孟德斯鳩與伏爾泰、盧梭，影響西方許多重要學說，也是法學理論的奠基人，稱之爲「法蘭西啓蒙運動三劍俠」。這三位偉大的哲學家說過許多有關民主與思考的名言，我們應引以爲借鏡，並反思台灣的民主問題、教育問題，便能發現台灣的許多問題早已在 16、17 世紀都發生過。

伏爾泰（Voltaire, 1694-1778）

1. 雪崩時，沒有一片雪花覺得自己有責任。
2. 人的本能是追逐從他身邊飛走的東西，卻逃避追逐他的東西。
3. 生活是條沉船，我們不要忘了隨時在救生艇上高歌。
4. 人類通常像狗，聽到遠處有狗吠，自己也吠叫一番。
5. 人使用思想僅僅是爲了遮蓋錯誤，並用語言包裝思想。
6. **尊重不一定是接受，更不會是妥協。**
7. **我不同意你說的每一個字，但我誓死捍衛你說話的權利。**
8. 當我們離開這個世界的時候，這個世界還是照樣愚蠢和邪惡，跟我們剛來到這個世界的時候所發現的並沒有兩樣。
9. 小人自大，小水聲大。
10. 謹愼的人對自己有益，有德行的人對別人有益。
11. 我們在這世上的時間本來就不多，不値得在可鄙的壞蛋的腳下爬行。
12. 愚昧是產生專制的唯一土壤。
13. 能言善辯並不能證明什麼。
14. 最長的莫過於時間，因爲它永遠無窮盡，最短的也不莫過於時間，因爲我們所有的計畫都來不及完成。
15. 書讀得越多而不加思索，你就會覺得你知道得很多；而當你讀書而思考得越多的時候，你就會越清楚地看到，你知道的還很少。
16. 外表的美只能取悅於人的眼睛，而內在的美卻能感染人的靈魂。
17. 沒有所謂命運這個東西，一切無非是考驗、懲罰或補償。
18. 妄自尊大不過是無知的假面具而已。
19. 人生布滿了荊棘，我們知道的唯一辦法是從那些荊棘上面迅速踏過。
20. 人生來是爲了行動的，就像火總向上騰，石頭總是下落。對人來說，一旦沒了行動，也就等於他並不存在。
21. 假如上帝確實不存在，那麼因爲人性的原因，就有必要創造一個出來。
22. 假使你不願自殺，你最好找點工作做。

23. 自私是永遠存在的。
24. 一個人往往要死兩次：不再愛，不再被愛。

孟德斯鳩（Montesquieu, 1689-1755）

1. 一切擁有權力的人都有濫用權力爲自己謀求私利的傾向；任何專制的國家的教育目的都是在極力降低國民的心智。
2. 自由不是無限制的自由，自由是一種能做法律許可的任何事的權力。
3. 人生而應該平等，沒有高低貴賤之分。我們沒有權利假借後天的給予對別人頤指氣使，也沒有理由爲後天的際遇而自怨自艾。
4. 一切有權力的人都容易濫用權力，這是亙古不變的經驗。防止濫用權力的方法，就是以權力約束權力。
5. 在人民完全無權參加政府事務的國家中，人民變成冷血動物，他們迷戀金錢，不再熱衷於國事。人民只會爲某位演員而狂熱。他們並不爲政府分憂，也不關心政府有何打算，而是悠然地等著領薪金。
6. 專制政治的原理就是恐怖。
7. 顯要人物的特權，恰恰就是平民的恥辱。
8. 人類極其具有希望感和恐懼感，沒有地獄和天堂的宗教就不會取悅於人類。
9. 如果司法權同行政權合而爲一，法官便將握有壓迫的力量。
10. 在人之上，要視別人爲人；在人之下，要視自己爲人。
11. 在有身分差別的國家裡，就必然有特權的存在。
12. 獨裁政治權勢者的專制，對於民衆福祉的危險性，比不上民主政治的人民冷漠。
13. 無論是在共和制國家中，還是在專制國家中，人人都是平等的。但是，兩者的平等是不同的。共和國的人人平等在於大家都是主人；專制國家的人人平等在於大家都是奴隸。
14. 對一個人的不公正，就是對所有人的威脅。
15. 有權勢的人傾向於侵犯無權勢的人，這是人類生活的一大特點。
16. 解放一個「習慣於被奴役的民族」比奴役一個「習慣於自由的民族」容易。
17. 變壞的絕不是新生一代，只有在年長的人已經腐化之後，他們才會敗壞下去。
18. 法律在一般情況下才永遠是公正的，在實際運用時又幾乎永遠是不公正的。
19. 法律，在它支配著地球上所有人民的場合，就是人類的理性。
20. 喜愛讀書，就等於把生活中寂寞無聊的時光換成巨大享受的時刻。
21. 衡量一個人的眞正品格，是看他在知道沒有人會發覺的時候做什麼。
22. 好習慣有四：準時，正確，恆心，迅速。缺少第一項，光陰會虛度；不具備第二項，錯誤百出；沒有第三項，事情永遠辦不好；丟失第四項，遇上良機，都會白白錯失。
23. 人在苦難中才更像一個人。

24.美必須乾乾淨淨、清清白白，在形象上如此，在內心中更是如此。
25.能把自己的生命寄託於他人記憶中，生命彷彿就加長一些；光榮是我們獲得的新生命，其珍貴，實不下於天賦的生命。
26.處在幸福兩端的人，即特別幸福和特別不幸的人，都傾向於殘酷。處在幸福中間的人，則會具有溫和惻隱之心。
27.政治是一把磨鈍了的挫刀，它挫著挫著，慢慢地達到它的目的。
28.對他人的公正就是對自己的施捨。
29.法律的制定是爲了懲罰人類的兇惡悖謬，所以法律本身必須最純潔無垢。

盧梭（Jean-Jacques Rousseau, 1712-1778）

1. 出自造物主手中的東西，都是好的，而一到了人的手裡，就全變壞了。
2. **人們已經習慣於依附、舒適、安樂的生活，再也沒有能力打碎身上的枷鎖，為了維護自己的安寧，他們寧願帶上更沉重的枷鎖。**
3. 人是生而自由的，但卻無往不在枷鎖之中。自以爲是其他一切的主人的人，反而比其他一切更是奴隸。
4. 人性的首要法則，是要維護自身的生存，人性的首要關懷，是對於其自身所應有的關懷；而且，一個人一旦達到有理智的年齡，可以自行判斷維護自己生存的適當方法時，他就從這時候起成爲自己的主人。
5. 人要是懼怕痛苦，懼怕種種疾病，懼怕不測的事情，懼怕生命的危險和死亡，他就什麼也不能忍受了。
6. 邪惡進攻正直的心靈，從來不是那麼大張旗鼓的，它總是想法子來偷襲，總戴著某種詭辯的面具，還時常披著某道德的外衣。
7. 一個人所擁有的金錢是獲得自由的手段，而我們急切地追求的金錢卻是我們受奴役的工具。
8. 事實上，法律永遠有利於占有者，而不利於一無所有的人。
9. 社會就是書，事實就是教材。
10. 不要教他這樣那樣的學問，而要由他自己去發現哪些學問。
11. 大自然不會欺騙我們，欺騙我們的往往是我們自己
12. 大自然希望兒童在成人以前就要像兒童的樣子。
13. 讀書不要貪多，而是要多加思索，這樣的讀書使我獲益不少。
14. 人的價值是由自己決定。
15. 忍耐是苦澀的，但它的果實卻是甘甜的。
16. 如果你的目的只是想到某一個地方去，你當然可以坐驛車，但是，如果是爲了遊歷，那就要步行了。
17. 生活得最有意義的人，並不是年歲活得最長的人，而是對生活最有感受的人。
18. 十歲受誘於餅乾，二十歲受誘於情人，三十歲受誘於快樂，四十歲受誘於野心，五十歲受誘於貪婪。人，到底何年何月才會只追求睿智？

19. 無知的人總以爲他所知道的事情很重要，應該見人就講。但是一個有教養的人是不輕易炫耀他肚子裡的學問，他可以講很多東西，但他認爲還有許多東西是他講不好的。
20. **向他的頭腦中灌輸真理，只是為了保證他不在心中裝填謬誤。**
21. 因爲做有意義的事情，其本身就是對生活的享受。
22. 由於人們不善於利用生命，所以他們反過來抱怨說時間過得太快。
23. 在兒童時期沒有養成思想的習慣，將使他們從此以後一生都沒有思想的能力。
24. 散步促進我的思想。我的身體必須不斷運動，腦筋才會動起來。
25. 青年是學習智慧的時期，中年是付諸實踐的時期。
26. 身體虛弱，它將永遠不會培養有活力的靈魂和智慧。
27. 老師只要一次向學生撒謊，就可能使他的全部教育成果從此爲之毀滅。
28. 人類似乎有這樣的傾向，建立一項規則叫別人遵守，同時又極力使自己成爲例外，不受它的約束。
29. 如果世間眞有這麼一種狀態：心靈十分充實和寧靜，既不懷戀過去也不奢望將來，放任光陰的流逝而僅僅掌握現在，無匱乏之感也無享受之感，不快樂也不憂愁，既無所求也無所懼，而只感受到自己的存在，處於這種狀態的人就可以說自己得到了幸福。
30. 勞動是社會中每個人不可避免的義務。

法律諺語，盧梭《社會契約論》、孟德斯鳩《論法的精神》的相關表述與延伸：法無禁止即自由，法無授權不可爲。

拿破崙（Napoleon）

1. 從偉大崇高到荒謬可笑，只差一步。
2. 人家批評與否，跟我有什麼關係？
3. 我只有一個忠告給你—做你自己的主人。
4. 不想當將軍的士兵不是好士兵。
5. 大多數人內心，與生俱來有善與惡、勇與怯的種子，這是人的天性；後天如何成長，則取決於教養與環境。
6. 一個統治者對人民應該舉止端莊，但不要奉承群衆，因爲那樣，群衆的要求稍不滿足，就以爲受了欺騙。
7. 死亡又怎樣？對於戰敗和苟活的人來說，每天都是死亡。
8. 1814 年，俄、奧、普聯軍兵臨巴黎城下，理工學校學生要求參戰。面臨滅頂之災的拿破崙說：「我不願爲取金蛋殺掉我的老母雞！」後來，這句名言被刻在巴黎理工學校梯型大教室的天花板正中心，一直激勵著該校師生奮發圖強。
9. 統治者最糟糕的，莫過於不道德。上梁不正下梁歪。統治者要是不道德，就會影響風氣，毒化社會。

歌德

1. 白活等於早死。
2. 你若要喜愛自己的價值，你就得給世界創造價值。
3. 最無可救藥的是身爲被奴役的人，還以爲活在自由之中。

柏拉圖

1. 人是尋求意義的動物。
2. 對政治冷漠的人就是被糟糕的人統治。

傑弗遜（Thomas Jefferson）

1. 自由之花需要經常用愛國者和暴君的鮮血來澆灌。
2. 如果一個國家期望在國民無知的情況下卻擁有自由，那麼這種期望無論在歷史上，還是未來都絕不會實現。如果我們打算抵禦無知和捍衛自由，每位美國人都有責任了解一件公共事務的來龍去脈。
3. 禁止持有武器的法律，只會解除那些本來就不打算或沒有決心要犯罪的人的武裝。這樣的法律只會讓受害者變得更糟，讓行兇者更強；它們相當於鼓勵而不是阻止兇殺，因爲一個沒有武裝的人更可能被一個武裝的人襲擊。
4. 在人類智慧這部鉅著裡，誠實是它的第一章。
5. 美國的民主，是建立在人民對政府的不信任上。
6. 眞理是偉大的，如果讓它自行其道的話，必然會盛行於世。眞理是謬誤的強勁剋星，它無所畏懼，所向無敵，惟有害怕人們解除它的天然武器—自由地論爭和思辨；當批判被允許自由進行的時候，謬誤也就沒什麼可怕了。
7. **人類的天性是只要苦難尚可忍受，他們是寧願受苦也不願意捨棄既有的習慣以謀自救。**
8. 個人不能因過去世代的作爲而受到包含債務與法規在內的道德束縛。沒有任何社會可制訂永久性的憲法或法律，地球永屬生活於其上之世代。所有的憲法，以至所有律法，自應於 19 年後屆滿失效。若行使更長久的時間，則成爲強迫性，而非權利性的作爲。呼籲消除國債。他相信當前的世代毋須在道義上償還前人之負債。他說道，承擔這樣的債務爲「慷慨作爲，而非權利上的問題」。

富蘭克林

1. 民主是兩隻狼和一隻羊投票決定午餐，而自由就是一隻武裝的羊反對這次投票。
2. 誠實和勤勉，應該成爲你永久的伴侶。

羅曼 ・ 羅蘭

1. 扼殺思想的人，是最大的謀殺犯。

2. 宿命論是那些缺乏意志力的弱者的借口。
3. 懷疑與信仰，兩者都是必需的。懷疑能把昨天的信仰摧毀，替明天的信仰開路。
4. 我服從理性，有必要時，我可以爲它犧牲我的友誼、我的憎惡，以及我的生命。
5. 凡是對眞理沒有虔誠、熱烈的敬意的人，絕對談不到良心，談不到崇高的生命，談不到高尚。

愛因斯坦

1. 人們所努力追求的庸俗目標：財產、虛榮、奢侈的生活，我總覺得都是可鄙的。我從來不把安逸和快樂看作是生活目的本身—這種倫理基礎，我叫它豬欄的理想。一個人的眞正價值首先決定於，他在什麼程度上和在什麼意義上從自我解放出來。
2. 我評定一個人的眞正價值有一個標準，即：看他在多大程度上擺脫「自我」，他又是爲什麼擺脫「自我」。
3. 每個人都身懷天賦，但如果用會不會爬樹的能力來評判一隻魚，它會終其一生以爲自己愚蠢。
4. 這世界不會被那些作惡多端的人毀滅，而是冷眼旁觀、選擇保持緘默的人。
5. 用一個大圓圈代表我學到的知識，但是圓圈之外是那麼多的空白，對我來說就意味著無知。而且圓圈越大，它的圓周就越長，它與外界空白的接觸面也就越大。由此可見，我感到不懂的地方還大得很呢！
6. 如果你不能簡單說清楚，就是你沒完全明白。
7. 獨立思考和判斷的能力，應當始終放在首位。

洛克

1. 人類愚蠢到會小心地避免那些可能使他們造成傷害的臭鼬或是狐狸，卻不擔心獅子對他們安全造成的威脅。
2. 唯有一件事可使人們集體陷入煽動性的騷亂，那即是壓迫。

高爾基（Maxim Gorky）

人類最不道德的事，是不誠實與懦弱。

佩托拉克

衡量人生的標準是看其是否有意義；而不是看其有多長。

埃利 · 威塞爾（Eliezer Elie Wiesel，1986 諾貝爾和平獎得主）

我們一定要選邊站。中立只會幫到壓迫者，而不是受害者；沉默只助長施暴者，而非受暴的人。

米歇爾．德．蒙田

1. 沒有一定的目標，智慧就會喪失；哪都是目標，哪就都沒有目標。
2. 愚者之所以成爲愚者，在於固守己見而興奮莫名。
3. 寧可讓他們從艱苦中走過來，而不是向艱苦走過去。
4. 司法上遵循的一貫準則是殺一儆百。
5. 與別人交流有助於自己的思想修養。
6. 生命的用途並不在長短而在我們怎樣利用它。許多人活的日子並不多，卻活了很長久。
7. 如果容許我再過一次人生，我願意重複我的生活。因爲，我向來就不後悔過去，不懼怕將來。
8. **生之本質在於死，因此只有樂於生的人，才能真正不感到死之苦惱**。
9. 背得爛熟還不等於掌握知識。
10. 健康的價值，貴重無比。
11. 你所說的一切，都應符合你的思想，否則就是惡意欺騙。
12. 眞正有知識的人的成長過程，就像麥穗的成長過程：麥穗空的時候，麥子長得很快，麥穗驕傲地高高昂起，但是，麥穗成熟飽滿時，它們開始謙虛，垂下麥芒。
13. 世界上最偉大的事，是一個人懂得如何作自己的主人。
14. 人最難做的是始終如一，而最易做的是變幻無常。
15. 精神如果滿足，表明它已經萎縮或是疲勞。高貴的精神，在自己的體內，從不知停留。它不斷企求超越自己而奮勇向前，不會稍止。
16. 認識自己的無知是認識世界的最可靠的方法。
17. 做事迅速敏捷是性格所致，而沉著、緩慢則是理性所爲。
18. 要正確地判斷一個人，首先要觀察他平時的一舉一動，出其不意地看他每天做些什麼。
19. 就像火在遇到寒冷時會燒得更旺一樣，我們的意志在遇到阻礙時會磨練得更加堅強。
20. 精神的偉大不是表現爲心高氣盛，而是表現爲有節制、有分寸。
21. 贈予的本質包含野心和特權，受贈的本質則包含順從。
22. 如果不讓大腦有事可做，有所制約，它就會在想像的曠野裡馳騁，有時就會迷失方向。
23. 人一活動就會暴露自己，人的一言一行、一舉一動都在展示、表現自己。
24. 良心的法則，我們自詡爲出自天性，其實卻源於風俗。
25. 悔過需要你背上自責的重負。
26. 我的理性沒受過彎曲和折疊的訓練，能夠那樣做的只是我的膝蓋。
27. 我們的生活一部分由愚蠢組成，一部分由智慧組成。

28. 人不是效法罪惡，就是對其深惡痛絕。
29. 天生就性情愚鈍，很少被如此強烈的情緒困擾，再加上總是用各種道理開解自己，所以就更加麻木了。
30. 我們驅除了對事物的陌生感和奇異感，是習慣而不是知識。
31. 對某事了解得越少，就越會去狂熱的相信。
32. 理智一旦產生，支配它們，那便是美德。
33. 存在著兩種不同類型的無知：粗淺的無知出現在必要條件之前，而博學的無知則跟隨在知識之後。
34. 靈魂如果沒有確定的目標，它就會喪失自己，因爲，俗語說得好，無所不在等於無所在。
35. 刑訊逼供只考察一個人的忍耐力，不能考察事實的眞相。
36. 我們把別人的學問和見解保存下來，便算完事了嗎？我們必須把它們變成自己的。

馬克吐溫

坦白是誠實和勇敢的產物。

傑弗里 · 喬叟

誠實是一個人得以保持的最高尙的東西。

史賓諾莎

誠實的人從來討厭虛僞的人，而虛僞的人卻常常以誠實的面目出現。

西塞羅（Cicero）

沒有誠實哪來尊嚴。

亞里斯多德

人生最終的價値在覺醒和思考的能力，而不只在於生存。

法蘭西斯 · 培根

歷史使人賢明，詩造成氣質高雅的人，數學使人高尙，自然哲學使人深沉，道德使人穩重，而倫理學和修辭學則使人善於爭論。

8-6 本書提及之哲學家、科學家、數學家、社會名人

本篇為回顧本書所提及之哲學家、科學家、數學家及社會名人，有興趣的可以自行查詢該人物說過的格言，必定可以有更多的收獲，或是可以查詢文藝復興、啓蒙時期的哲學家，以利學習哲學思辨。

愛因斯坦	Albert Einstein
史懷哲	Albert Schweitzer
A・N・懷德海	Alfred North Whitehead
阿基米德	Archimedes
阿瑞斯提普斯	Aristippus
亞里斯多德	Aristotle
歐巴馬	Barack Obama
史賓諾沙	Benedict Spinoza
班傑明 ・ 迪斯雷利	Benjamin Disraeli
富蘭克林	Benjamin Franklin
布萊希特	Bertolt Brecht
羅素	Bertrand Russell
比爾蓋茲	Bill Gates
柯西	Cauchy
柯林納福	Colin Hannaford
君士坦丁	Constantine the Great
休謨	David Hume
川普	Donald John Trump
愛德華 ・ 科克	Edward Coke
伊隆 ・ 馬斯克	Elon Musk
伊比鳩魯	Epicurus
尤金 ・ 維格納	Eugene Wigner
歐拉	Euler
南丁格爾	Florence Nightingale
法蘭西斯 ・ 培根	Francis Bacon
佛洛伊德	Freud
尼采	Friedrich Nietzsche
陀思妥耶夫斯基	Fyodor Dostoevsky

伽利略	Galileo Galilei
高斯	Gauss
傑弗里・喬叟	Geoffrey Chaucer
馬偕	George Leslie MacKay
喬治・桑塔亞那	George Santayana
華盛頓	George Washington
歌德	Goethe
萊布尼茲	Gottfried Wilhelm Leibuiz
亨利・龐佳萊	Henri Poincare
赫爾曼・外爾	Hermann Weyl
康德	Immanuel Kant
牛頓	Isaac Newton
詹姆斯・約瑟夫・西爾維斯特	James Joseph Sylvester
盧梭	Jean-Jacques Rousseau
沙特	Jean-Paul Sartre
洛克	John Locke
李約瑟	Joseph Needham
賴利・戴蒙德	Larry Jay Diamond
林肯	Lincoln
馬克吐溫	Mark Twain
馬丁・路德・金恩	Martin Luther King, Jr
馬斯洛	Maslow
馬克斯・韋伯	Max Weber
高爾基	Maxim Gorky
米歇爾・德・蒙田	Michel de Montaigne
孟德斯鳩	Montesquieu
拿破崙	Napoleone Buonaparte
哥白尼	Nicolaus Copernicus
巴斯卡	Pascal
派屈克・亨利	Patrick Henry
佩托拉克	Petrarch
柏拉圖	Plato
普羅哥拉斯	Protaagoras
托勒密	Ptolemy
畢達哥拉斯	Pythagoras
拉斐爾	Raffaello
笛卡兒	René Descartes

羅曼・羅蘭	Romain Rolland
蘇格拉底	Socrates
齊克果	Søren Kierkegaard
賈伯斯	Steve Jobs
史特拉汶斯基	Stravinsky
托馬斯・霍布斯	Thomas Hobbes
傑弗遜	Thomas Jefferson
托馬斯・摩爾	Thomas More
伏爾泰	Voltaire
巴菲特	Warren Edward Buffett
魏爾斯特拉斯	Weierstrass
維爾納・桑巴特	Werner Sombart

國家圖書館出版品預行編目資料

圖解哲學思辨與邏輯應用／吳作樂，吳秉翰著. －－初版. －－臺北市：五南，2020.10
面； 公分
ISBN 978-986-522-230-7（平裝）

1.哲學人類學

101.639 109012963

5Q44

圖解哲學思辨與邏輯應用

作　　者— 吳作樂（56.5）、吳秉翰
發 行 人— 楊榮川
總 經 理— 楊士清
總 編 輯— 楊秀麗
主　　編— 王正華
責任編輯— 金明芬
封面設計— 王麗娟
出 版 者— 五南圖書出版股份有限公司
地　　址：106台北市大安區和平東路二段339號4樓
電　　話：(02)2705-5066　　傳　　真：(02)2706-6100
網　　址：http://www.wunan.com.tw
電子郵件：wunan@wunan.com.tw
劃撥帳號：01068953
戶　　名：五南圖書出版股份有限公司
法律顧問　林勝安律師事務所　林勝安律師
出版日期　2020年10月初版一刷
定　　價　新臺幣300元

經典永恆・名著常在

五十週年的獻禮——經典名著文庫

五南，五十年了，半個世紀，人生旅程的一大半，走過來了。
思索著，邁向百年的未來歷程，能為知識界、文化學術界作些什麼？
在速食文化的生態下，有什麼值得讓人雋永品味的？

歷代經典・當今名著，經過時間的洗禮，千錘百鍊，流傳至今，光芒耀人；
不僅使我們能領悟前人的智慧，同時也增深加廣我們思考的深度與視野。
我們決心投入巨資，有計畫的系統梳選，成立「經典名著文庫」，
希望收入古今中外思想性的、充滿睿智與獨見的經典、名著。
這是一項理想性的、永續性的巨大出版工程。
不在意讀者的眾寡，只考慮它的學術價值，力求完整展現先哲思想的軌跡；
為知識界開啟一片智慧之窗，營造一座百花綻放的世界文明公園，
任君遨遊、取菁吸蜜、嘉惠學子！